인문고전 깊이읽기 8

Upanishads: The Way to Ultimate Truth

by Lee Myung-kwon

Published by Hangilsa Publishing. Co., Ltd., Korea, 2011

인문고전 깊이읽기

우파니샤드
궁극적 진리에 이르는 길

이명권 지음

한길사

인문고전 깊이읽기

우파니샤드
궁극적 진리에 이르는 길

지은이 이명권
사 진 함길수
펴낸이 김언호

펴낸곳 (주)도서출판 한길사
등록 1976년 12월 24일 제74호
주소 10881 경기도 파주시 광인사길 37
전자우편 www.hangilsa.co.kr
홈페이지 E-mail: hangilsa@hangilsa.co.kr
전화 031-955-2000~3 **팩스** 031-955-2005

CTP 출력 및 인쇄 예림 **제책** 예림바인딩

제1판 제1쇄 2011년 3월 25일
제1판 제4쇄 2023년 8월 17일

값 20,000원

ISBN 978-89-356-6177-0 04100
ISBN 978-89-356-6163-3 (세트)

• 잘못 만들어진 책은 구입하신 서점에서 바꿔드립니다.

이 도서의 국립중앙도서관 출판시도서목록(CIP)은
e-CIP홈페이지(http://www.nl.go.kr/ecip)에서 이용하실 수 있습니다.
(CIP제어번호 : CIP2011000989)

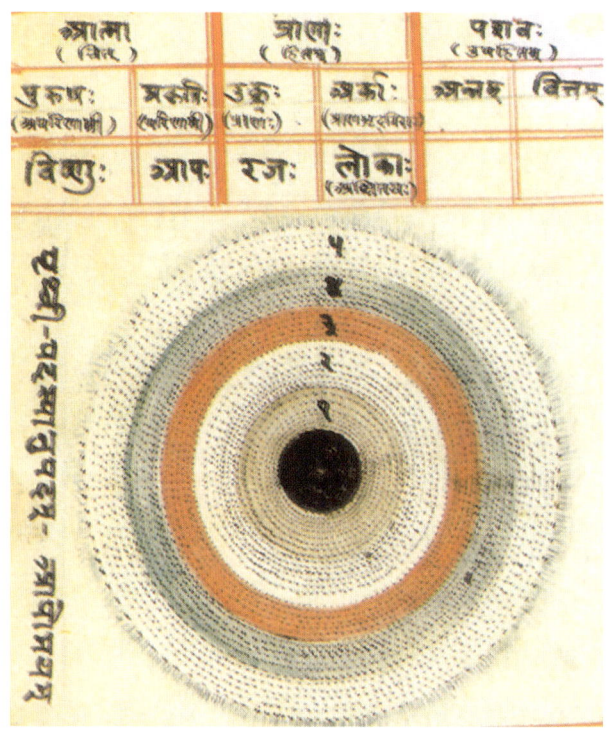

우주의 발생 과정을 도형화한 우주 진화도
이는 창조자인 프라자빠티가
스스로의 열기를 통해 우주를 창조해낸 것을 말한다.

힌두교에서 신성하게 여기는 바라나시의 갠지스 강
이곳에는 삶과 죽음을 넘어
해탈을 기원하는 정화의 의례와 명상을 하는
사람들의 행렬이 끊임없이 이어지고 있다.

인도의 대표적인 불교와 힌두교 유적지, 아잔타 석굴사원
엘로라와 아잔타는 인도의 대표적 유적지다.
이 가운데 아산타 석굴은 5세기 굽타 시대의 힌두문화와
불교 사원이 함께 공존하고 있다.

신들의 세계로 둘러싸인 카주라호의 칸다리야 마하데바 사원
이 사원의 외벽에는 우주의 전개 과정을 환희의 세계로서 펼쳐 보이는
남녀 성(性) 교합상인 미투나 상뿐만 아니라 저마다 다른 질서를
관장하는 다양한 신들이 새겨져 있다.

"이 세계는 브라만에서 생겨나와
다시 브라만으로 돌아가고,
브라만 안에서 움직인다."

■『찬도기야 우파니샤드』

우파니샤드

궁극적 진리에 이르는 길

차례

	우파니샤드, 인도 철학과 사상의 바이블	13
	우파니샤드는 어떤 철학인가	19

1 둘이 아닌 하나의 세계 56
우파니샤드의 불이론

2 위대한 실재, 만물의 근원 80
우파니샤드의 본령 브라만

3 아트만을 알면 모든 것을 알게 되리니 116
브라만에 이르는 초월적 지식

4 만물의 근저에 실재 중의 실재로 내재하다 144
만물이 발생하는 원리

5 상징 안에서만 존재하는 존재 168
브라만의 상징들

6 존재와 의식과 환희의 브라만 194
브라만과 아트만의 세 가지 본질적 특성

7 이것도 아니고 이것도 아니다 232
'네티 네티'의 브라만

8 이 세계 모든 것이 브라만이다 258
브라만과 세계

9 모든 것에서 모든 것을 얻다 284
해탈

10 비움으로 소유하다 312
우파니샤드 사상의 요약과 결론

주註 339
우파니샤드 연구 동향 357
우파니샤드를 이해하기 위해 더 읽어야 할 책·참고문헌 367
우파니샤드를 이해하기 위한 용어 해설 381
우파니샤드를 이해하기 위해 알아야 할 힌두교 주요 인물 395
우파니샤드에 대해 묻고 답하기 401
우파니샤드에 대한 증언록 407

■ **일러두기**

※ 이 책에서 우파니샤드의 원문을 인용한 저작 목록과 출처 판본은 다음과 같다.
Radhakrishnan, ed., *The Principal Upanishads*, London: George Allen & Unwin Ltd., 1968.

『카타 우파니샤드』(*Katha Upanishad*)
『찬도기야 우파니샤드』(*Chāndogya Upanishad*)
『묵티카 우파니샤드』(*Muktikā Upanishad*)
『문다카 우파니샤드』(*Mundaka Upanishad*)
『브리하드아라냐카 우파니샤드』(*Bṛhadāraṇyaka Upanishad*)
『타이티리야 우파니샤드』(*Taittiriya Upanishad*)
『케나 우파니샤드』(*Kena Upanishad*)
『마이트리 우파니샤드』(*Maitri Upanishad*)
『아이타레야 우파니샤드』(*Aitareya Upanishad*)
『슈베타슈바타라 우파니샤드』(*Śvetāśvatara Upanishad*)
『이샤 우파니샤드』(*Īśa Upanishad*)

※ 우주적 실재를 표현하는 말로 '브라만'을, 인도 카스트 제도에서 가장 높은 지위인 승려 계급을 지칭하는 말로 브라만의 음역어인 '바라문'을 써서 구분했다.

우파니샤드, 인도 철학과 사상의 바이블

🌸 들어가는 말

서양의 성서, 동양의 우파니샤드

위대한 고전은 하루아침에 탄생하지 않는다. 시대가 고전의 배경을 만들고 현인이 더불어 고전의 구슬을 꿴다. 동서고금을 통틀어 인류 정신문명의 위대한 고전을 꼽아보라 하면 단연 인도 철학과 사상의 바이블인 우파니샤드를 다섯 손가락 안에 꼽지 않을 수 없다. 서양에 그리스도교의 성서가 있다면, 동양에는 우파니샤드가 있다고 할 수 있다. 그리스도교의 성서가 우주의 창조, 인간의 타락과 구원에 대해 서술하고 있다면, 우파니샤드 또한 우주 창조와 인간의 무지로 인한 속박과 윤회를 말하고 있으며, 나아가 그로부터 벗어날 수 있는 구원, 곧 해탈의 길을 제시하고 있기 때문이다.

우파니샤드는 인도 정신문명의 뿌리인 베다의 꽃이요 열매다.

베다 정신의 총합이 곧 우파니샤드이기 때문이다. 그리하여 베다의 마지막 결정체라는 뜻으로 우파니샤드를 베단타 철학이라 이른다. 베단타 철학은 우파니샤드의 내용을 철학적으로 체계화한 다른 이름이다.

이처럼 우파니샤드의 내용을 체계화한 베단타 철학은 흔히 '불이일원론'(不二一元論)이라는 사상으로 집약되는데, 바로 이 점에서 우파니샤드의 정신은 불교의 일원론 사상과도 깊은 연관성을 지니게 된다. 물론 연기론(緣起論)에 입각한 불교 사상과 사뭇 다르기는 하지만 우파니샤드의 일원론적 사상이 불교와 완전히 무관하다고 할 수는 없다는 것이다. 무아(無我)를 주장하는 불교의 아트만(自我) 개념이 우파니샤드에서 말하는 영원불멸의 절대적 존재로서의 아트만 개념과 다르기는 하지만, 우주 원리의 실체 또는 비실체로서의 아트만에 대한 개념적 출발은 공통의 관심사에서 시작되는 것이다. 이른바 영원불멸성의 토대는 어디에 있는가 하는 문제를 서로가 천착했던 것이다. 그 아트만을 우파니샤드에서는 영원한 실재로 파악한 것이고, 불교에서는 비실재로 파악한 것이다.

기원전 1500년 무렵부터 베다를 통해 우주의 근원적 문제에 대한 사상적 탐색의 맹아를 보이다가 기원전 800년 무렵부터 약 기원전 300년 어간에 베다 사상의 열매를 맺은 우파니샤드는, 그리스도교의 구약성서가 한참 기록되거나 그 역사가 진행되던 와중에 완성된 것이었고, 중국의 춘추전국시대를 전후해 제자백가가

쟁명(爭鳴)하던 시기에 이미 그 사상이 완성되었다. 혹자는 이 시대를 '축(軸)의 시대'라고도 일컬었다. 고대의 미개한 봉건사상에 저항해 인류 정신문명사의 대전환을 이룬 시기라는 뜻이다. 이른바 노자, 공자, 석가, 소크라테스, 구약성서의 이사야, 인도의 우파니샤드의 현자들이 무지의 세계에 광명의 빛을 선사하던 전환의 시대였던 것이다. 우파니샤드 이전에 인도 최초의 고전적 경전인 베다가 신화와 제의를 중심으로 한 세계관을 전개했다면, 우파니샤드는 신화와 제의적 겉치레에 종지부를 찍고 인간 내면의 각성과 탐구에 중점을 두는 세계관의 전환을 보여주고 있다. 마치 구약성서의 모세 율법에 대해 신약성서의 예수가 사랑의 율법을 새롭게 천명한 것과 같다. 따라서 베다를 구약성서에 비유한다면, 우파니샤드는 신약성서에 비유되기도 한다.

우파니샤드에서 해탈과 구원의 세계를 찾다

우파니샤드가 추구하고 탐색하던 근원적 목표는 참 자아의 발견과 자아의 존재 방식인 해탈에 있었다. 속박과 예속의 굴레에 사로잡혀 있는 무지 속의 아트만이 해방적 실체로서의 참 자아인 아트만을 발견하는 과정이 바로 우파니샤드의 기본적 골격이다. 이른바 해탈의 방정식이 우파니샤드에 담겨 있는 것이다. 불교적 해탈의 방정식이 인연 연기설을 깨달아 공(空)과 무아의 실체를 깨닫는 데 있다면, 우파니샤드에서는 참된 자아의 영원성을 깨달아 우주의 근원이자 궁극적 실체인 브라만과 하나 되는 합일(合一)의 원리를 깨닫는 데 있다.

우파니샤드가 인도적 정신문화의 토양을 넘어 보편적 세계 정신문명 속으로 편입되어간 것은 그리 오래되지 않았다. 불교가 세계에 전래된 것과는 달리, 인도의 정신은 불과 몇 세기 전만 해도 서양세계에 널리 전파되지 못한 상태에 있었다. 그러나 서양의 인도학자 막스 뮐러나 미르치아 엘리아데 같은 이들의 선구적 노력에 힘입어, 우파니샤드나 요가 같은 이론이 오늘날 전 세계에 널리 전해지면서 새롭게 평가되고 있다. 그만큼 인도 정신의 정수가 불교에 비해 외부세계에 널리 보급되지 못했지만 오늘날에는 상황이 크게 달라졌다. 그 주된 요인 중의 하나는 요가의 보급이다. 요가는 오늘날 중국을 비롯한 동양은 물론 서양에서도 건강 요법의 일환으로 널리 보급되어 있다. 비록 신체 건강과 체력 단련의 한 방편으로 요가를 받아들였지만, 깊은 호흡과 명상을 통해 얻어지는 평안과 내면의 자기 발견은 결국 아트만과 브라만에 대한 이해에 이르게 한다. 결국 요가의 보급은 우파니샤드의 정신세계까지 관심을 갖게 하기에 이르렀다는 것이다. 이른바 요가문화는 우파니샤드 복음의 전위예술이요, 요가 지도자는 우파니샤드의 전도자인 셈이다.

교통과 정보 통신의 발달로 이제 지구는 점점 하나의 작은 공동체로 변해가고 있다. 다양한 종교, 다양한 정신문화가 만발하고 있는 지구촌, 여기에 우리는 우파니샤드라는 또 하나의 고전적 정신의 샘물을 발견하고 신선하고 새로운 우물을 마실 수 있는 축복의 자리에 서 있다. 이것은 분명 우리의 정신문화를 더욱 풍부하게 살찌우는 계기와 도전이 된다. 나라마다 고대부터 전해 오는 풍부한 문화유산이 있지만, 천년이 넘도록 전승과 수집의 편집과정을 거친 고전은 그리 흔치않다. 역사와 더불어 수많은 책과 경전이 쏟아져 나오지만, 오랜 시간 익어서 발효된 누룩같이 숙성된 지혜의 보고서(寶庫書)로서, 참된 자아를 발견하고 근원적 해방을 얻게 하는 해탈의 도구는 그리 많지 않다는 것이다.

우파니샤드는 오늘날처럼 가치관이 흔들리고 일시적 충동에 사로잡히는 혼돈과 물질의 시대에, 인간의 근원적 내면을 꿰뚫어 보고 흔들림 없는 평정과 해탈을 얻게 하는 직관적 예지의 책이라 할 수 있다. 우파니샤드가 제공해주는 예지를 통해 고뇌와 속박의 윤회를 넘어 '절대 존재, 절대 의식, 절대 기쁨'이라는 아트만의 궁극적 해탈, 곧 구원의 세계를 조금이라도 맛볼 수 있길 바란다. 다원화된 지구촌 시대, 공존과 상생의 요구가 그 어느 때보다 절실해진 오늘, 여러 종교와 사상적 전통을 이해하고 그것이 가르치는 고전적 의미를 되새겨 이 시대에 적합한 참 생명의 길과 평화로운 삶이 무엇인지 반추해보는 계기가 되었으면 좋겠다.

2011년 2월
이명권

우파니샤드는 어떤 철학인가

🌸 우주와 세계를 이해하기 위한 가르침

인더스 문명과 함께 인도가 시작되다

인도는 인더스 문명과 함께 시작된다. 인더스 문명은 히말라야 설산에서 서부 아라비아 해로 흘러내리는 하류 지점인 인더스 강 유역을 중심으로 발생한 문명으로, 세계 4대 문명의 발상지 가운데 하나다. 지금은 유적지의 폐허 속에 묻혀 있는 인더스 문명이 발원하던 기원전 3000년 무렵 이후 오랜 침묵의 세월이 흐른 뒤, 서부 아시아에서 아리아인들이 인도 대륙을 점령해 들어오면서 새로운 인도 문화를 꽃피운다. 그 문화의 꽃이 인도 초기의 고전적 종교 경전으로 손꼽히는 유명한 『리그베다』(*Rig Veda*)[1]에 드러나 있다. 이 경전은 기원전 1500년에서 기원전 1000년 무렵에 형성된 것으로, 우주 창조의 노래, 최초의 인간의 탄생 과정, 죽음과 장례의 노래, 그리고 제의와 각종 신들에 대한 찬가로 가득

차 있다.

그 후 기원전 800년부터 기원전 300년까지 500년간 『리그베다』에 나타난 고대 사상을 인간 내면의 세계와 결부시켜 철학적으로 발전시킨 고전적 지혜의 담론이 우파니샤드(Upanishads)라는 이름으로 등장했다. 우파니샤드가 인도 문화와 종교, 사상의 꽃을 피우던 기원전 6세기 무렵에는 자이나교의 창설자 마하비라(Mahāvīra, 기원전 540~기원전 468)와 불교의 창시자 고타마 붓다(Gautama Buddha, 기원전 563~기원전 483)가 나타나 동시대에 각각 다른 형태의 종교적 가르침을 펼치기도 했다. 이 시대에는 브라만(Brahman)[2] 계급을 중심으로 한 바라문교와 불교 그리고 자이나교가 널리 퍼져가고 있었다. 그러나 서기 1000년 무렵에 이르러서는 인도에서 불교의 위력은 거의 사라지게 되었고, 그 후 이슬람 문명의 침입으로 힌두 문명과 함께 이슬람이라는 새로운 문명과 충돌 또는 습합(褶合)의 과정을 거치게 된다.

고대로 다시 거슬러 올라가면, 기원전 3000년에서 기원전 2500년 무렵에 인더스 강변의 대도시 모헨조다로(Mohenjo-Daro)와 하라파(Harappa)를 중심으로 발생했던 인도 문명이 기원전 1500년 무렵 지하에 묻혀버리는 일시적인 공백기를 거치지만, 그 당시 중앙아시아의 유목민들이 아프가니스탄에서 힌두쿠시 산맥을 넘어 펀자브(Punjab) 지방으로 들어온 아리안(Aryans)[3] 민족의 유입으로 인도에 힌두 문명이 탄생하게 된다.

인더스 문명의 발상지인 모헨조다로의 폐허에서 출토된 사제 조각상.
대부분이 점토로 된 유물들로, 석조(石彫)로 된 조각상은 많지 않다.

기원전 327년 알렉산드로스 대왕이 침입해온 이후에 탄생한 마우리아 왕조(Mauryan Dynasty, 기원전 324~기원전 184) 때는 불교에 깊은 영향을 받은 아소카(Asoka, 기원전 260~기원전 232 재위) 왕이 인도 전역에 불교를 보급하고 전쟁을 중단하는 평화정책을 펼치기도 한다. 그 후 쿠샨 왕조(Kushan Dynasty, 기원전 78~248)와 굽타 제국(Gupta Empire, 320~499, 연대의 구분은 기준에 따라 조금씩 다르다)이 인도 문화의 고전적 전성기를 맞이한다. 11세기에 이슬람 제국이 침입해온 이후 델리(Delhi)는 한동안 술탄(Sultan)의 제국(1206~1526)이 되며, 이슬람 문화의 영향 아래 이슬람 사원 및 고대 궁전과 성벽의 건축물이 활발하게 세워진다. 이러한 유적들은 오늘날까지도 남아 융성했던 그 시대의 분위기를 그대로 전하고 있다.

 이 밖에도 인더스 문명과 예술을 알려주는 여러 유적들이 있겠으나 아직은 하라파와 모헨조다로 유적지에서 출토된 점토 조각상이나 인장 등에 새겨진 문양과 글씨 등으로 과거의 비밀을 조금씩 해독해가는 수밖에 없다. 1922년 어떤 고고학자에 의해 발굴되기 시작한 이 거대한 유적지의 유물들은 벽돌 덩어리와 석제 인장(印章) 등과 같은 비록 작은 점토 조각상들에 불과하지만, 그 속에 새겨진 다양한 형태의 상징들은 고대 인더스 문명과 그 생활상을 이해하는 데 아주 중요한 단서가 되고 있다. 예컨대 고대의 생활 풍속도와 제의(祭儀), 신화(神話), 전설적 내용 등이 정교한 예술작품 속에 잘 드러나고 있는 것이다.

이슬람 제국이 델리에서 힌두 왕조를 점령하고 1193년 인도를 정복한 기념으로 건축한 쿠트브미나르 탑. 이 탑의 벽면에는 코란의 글씨가 화려하게 새겨져 있다.

이처럼 찬란했던 과거의 문화는 약 1000년 동안 지속되다가 기원전 1500년 무렵 몰락의 길을 걷게 되었는데, 몰락의 결정적인 이유는 여전히 숨겨져 있다. 그러나 분명한 것은 1000년의 세월이 흐르는 동안 도시 중심의 부와 중앙집중식의 권력이 와해되었고, 질서가 무너지면서 통제가 불가능해진 시기에 아리아인들이 침입해왔고, 인더스 강의 지류가 변하는 지리학적 변화와 함께 찬란했던 고대 인더스 문명은 막을 내리게 되었던 것이다.

그렇지만 아리아인들이 백지 상태에서 전혀 새로운 문명을 세운 것은 아니었다. 여전히 인더스 문명은 잔존해 있었고, 남쪽이나 갠지스 강변에 흩어져 있던 피정복민인 비(非)아리안 민족 속에서도 인더스 문명은 전승되고 있었다. 바로 이들이 간직한 인더스 문명이 아리아인들의 문화 속으로 유입되면서 또 하나의 위대한 문명, 곧 인도-아리안 문명이 이루어지고 있었던 것이다.

용맹한 아리안의 이주

기원전 1500년 무렵 중앙아시아에서 인더스 강 유역으로 들어온 아리아인('고귀한 자'라는 뜻)들은 인도에서 새로운 종교와 문화를 꽃피웠다. 인더스 문명의 원주민들이 농업을 중심으로 한 농부들이었다면, 아리아인들은 목축업을 위주로 하는 유목민들이었다. 따라서 가축을 위해서 넓은 초원이 필요했고 새로운 목초지를 향해 끊임없이 이동을 해야 했다. 학자들의 일반적인 추

기원전 2500년경 모헨조다로 유적에서 출토된
모신상(母神像, 왼쪽)과 모자상(母子像).

론에 의하면 이들은 인도-유럽 종족의 하나로 카스피 해와 아랄 해 사이에 위치한 동유럽의 대초원 지대로부터 동쪽으로 이주해 왔다. 반면에 서쪽으로 이주해간 종족은 오늘의 이탈리아, 그리스 등에 자리를 잡았으며, 나머지는 중앙아시아 일부와 이란에 정착하게 된 것으로 보인다.[4] 이들 가운데 아리아인들은 아프가니스탄의 산맥을 넘어서 오늘의 파키스탄 영내에 정착하고 점차 인도의 동북부와 뭄바이 지역으로까지 이주의 행렬이 계속된 것이다. 이것이 오늘날 인도의 언어와 풍속의 일부가 인도-유럽 계열의 한 줄기가 된 이유다. 아리안이 이식해온 문화는 인더스 문명의 말기에 보여준 것과는 분명히 다른 것이었다.

아리아인들은 유목민이었지만 전투적인 민족이었다. 인도의 여러 유적지에서 볼 수 있는 작품들 가운데 두 마리 말이 이끄는 이륜 전차는 아리아인들의 용맹성과 승리를 보여주는 상징적인 조각이기도 하다. 말하자면 이륜 전차는 이동성과 군사력의 상징이었다. 처음 전차를 이끌고 인도로 쳐들어왔을 때는 강력한 저항을 받기도 했겠지만, 인더스 문명의 말기에 해당하는 시기였으므로 방어력 없이 농업에만 종사하던 원주민을 쉽게 물리치고 정복할 수 있었을 것이다. 족장 체제를 유지하며 청동으로 제작된 무기를 능숙하게 사용할 수 있었던 그들은 어렵지 않게 전투를 승리로 이끌었을 것이 분명하다.[5] 신화학자 조지프 캠벨(Joseph Campbell)에 따르면 말이 이끄는 전차는 청동기 시대에 승자와 패자를 구분하는 중요한 무기였다.

아리아인들이 전쟁에서 용맹하게 승리할 수 있었던 또 다른 요인으로는 그들의 신앙심을 꼽을 수 했다. 그들이 숭배했던 영광스러운 신들(pantheon)에 대한 확신이 그들을 승리로 이끌어주었던 것이다.

아리아인들의 신념에 찬 확신은 시인과 현자 들에게 거룩한 경전으로 여겨지는 베다와 기타 경전으로서의 가치가 있는 여러 고전을 기록하게 했던 원천이 되기도 했다.[6] 이러한 고전 경전은 산스크리트어로 기록되어 오늘날까지 잘 보관되어오고 있으며, 인도 종교의 탄생을 알리는 첫 찬가집(讚歌集)으로서 널리 애용되고 있기도 하다. 북인도와 오늘날 유럽어의 상당 부분이 기원전 1500년 무렵에 시작된 이들 아리안 민족의 이동 경로를 따라 다양하게 갈라졌는데, 산스크리트어도 바로 그중의 하나였다. 남인도와 중부 인도의 언어는 분명 드라비다(Dravida)와 오스트로-아시아(Austro-Asia) 계열에 뿌리를 두고 있다.

베다의 초기 문헌인 『리그베다』에 따르면, 사비트리(Savitri)라는 신은 '어둠을 물리치고' '태양을 향하여 달리는' 영리한 두 말이 이끄는 '황금마차'를 몰고 가는 마부의 마음을 움직여 결국은 전투에서 승리를 얻게 한다. 이것은 서아시아와 그들의 본고장에서부터 기원한 아리아인들의 신화 속에서 볼 수 있는 것이다. 아리아인들이 인더스 강변에 왔을 때 처음으로 숭배한 신은 바루나(Varuna)였다. '바루나'는 산스크리트어의 브리(Vri)라는 말에서 비롯된 것으로 추측되는데, '덮다'(to cover)는 의미를 가지고 있다. 이른바 우주의 모든 것을 포괄하고 있다는 뜻이 된다. 동시에 '바루나'는 우주의 질서, 곧 리타(rita)를 관장하는 자이기도 하다.[7] 리타는 메소포타미아 문명의 진원지인 수메르(Sumer)의 사고(思考)에서 말하는 '원리'(原理)로서의 '메'(me)에 해당하고, 이집트에서 정의와 진리와 조화를 뜻하는 '마트'(maat)에 해당한다. 또한 동양적 사고에서 보면 도(道)나 이(理)에 해당하는 것이고, 그리스도교에서 보면 로고스(Logos)에 해당하는 것이 된다. 그러므로 '바루나'는 그리스도교에 비유하면 '하느님' 같은 존재가 된다.

아리아인의 인도 정복과 새로운 문화의 창출은 지정학적으로 고립된 위치에 있었다는 점과도 관련이 깊다. 이미 고대 인더스 문명의 쇠퇴로 메소포타미아와의 무역이 단절되었을 뿐만 아니라 히말라야의 높은 산맥은 고대 중국 문화와도 단절되게 했다. 그리하여 아리아인들은 자신들만의 고유한 문화와 종교를 창출해갈 수밖에 없었다. 인더스 문명의 계승자들은 그들 문화의 현학적인 요소와 경전 들을 포기하거나 중요하게 여기지 않게 되었고, 히말라야의 문화와 초원의 문화는 문자시대 이전의 느슨한 조직에 지나지 않았다. 따라서 외부에서 아리아인들에게 영향을 미칠 수 있었던 종교적 요소는 주로 원시적인 마술과 신화에 불과한 수준이었다. 처음에는 이런 것들이 쉽게 받아들여지지 않았으나, 점차 아리아인들의 신념과 사고 속에 침투되고 반영되면서 좀더 세련된 형태로 변형되어 경전이나 생활풍속으로 이어져갔다. 신들을 둘러싼 이른바 초기 아리아인의 종교 전통이 후기의 힌두교 전통으로 발전해갔던 것이다.

'베다'에서 '우파니샤드'로

인간과 우주의 근원을 탐구하고자 하는 우파니샤드의 내용은 신들에 대한 제사와 찬가를 중심으로 하는 『리그베다』의 분위기와 상당한 차이가 있다. 하지만 베다의 내용 가운데 어느 정도 암시되고 있던 철학적 탐구의 맹아(萌芽)적인 사상을 더욱 발전시키고 있다는 점에서는 여전히 베다 사상의 연속선 위에 있다 하겠다.[8] 특히 우주의 기원과 궁극적 실재에 관하여 『리그베다』의 찬가 가운데서 발견되는 명상적 분위기를 우파니샤드가 계승하고 있는 것은 아주 분명하다.[9] 그러면서도 우파니샤드는 다소 관점의 변화는 있지만 『리그베다』의 제사와 만트라(mantra)의 찬가를 완전히 무시하지는 않는다. 제사는 명상의 차원에서 계속되었고, 찬가는 '옴'(Om 또는 Aum) 만트라를 반복하는 가운데 집중을 위해 사용되었다. 『카타 우파니샤드』(*Katha Upanishad*)에서는 '옴'에 대해 다음과 같이 말하고 있다.

"모든 베다가 복창(復唱)하는 단어,
그리고 모든 수행자들이 집약적으로 선언하는 단어,
그 단어인 그대를 일러 나는 간결하게 선언하노니,

그것이 바로 '옴'이다."(『카타 우파니샤드』, II. 15;『찬도기야 우파니샤드』, II. 23)

베다의 모든 가르침은 우파니샤드의 비밀스런 가르침으로 들어가는 필연적인 과정이었다. 그리하여 마침내 우파니샤드는 베다의 마지막 가르침이라는 베단타(Vedānta) 철학의 탄생을 보게 되는 것이다. 베다 사상의 최종적인 결론이자 결집판인 베단타는 원래 우파니샤드를 의미하는 것이었으나, 지금은 주로 우파니샤드에 근거한 철학적 체계를 뜻하고 있다. 앞서 보았듯이 문자적인 의미에서 '베단타'는 '베다'(vedasya)의 '끝'(antah)이라 하여 두 단어가 결합된 것인데, 편집의 시기로 보나 그 뜻으로 보나 베다의 결론부에 해당한다고 볼 수 있다. 우파니샤드가 베다의 최종판으로 여겨지는 까닭은 베다의 핵심 내용을 표현해주기 때문이다.[10] 우파니샤드의 핵심 내용은 베단타의 지혜(Vedānta vijnānam)를 말한다. 베단타의 지혜는 곧 우파니샤드의 정수를 이해하는 것으로,『문다카 우파니샤드』(*Mundaka Upanishad*)는 그 해방(해탈)의 차원을 이렇게 말한다.

"베다의 지식을 잘 이해한 수행자는 '비움(renunciation)의 길'을 통하여 스스로의 성품을 정화시킨 자로서 그는 브라흐마(Brahmā)의 세계에 거한다. 죽음의 때에 죽음을 넘어 불멸의 존재와 하나가 됨으로써 모든 것으로부터 해방을 얻는다."(『문

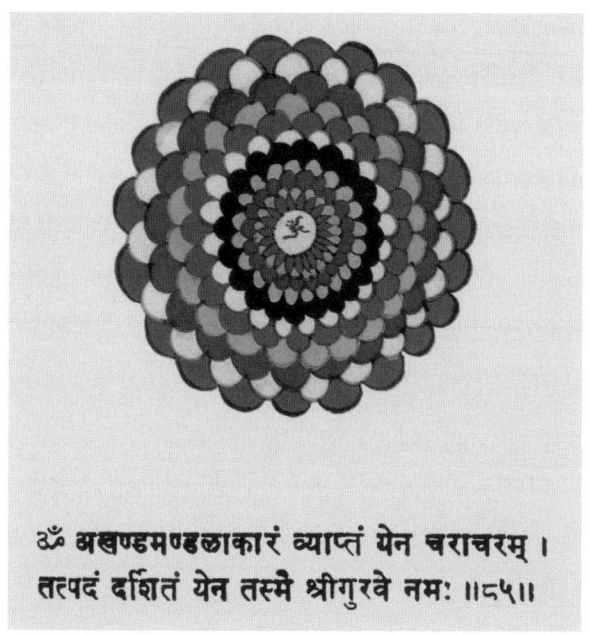

옴 만트라의 형상화. 만트라 구절 가운데 하나로서,
다음과 같은 경전의 문구를 암송한다.
"생물과 무생물 모두가 우주다. 우주는 영원히 반복을 거듭한다.
우주 모든 현상에는 브라만이 스며 있다. 나는 이 지고의 존재를 경배한다."

다카 우파니샤드』, III.2.6)[11]

여기서 지고한 불멸의 존재인 신 브라흐마와의 하나 됨(parāmṛtāh)이야말로 존재의 궁극적 목적이 된다. 인간의 죽음, 곧 종말의 때에 브라흐마와 하나가 됨으로써 불멸의 해방을 얻는다는 것이다. 베다의 본집으로 찬가가 주를 이루는 상히타(Samhitās)와 제의 중심의 브라흐마나(梵書)가 '의례의 부분'(karma-kāṇda)을 다루고 있다면 우파니샤드는 '지혜의 부분'(jnāna-kāṇda)을 담당하고 있다. 우파니샤드는 영적 삶의 가치를 깨우치고 있을 뿐 아니라 어제와 오늘 그리고 내일이 변함없이 항상(恒常)함을 말해주고 있다.[12] 변화 속의 항상성을 말하고 있는 것이다.

인간의 영적 삶 또한 변화 속에서도 변하지 않는 그 불멸의 정신에 기초한다. 그러나 영적 삶에 대한 설명은 상징이나 비유로밖에 표현할 길이 없다. 그래서 우파니샤드의 가르침도 상징과 비유로 표현되고 있다. 그러한 상징성 때문에 인도의 정통 사상가들은 베다의 권위를 수용하면서도 그 해석에 대해서는 다양성을 인정한다. 그런 점에서 우파니샤드는 한 사람의 결과물이 아니라 수많은 사상가의 다양한 철학적 지혜와 그 전승의 결과물인 셈이다.

세계와 그 질서에 대한 의문점은 질문 방식에 따라 해답이 다양해질 수 있다. 다양한 사상가들의 풍부한 사색의 결과로 우파니샤드의 현자들은 나름대로의 방식을 통해 우주와 세계의 본질에 대해 궁극적인 가르침을 주고 있다. 비록 그 진술 방식이 빈틈없이 논리적이고 체계적인 것은 아닐지라도 말이다. 이러한 우파니샤드의 주옥같은 경구(警句)들을 모은 것이 『베단타 수트라』(*Vedānta-Sūtra*)인데, 『브라흐마 수트라』(*Brahma-Sūtra*)라고도 부른다. 우파니샤드와 『브라흐마 수트라』에서 주석가들은 모순 없는 하나의 일관된 교훈과 사상 체계를 발견하고자 했다. 특히 인도의 유명한 사상가인 샹카라(Śankara, 788~820) 이전의 고대 사상가 브하르트리프라판차(Bhartṛprapanca)는 물리적 우주와 자아(自我), 그리고 브라만(Brahman)이 다양성 속에서도 통일성을 지니고 있는 실재라고 파악했다.[13]

숲속에서 전수되는 비밀스러운 가르침

'가까이에 아래로 앉는다'는 뜻을 지닌 '우파니샤드'(Upanisad)에는 두 가지 의미가 내포되어 있다. 무지(無知)를 없애는 것과 브라만으로 나아가는 것이 바로 그것이다. 이 이중적 의미 속에는 일찍이 '비밀스러운 가르침'이라는 특징이 함축되어 있었다. 예컨대 교사가 되기 위해 스승(guru)에게서 1년 동안 배우지 않은 학생에게는 그 가장 깊은 비밀이 전해질 수 없었다. 가르침이 비밀스럽다는 것은 '우파니샤드'의 어근을 분석해보면 알 수 있다. '우파니샤드'는 우파(upa)와 니(ni)와 샤드(sad)로 이루어진

합성어인데, '우파'는 '가까이', '니'는 '아래로', '샤드'는 '앉다'라는 뜻을 가지고 있다.[14] 어떤 사람의 가까이에 아래로 경건히 앉아 있다는 말은 일정 정도의 학습 기간에 스승의 가까이에 앉아서 비밀스럽게[15] 가르침을 전수받는다는 의미로 생각할 수 있다. 이는 인도의 전통적인 훈육 방식과 관련이 있다.[16]

이들의 가르침은 전통적으로 숲에서 은밀하게 이루어졌다. 그런 점에서 우파니샤드는 숲속에서의 가르침을 담은 '밀림서'(密林書), 즉 아라냐카(Āranyaka)의 사상과 맥을 계승하고 있다. 아라냐카는 원래 베다의 제의 해설서인 브라흐마나의 보충적 문서였지만, 『리그베다』의 본집인 상히타의 부록으로 여겨지게 되었다. '숲에 속한다'라는 문자적 의미를 가진 아라냐카는 숲속의 은둔자들에게 제사의 중요성을 가르칠 뿐만 아니라 인간과 우주에 대한 신비적 사색을 하게 해줌으로써 우파니샤드로 가는 길을 열어 주고 있었던 것이다.

아라냐카에서 설명되고 있는 제의적 진술은 성스러운 것으로 여겨지고 있고, 적절한 자격 없이 어설프게 진행되는 부적절한 제의는 인간에게 위험을 초래할 수 있음을 경고하고 있다. 그러므로 제자들은 마을에서 공공연히 배울 것이 아니라 숲속에서 은밀히 홀로 배워야 했다.[17]

제의 문서인 브라흐마나의 보충적 주석서로 출발한 아라냐카는 점차 제의를 비유와 상징으로서의 알레고리적 방식으로 해석하게 됨으로써, 제의의 실제적인 해석을 제시하고자 했던 브라흐마나와는 결별하게 되었다. 그러나 이 둘 사이가 완전히 절연된 관계는 물론 아니고 제사에 관해 아라냐카는 더욱 명상적이고 사색적인 경향으로 흘러갔다는 뜻이다. 특히 베다의 교훈에 따라 브라만을 학습하는 학습기(學習期, brahmacharya)와 가장으로서의 역할을 해야 하는 가주기(家住期, grihashta)를 거쳐서 숲속에 은둔하면서 철학적 사색과 경전 연구를 위해 은둔기(隱遁期, vānaprastha)에 접어든 사람들, 곧 '바나프라스타'(Vānaprastha)는 초기 우파니샤드보다 분명 시대적으로 앞선 개념이다. '바나프라스타'는 문자적으로 '숲에 거주한다'는 뜻으로, 힌두인의 일생의 4단계(Āshrama, 아쉬람)[18] 가운데 세 번째 단계에 해당한다. 마지막 네 번째 단계는 이 은둔기를 지나 방랑 걸식하며 브라만의 지식을 가르치는 유랑기(流浪期, sannyāsa)다.

밀림서인 아라냐카가 제의 문서인 브라흐마나보다 베다의 해석에 있어서 더 사색적이었던 것처럼, 이제는 아라냐카보다 한결 더 깊은 심오한 사색의 단계로 들어선 작품이 베다의 끝을 차지하는 베단타 철학, 곧 우파니샤드로 탄생하게 되었다. 우파니샤드에게 주어지는 최대공약수로서의 집약적 표현은 바로 우주와 인간의 근원적 자아인 아트만(Ātman) 또는 브라만(Brahman)의 본성에 대한 진술이다. 이 본성을 언급하는 우파니샤드의 표현은 종종 '비밀스런 단어'(密語), '금언'(金言), '비밀스런 본문'(密本), 또는 '비밀스런 의미'(密意)로 제시된다. 그리하여 우주와 인간의 본성(브라만 또는 아트만)을 말하는 데 비밀스런 가르침의 형태는 다양한 비유를 통하여 나타난다.

그 가운데 부정적 방식의 가르침, '이것도 아니고 이것도 아니다'라는 뜻의 '네티 네티'(neti neti) 양식은 아주 독특하다. 어떤 명제에 대한 진술을 하는 데 그 어느 것도 단정적으로 또는 긍정적 형식으로 설명되어질 수 없고, 오직 부정의 형식을 거쳐야 지고(至高)의 뜻이 드러날 수 있다는 뜻이다. 이것은 마치 노자의 『도덕경』 제1장에서 "도를 도라고 하면 도가 아니고 이름 지어 붙인 것은 영원한 이름일 수 없다"(道可道非常道, 名可名非常名)라고 한 것과도 통하는 방식이다. 이러한 부정적 진술의 한 예를 우파니샤드 본문에서 살펴보자.

"그러므로 이러한 가르침이 있다.
'이것도 아니고 이것도 아니다.'(na iti na iti.)
(브라만에 대한) 이러한 표현 외에 이보다 뛰어난 어떤 설명도 있을 수 없기 때문이다. 그 이름은 '진리 중의 진리'다. 실로 생명의 숨이야말로 진리며, 브라만은 그 숨의 진리다."(『브리하드아라냐카 우파니샤드』, II. 3.6)

이러한 부정적 형식의 진술 안에서도 존재의 '숨' '죽음' '탄생'의 뜻과 관련되는 '잘란'(jalān)[19]이라든지 '진리 가운데 진리'를 뜻하는 '사티야스야 사티얌'(satyasya satyam),[20] 또는 '궁극적 목적'으로서의 '타드바남'(tadvanam)[21] 같은 단어가 비밀스런 가르침을 이루는 주요 표현 양식이 되고 있다. 물론 '옴'과 같이 우주의 비밀을 드러낸다는 독특한 신비적 표현도 사용되고 있다.

이 같은 우주와 인간의 본성에 대한 비밀스런 가르침을 전수하기 위해 베다의 스승이 제자에게 숲속에서 신비한 가르침을 전했고, 그것이 우파니샤드의 형태로 드러나게 되었다. 아라냐카가 '밀림서'라는 이름에서 드러나듯 '숲속에서의 교육'에 중점을 둔 것이었다면, 우파니샤드는 점차 시간이 흐르면서 좀더 깊은 신비적 사색의 결과물인 '텍스트로서의 가치'로 드러나게 되었다. 그러나 이 깊은 철학적 사색의 결과물은 제사 중심적 바라문 계급의 산물이라기보다는 오히려 제의 계급을 어느 정도 부정하고 나선 왕족이나 무사(武士) 출신인 크샤트리아 계급에서 나왔다. 우파니샤드의 등장인물을 보더라도 전사(戰士)나 지혜로운 임금, 왕자, 그리고 현자와 귀족 들이 지혜로운 가르침을 전수하고 있다.

이를테면 『찬도기야 우파니샤드』에는 웃달라카 아루니(Uddālaka Āruni)가 다섯 명의 학식 있는 바라문들에게 '깨어 있는 상태의 아트만'(ātman Vaishvānara)[22]의 본성에 대하여 가르침을 주고 있는 장면이 나온다. '깨어 있는 상태'라 함은 인간 의식의 4단계 중 첫 단계로, 지능을 가지고 외계 사물을 판단하는 단계를 말한다.[23] 그런데 웃달라카 자신도 아트만의 본성에 대해 참된 가르침을 줄 수 없다는 한계를 깨닫게 되자 이들 여섯 명은 모두 아슈바파티 카이케야(Ashvapati Kaikeya) 왕에게 가서 참된 가르침을 받는다.[24] 이처럼 우파니샤드는 기존의 제사 중심의 해설서인 브라흐마나를 중심으로 한 바라문의 전문적 권위가 지혜로운 왕이나 현자들의 수중으로 이동하고 있음을 보여주고 있다.[25] 본문의 예를 통해 살펴보자.

"우파만유의 아들 프라치나살라, 풀루샤의 아들 사트야야자, 발라비의 아들 인드라듐나, 사르카락사의 아들 자나, 아슈바타라슈바의 아들 부딜라. 이들은 모두 가족을 부양하는 자였지만 베다에 학식이 깊은 자들이었다. 이들이 함께 모여서 '무엇이 우리의 자아(아트만)이며, 무엇이 브라만인가'를 논의했다.

그들은 존경하는 선생인 웃달라카 아루니께서 그것(바이슈바나라 아트만, 우주적 자아)을 알 것이라고 생각하고 그에게 가서 물었다.

그런데 웃달라카는 '훌륭한 가족을 부양하고 베다에 관한 학식이 풍부한 이들이 내게 묻는다면, 그들에게 충분히 대답할 수 없을 것이다. 그러므로 이들을 다른 선생에게 데리고 가야겠다'고 생각했다. 그리하여 웃달라카는 그들에게 말했다.

'존경하는 여러분! 케카야의 아들 아슈바파티 왕이 그 바이슈바나라 아트만을 알고 있을 것입니다.'

그리하여 그들은 모두 아슈바파티 왕에게 갔다."(『찬도기야 우파니샤드』, V.11)[26]

이러한 대화 내용으로 미루어 우주와 인간의 궁극적 문제에 대한 난해한 논의도 사제들만의 지적 소유물이 아니었던 것 같고, 점차 왕과 같은 신분에서도 더 깊이 사고하고 있었던 것 같다. 이것은 제사 중심적 바라문의 사고에서 인간과 우주 중심적 크샤트리아의 사고 체계로의 이동을 보여주는 반증이기도 하다. 특히 윤회의 이론은 바라문의 사고이기보다는 왕들 중심의 크샤트리아 계급이 제기한 사상이었다.[27]

그러나 이러한 주장은 바라문 계열에서 인정하지 않으려 할 뿐만 아니라 바라문 문화에 깊이 젖어 있는 인도인들마저 잘 수긍하려들지 않는다. 오히려 크샤트리아 계급의 한가한 자랑에 지나지 않는 것이라고 하면서, 기본적인 사상적 기초는 바라문에 있지 크샤트리아 계급일 수 없다고 보는 것이다. 그럼에도 우파니샤드 본문이 지시하고 있듯이 왕과 전사 계급의 지적이고 철학적인 사색의 역할과 그 영향은 부인할 수 없다.[28] 이러한 논란[29]에도 아트만-브라만의 교리는 이미 브라흐마나에서 그 사상적 맹아를 보였고, 『리그베다』의 사상에 대한 논리적 발전을 보여줌으로써 베다 사상의 전체적인 통일성을 보여주고 있다는 점은 누구도 부인하지 못한다.

우파니샤드의 철학은 아리아인들의 것이라기보다는 인도의 원주민이었던 드라비다인으로부터 더 많은 영향을 받은 것이라는 주장도 종종 제기되고 있다. 그 이유로는 시간이 경과하면서 드라비다인의 혈통이 아리아인들 사이에 더욱 확산되어갔고, 아리아인의 전투적인 기질보다는 드라비다인의 고요한 사색적 분위기가 우파니샤드의 내용과 더 유사하다는 점을 든다. 그뿐 아니라 언어의 변화 과정도 드라비다인의 영향에서 벗어날 수 없었다는 것이다. 그러나 그 어느 것도 아직까지 입증된 바가 없으므로 지금으로서는 모든 요소들이 상호 영향을 미쳤을 것이라는 정도로만 이해할 수밖에 없는 형편이다.

우파니샤드의 범신론(汎神論, pantheism)적 경향은 고대의 물활성(物活性)적인 정령론(精靈論)적 견해에서 출발하여 아리아인들의 신인동형론(神人同形論, anthropomorphic)적 자연신들과 대조를 보이면서 점차 하나의 철학적 결과물로 발전해갔음을 보여주고 있다. 이러한 사실을 종합해볼 때 우파니샤드는 베다 사상의 끝을 이루는 것이지만 인도의 초기 사상에서 그 맹아를 보였던 것이고, 아리아인과 드라비다인 사이의 문화적 종교적 혼합 형태의 사상적 결과물임을 알 수 있다.

신으로부터 현자에게 계시된 문헌

문학적 형태로 된 우파니샤드는 그 문헌의 수가 200개를 넘어선다. 하지만 대개 인도의 전통에서 그 수를 108개로 제한하고 있는데, 이는 『묵티카 우파니샤드』(*Muktikā Upanishad*)에서 구원(해탈)은 108개의 우파니샤드를 공부해야 가능하다고 한 데서 비롯된다.[30] 이들 가운데 『아이타레야 우파니샤드』(*Aitareya*

Upanishad), 『카우시타키 우파니샤드』(*Kauṣītakī Upanishad*), 『찬도기야 우파니샤드』(*Chāndogya Upanishad*), 『케나 우파니샤드』(*Kena Upanishad*), 『타이티리야 우파니샤드』(*Taittiriya Upanishad*), 『브리하드아라냐카 우파니샤드』(*Bṛhadāraṇyaka Upanishad*), 『이샤 우파니샤드』(*Īśa Upanishad*), 『카타 우파니샤드』(*Katha Upanishad*)를 기원전 8세기부터 기원전 7세기 사이의 초기 우파니샤드 문헌으로 학자들은 대개 인정하고 있다.[31]

이들 문헌은 모두 불교 이전의 작품들인데, 이들은 모두 베단타 철학의 사상을 대표하고 있는 것으로 세계에 대한 초기의 철학적 반영이다. 이 시대의 철학은 독일의 철학자 야스퍼스(Karl Jaspers)가 정신문명의 축(軸)의 시대(기원전 8세기~기원전 3세기)라 일렀던 시기에 속하는 것으로, 그리스와 중국을 포함한 인도의 사상이 전통적인 삶의 양식에 대해 처음으로, 그리고 동시에 독립적인 주장을 하고 나섰던 철학이다.[32] 말하자면 우파니샤드의 철학은 그리스의 소크라테스와 중국의 노자와 공자, 그리고 인도의 석가가 외치던 혁명적 사상의 신시대적 가르침과 문명사적 측면에서 그 정신적 축을 같이하고 있는 것이다.

위대한 시적 영감과 인간과 세계에 관한 직관적 통찰로 가득 찬 우파니샤드의 저자가 누구인지에 대해서는 분명하지 않다. 대부분의 인도 고전 문헌이 그렇듯 몇몇의 경우를 제외하고는 익명으로 엮여 있는데, 우파니샤드의 가르침 가운데 일부는 아루니(Āruni), 야즈나발키야(Yājnavallkya), 발라키(Bālāki), 스베타케투(Śvetaketu), 샨딜리야(Śāndilya) 같은 현자의 작품으로 여겨지고 있다. 이들 현자와 제자들 사이의 대화가 우파니샤드의 내용의 주를 이루고 있기 때문이다.

베다의 일부인 우파니샤드는 신으로부터 현자에게 계시된 문헌으로 여겨지는 슈르티(Śruti)에 속하고, 아득한 태고의 작품으로 간주된다. 이 신비적 계시의 경험은 현자들이 직접 체험한 내용들을 다루고 있다. 현자들이 계시 받은 진리는 그들 자신의 주관적인 내면적 통찰만은 아니었고, 더욱이 그들 자신만을 위한 지식이 아니라 누구나 의식 속에서 내면 깊이 탐구하면 얻을 수 있는 독립적인 실재의 경험을 말해주는 것이었다. 이러한 계시의 경험에 대해 우파니샤드는 상징적으로 인간에게 불어오는 신의 호흡에 비유한다. 신의 에너지가 활력을 불어넣어주는 호흡에 비유되는 것이다. 마치 인간의 정신을 일깨우는 불꽃과 같은 것이다. 이처럼 베다와 우파니샤드는 영감에 사로잡혀 있던 현자들의 경험이 낳은 산물이다.

우파니샤드에서 진리란 특정 개인에 속한 것이 아니며 영원한 것이고, 영감은 일방적인 것이 아니라 신의 계시와 인간의 응시(contemplation)라는 두 측면을 지니는 것으로 설명되고 있다. 예컨대 『슈베타슈바타라 우파니샤드』(Śvetāśvatara Upanishad)에서는 현자 슈베타슈바타라가 그 자신의 응시력(tapah-prabhāva)과 신의 은총(deva-prasāda)으로 진리를 보았다고 설명하고 있다.[33] 이것은 주관과 객관이라는 계시의 이중적 차원을 말해주는 것이다.

우파니샤드는 분명 체계적이고 짜임새 있는 철학적 성찰의 산물이라기보다는 정신적 각성과 계몽의 수단으로 작용하며, 고도의 추상적이고도 풍부한 영적 경험의 세계로 우리를 이끌어간다. 그러나 그것이 아무리 추상적이라 해도 인간의 개인적 경험의 차원을 떠나 있는 것도 아니며 논리적 이성을 벗어나는 것도 아니다. 그리고 내면의 명상에만 치우치는 것이 아니라 자유를 향한 진정한 지식의 추구라는 점에서 실천적 수행의 차원을 담고 있는 구원의 철학 체계라고도 말할 수 있다. 그런 점에서 우파니샤드의 철학, 곧 브라흐마 비드야(Brahma-Vidyā)는 삶을 통한 지혜의 추구 그 자체다.[34]

지혜로 얻어지는 궁극의 세계

초기 우파니샤드는 바라문 계층의 사제들이 행하는 제의적 수행에 대해 깊은 반감을 가지고 있었다. 그런 생각들은 우파니샤드의 본문에도 노골적으로 표현되고 있는데, 심지어 바라문 중심의 제사 행위와 그 효능에 대한 직접적 공격보다 우화적인, 또는 우회적인 방식의 비판도 나오고 있다. 이는 우파니샤드의 현인들이 주로 바라문 계열보다 크샤트리아 계층의 사람들이기 때문이기도 하다. 이들의 기본적인 주장은 제사보다는 아트만과 브라만에 대한 추구가 더 중요하다는 것이다. 『브리하드아라냐카 우파니샤드』의 본문을 살펴보자.

"진실로 먼저 브라만이 있었다. 그는 오직 그 자신에 대해 '나는 브라만이다'라고 깨달았다. 그래서 그는 모든 것이 되었다. 신들 중에 누구든지 이 사실을 진실로 깨달은 자는 그와 같이 되었다. 이것은 현자들이나 인간들도 마찬가지다.

실로 현자 바마 데바(Vāma-deva)도 이것을 알고 '나는 마누(Manu)였고 태양이었다'고 했다.

이것은 지금도 마찬가지다. 누구든지 이와 같이 '나는 브라만이다'라는 깨달음을 얻으면 이 모든 것이 되는 것이다. 신들도 이같이 브라만이 되는 것을 막지 못하는 까닭은 깨달은 자는 신들의 아트만이 되어버리기 때문이다.

그러므로 그 자신과 브라만을 다르게 생각하면서 (그 자신의 아트만 외에) 다른 신들을 숭배하는 자는 깨달은 자가 아니다. 그는 신들에게 희생되는 동물과 같다. 짐승들이 사람에게 봉사하듯 그도 신들에게 봉사할 따름이다. 한 마리의 짐승이 없어져도 기분이 나쁠 텐데 많은 짐승들이 없어진다면 어떻겠는가?

그러므로 신들은 인간이 (브라만을) 깨닫게 되는 것을 좋아하지 않는다."(『브리하드아라냐카 우파니샤드』, I.4.10)[35]

이 본문을 통해 우리가 알 수 있는 몇 가지 사실은 다음과 같다. 우선 브라만의 우선성을 말하고 있다는 점이다. 수많은 현상의 배후에 숨겨져 있는 브라만은 만유의 시작이자 궁극적 정점이기 때문이다. 동시에 브라만에게서 만물이 시작되고 만물이 그에게 귀속됨을 말한다. 그런데 그 브라만이 바로 깨닫는 자 자신 속에 있다는 것이다. 그렇게 될 수 있는 것은 비단 현자만이 아니다. 범인(凡人)도 브라만이 될 수 있다. 그것은 과거에만 한정된 일도 아니며, 지금도 깨달음을 추구하는 자 누구에게나 유효하다.

그 깨달은 자의 선언은 놀랍다. 자기 자신이 『리그베다』의 현자 바마 데바처럼 스스로 태초의 인간 마누이기도 하고 태양이 되기도 한다. 브라만은 모든 것이기 때문이다. 내 속의 아트만이 브라만임을 알면 신들도 말리지 못한다. 깨달은 자신이 곧 신들의 아트만이 되기 때문이다. 자신과 브라만의 동일성을 아는 자는 신들에게 제사나 드리는 저급한 행위를 하는 데서 머물지 않는다.

신들에게 드리는 제사 행위는 동물들이 인간에게 봉사하는 행위와 다름없다. 그러므로 자신과 브라만의 동일성을 깨닫지 못하고 제사나 드리는 행위는 짐승 같은 행위에 불과하다고 혹평한다. 숭배의 대상이 되고 있는 갖가지 신들은 오로지 인간이 바치는 희생 제사물인 짐승들을 탐하기에 인간이 스스로 브라만임을 깨닫게 되는 것을 좋아하지 않는다.

여기서 우리는 재미있는 역설을 본다. 신들이라고 모두 선한 것이 아니며, 신들이 모두 깨달은 아트만의 입장에 있는 것도 아니다. 우상화된 신일 수도 있고 희생 제의만을 탐하는 신일 수도 있다. 신들의 문제는 다음에서 다시 살펴보기로 하자.

『브리하드아라냐카 우파니샤드』의 또 다른 본문에서도 현자 야즈나발키야는 제사에 대해 매우 경멸적인 논조로 말한다. '제사란 무엇인가?'라는 질문에 '(제물에 던져지는) 짐승이다'라 말하고 있다.[36] 야즈나발키야는 사칼리야(Vidagdha Śakalya)에게서 신들의 수가 얼마나 되느냐는 질문을 받고, 다양한 신들의 숫자와 속성을 언급하면서 그 배후의 단일한 신 브라만을 언급한다. 대화 내용 중에 제사에 대한 언급이 나오는데, 죽음의 신 야마(Yama)가 희생 제사에 기반을 두고 있다고 말한다. 그 내용의 일부를 살펴보자.

"사칼리야가 말했다.

'야즈나발키야여, 쿠루-판찰라의 브라흐마나[37]를 경시하면서까지 그대가 안다고 말하는 브라만이 무엇이라고 생각하시오?'

'나는 신들과 신들의 기반이 되는 사방의 방향을 알고 있소.' 야즈나발키야가 대답했다.

'그대가 신들과 그 신들의 기반이 되는 방향을 안다면 동쪽 방향은 어떤 신이라고 생각하오?'

'태양신이오.' 야즈나발키야가 대답했다.

'그러면 태양신의 기반은 무엇이오?'

'눈(眼, caksus)이오.'

'눈의 기반은 어디요?'

'형태(色, rupa)요.'

'형태의 기반은 어디요?'

'마음(hrdaye)이오. 마음을 통해 형태를 알 수 있기 때문이오. 오직 마음에만 형태가 기반할 수 있는 것이라오.' 야즈나발키야가 대답했다.

'야즈나발키야여, 옳은 말씀이오.'"(『브리하드아라냐카 우파니샤드』, III.9.20)

사칼리야와 현자 야즈나발키야의 대화는 신들의 수가 몇이나 되는지, 브라만은 무엇인지에 대한 의문으로부터 출발했다. 계속되는 대화 속에서 야즈나발키야는 브라만이 신들의 기반이 될 뿐 아니라 신들이 기반으로 하고 있는 사방의 방위에 대해 알고 있다고 언급한다. 이에 대해 사칼리야는 그 방향의 첫 번째로 동쪽에 대해 물었다. 야즈나발키야는 동쪽은 태양이 뜨는 곳이라 동쪽 방향의 신은 태양신이라고 대답했다. 그런데 그 태양신도 눈이 없으면 볼 수 없고 소용이 없다. 다시 눈은 형태가 따로 없으면 볼 수 없다. 형태는 다시 마음이라는 기반이 없으면 이해할 수 없다고 하면서 모든 기반의 근원을 마음으로 환원시킨다. 이제 사칼리야는 다시 남쪽으로 질문을 돌린다.

"'남쪽을 그대는 어떤 신으로 여기시오?'

'죽음의 신이오.' 야즈나발키야가 대답했다.

'그러면 죽음의 신의 기반은 무엇이오?'

'사제에게 바치는 봉헌 제물이오.'

'사제에게 바치는 봉헌 제물의 기반은 무엇이오?'

'믿음이오. 믿음이 있을 때 사제에게 봉헌 제물을 바칠 수 있기 때문이오.'

'그러면 믿음의 기반은 무엇이오?'

'마음이오.'

'마음을 통하여 믿음을 알 수 있기 때문이오. 실로 마음에만 믿음이 기반할 수 있는 것이라오.' 야즈냐발키야가 대답했다.

'야즈냐발키야여, 옳은 말씀이오.'"(『브리하드아라냐카 우파니샤드』, III.9.21)

동쪽의 태양신도 그 기반하고 있는 곳이 마음이었듯이 남쪽의 죽음의 신 야마가 기반하고 있는 것도 결국 마음이라고 야즈냐발키야는 대답한다. 죽음의 신은 제물에 기반을 두고 있고, 제물은 믿음을 기초로 한다. 그러나 그 믿음도 마음에서 비롯된다는 것이다.

이렇듯 초기 우파니샤드인 『브리하드아라냐카 우파니샤드』에서는 제사에 대해 자아인 아트만의 탐구나 브라만을 추구하는 일에서 근본적인 것이라기보다는 부차적인 것에 지나지 않는 것으로 말하고 있다. 그렇다면 『찬도기야 우파니샤드』에서는 제사에 대해 어떻게 말하고 있을까? 특히 사제들의 제의의 관행에 대해 풍자하고 있는데, 개들의 우화를 통해 이들의 행태를 비유하고

베다 시대에 각광을 받은 인기 있는 태양신 수리아(Sūrya).
신성한 소녀로부터 우샤(ushā: 새벽의 여신에게 하는 인사)를 받고 있다.

있다. 본문을 살펴보자.

> "이제 다음 이야기는 개들의 우드기타(udgītha: 찬양)[38]다.
> 바카 달비야(Baka Dālbhya)와 글라바 마이트레야(Glāva Maitreya)가 경전(베다)을 공부하기 위해 떠났다. 그 앞에 흰 개가 나타나더니, 그 개 주위로 다른 개들이 몰려와서 말했다.
> '노래를 부름으로써 우리로 하여금 음식을 얻게 하소서. 실로 우리는 배가 고픕니다.'
> 그러자 흰 개가 다른 개들에게 말했다.
> '내일 아침 이곳으로 나를 찾아오라.'
> 그래서 바카와 글라바도 그 광경을 지켜보았다.
> 사제들이 찬양을 할 때 함께 결속하여 움직이며 찬양을 하듯 개들도 함께 움직였고, 또 함께 앉아서 '그에게' 일제히 소리를 질렀다.
> '옴, 우리가 먹을 수 있게 하소서. 옴, 우리가 마실 수 있게 하소서. 옴, 바루나(Varuna) 신이여, 프라자파티(Prajāpati)여, 그리고 사비트리(Savitr) 신이여,[39] 여기에 음식을 주소서. 오, 음식의 신이여, 여기에 음식을 주소서, 여기에 음식을 주소서. 옴.'"(『찬도기야 우파니샤드』, I.12)[40]

현자와 등장인물 사이에 문답식으로 대화가 진행되고 있는 이 이야기는 『찬도기야 우파니샤드』의 앞부분에 나오는 한 본문이다. 우파니샤드 가운데서도 『브리하드아라냐카 우파니샤드』와 함께 가장 긴 본문을 구성하고 있는 이 『찬도기야 우파니샤드』는 4종의 베다 가운데 찬양을 주로 다룬 『사마베다』 계열에 속한 것으로, 찬양의 방법과 중요성 등을 수록하고 있으며 동시에 찬양의 상징성과 형이상학적 의미를 길게 풀이하고 있다. 본문의 문답식 대화 가운데서는 이처럼 개와 소 등을 비유로 하여 우파니샤드의 가르침의 핵심을 풍자적으로 그리고 있다.

개들의 찬양이라는 비유에서 드러나듯 사제가 제사를 지낼 때 부르는 찬양에 개들이 등장하고 있는 것이다. 그것이 무엇을 말하려 하는 것인지는 개들의 대화 속에 잘 나와 있는데, 그들이 신에게 빌며 기도하는 위대한 만트라인 '옴'의 핵심 주제는 배고픔을 달래는 것이다. 개들이 주인의 밥상에서 떨어지는 음식을 기다리는 것처럼, 신에게 음식을 빌고 있는 사제들의 모습을 빗댄 것이라고 보아도 과언이 아니다. 이는 정녕 빌고 구할 것은 음식이 아니라 영혼의 자유, 곧 해탈이었어야 한다는 뜻일 것이다. 마치 예수가 "사람이 떡으로만 살 것이 아니라 하느님의 말씀으로 살 것이라"고 했던 것을 생각나게 한다.

이 본문에 대해 인도학자 이재숙은 다소 보수적으로 해석한 듯하다. 그는 본문의 역주를 통해 "이 이야기는 개들이 배고파 진정 '원하는 음식'(찬양의 목적인 기원)을 위해 진지하게 행하는 것(진지한 우드기타)을 통해, 찬양 우드기타라는 것에 대한 진심과 정성을 강조하기 위한 것으로 보인다"[41]고 말하고 있다. 그러나 본문의 배경을 좀더 깊이 생각해볼 필요가 있을 것이다. 예컨대 우파니샤드의 본문을 비평적으로 읽어야 한다는 점이다. 본문을 비평적으로 읽는 것은 텍스트 상호간의 비교는 물론 저술 시기와 저자, 저술 목적 등의 배경을 종합적으로 검토하는 방식으로 행해질 수 있을 것이다.

『브리하드아라냐카 우파니샤드』가 말하는 제사에 관한 진술은 제사에 관한 『찬도기야 우파니샤드』의 진술보다 훨씬 신랄하고 비판적이었던 것을 앞서 본 바 있다. 예를 들면 '제사는 짐승이다' 하는 형식이다. 그러나 『찬도기야 우파니샤드』에 와서는 다소 우화적으로 개의 이야기 등을 들어 설명하고 있다. 그러나 여전히 사제들을 중심으로 하는 제사의 관행과 그 부차적 중요성에 대해, 또는 본질을 떠난 기복적 제사의 역기능에 대해 비판하고 있는 것은 마찬가지다.

이 점에 대해서는 독일의 인도학자 도이센도 '사제들의 탐욕적 구걸 버릇을 풍자한 것'이라 표현하고 있다.[42] 조금 심하게 말하면 '개같이 탐욕스러운 사제들'에 대한 신랄한 비판인 것이다. 우파니샤드가, 크샤트리아 계층의 인물들이 철학적 사변을 심화시키면서 사제들이 주관하는 제사 행위보다 궁극적 존재에 대한 물음을 추구하는 일이 더 중요함을 말하고자 하는 것임도 염두에 둘 필요가 있을 것이다.

『찬도기야 우파니샤드』의 이 본문에 앞서 계속 진술되는 이야기 중에도, 한 명의 가난한 방랑 걸식자 바라문과 사제 세 사람이 대화를 나누는 장면이 있다.[43] 세 명의 사제가 왕 앞에서 제사를 드리는데 가난한 방랑 걸식자가 배고픔을 못 이겨 왕이 제사 지내는 현장으로 찾아와 세 명의 사제들에게 올바른 제사의 의미를 전한다. 그러면서 바르게 제사를 지내지 못할 경우 목이 떨어질 것이라고 경고한다. 그러자 왕은 방랑 걸식자를 칭송하고 올바른 제사를 수행할 권리와 대가를 주겠다고 약속한다. 이에 사제 세 명이 각각 진정한 제사란 무엇인가를 묻자, 그는 각자에게 "숨이다" "태양이다" "음식이다"라고 답한다. 결국은 음식의 중요성을 말하고자 하는 가난한 방랑 걸식자의 의중이 드러나고 있는 것이다.

이는 약간의 풍자가 섞인 것으로, 거지 사제 한 명에 의해 왕 앞에서 제사를 진행하던 정통 사제 세 명의 체면이 땅에 떨어지고 있다. 또한 당시의 풍속을 반영하면서 바라문 계열의 가난한 사제들이 많았음을 말해주는 것이기도 하고, 동시에 왕 앞에서 형식적인 제사를 드리고 제사의 대가를 탐하는 사제들을 비꼬는 것이기도 하다. 방랑 걸식 사제가 정통 바라문의 사제를 비꼬는 것이기도 하지만, 한 걸음 더 나아가 '음식'의 중요성을 언급함으로써 다음 장에 계속되는 『찬도기야 우파니샤드』의 개의 비유에서 드러나듯 일반적인 사제들의 탐욕을 풍자하고 있는 것이기도 하다.

『브리하드아라냐카 우파니샤드』의 견해에 따르면 이 세계에는 인간, 조상, 신이라는 세 개의 세계가 있고, 그것을 얻는 방법이

제각기 따로 있다. 그것들은 각각 자식에 의해, 제의에 의해, 그리고 지혜를 통해 얻어진다. 본문을 살펴보자.

> "이제 실로 세 개의 세계가 있다. 인간의 세계, 조상의 세계, 신들의 세계가 그것이다. 인간의 세계는 자식을 통하여 얻어지는 것이지 다른 수단을 통하여 되는 것이 아니다. 조상들의 세계는 의례와 같은 행위로 구제되는 것이고, 신들의 세계는 지혜로 획득된다. 실로 신들의 세계는 최상의 세계다. 그러므로 지혜를 찬양하라."(『브리하드아라냐카 우파니샤드』, I.5.16)

세 가지 세계 가운데 자식에 의해 획득되는 인간의 세계나 제사로 얻어지는 조상들의 세계보다 지혜로 얻어지는 신들의 세계가 가장 훌륭한 세계로 설명되고 있다. 이 본문 또한 우파니샤드에서 제사가 차지하는 위치와 최상의 세계인 신들의 세계에 이르는 가장 중요한 수단으로서의 '지혜'(vidyā)를 무엇보다 중요한 것이라 말한다. 세속적 인간의 삶의 차원에서 신적 인간으로 거듭나는 일이야말로 가장 중요한 것이었고, 이것은 오직 지혜를 통해서만 가능하다는 논리다.

앞서 언급한 바 있지만 제사의 행위는 지혜에 비해 열등한 것으로, 『찬도기야 우파니샤드』에서도 같은 진술을 하고 있다. 숲에서 금욕하고 믿음으로 수행하면서 지혜를 가진 자는 빛으로 나아가서 끝내는 브라흐마에게 이른다. 이 길은 신들에 이르는 길이다. 하지만 제의와 봉사 활동만 하는 사람들은 죽은 후 연기에 실려 밤(夜)으로 나아가서 조상들의 세계에 이르지만 그들의 업보(業報)에 따라 갔던 길을 다시 되돌아올 뿐이다.[44] 제사도 희생적 봉사도 중요하지만 우파니샤드는 브라만과 아트만을 이해하는 지혜를 더욱 강조하고 있다.

둘이 아닌 하나의 세계

우파니샤드의 불이론

"훌륭한 집안의 사람 사우나카가 앙기라스에게 예의를 갖추며 다가와 물었다. '존경하는 스승님이시여, 무엇을 먼저 알아야 다른 모든 것을 알게 되겠습니까?'"

우주의 본질과 인간의 자아는 둘이 아니다

우주와 인간의 본질에 대한 우파니샤드의 사상을 이해하는 다양한 해석들을 종합해보면 크게 서너 가지의 주장으로 요약된다. 우파니샤드의 세계관이 불이론(不二論)[1]적인가, 아니면 제한적 불이론인가, 또는 이원론(二元論)인가, 아니면 불가사의론(不可思議論)인가 하는 주장들이 그것이다. 대표적 사상가들을 중심으로 대별해보면 다음과 같다.

첫째, 샹카라의 불이일원론(不二一元論)이다. '둘이 아니라 하나'라고 하는 그의 주장은 '아드바이타'(Advaita, 不二) 사상으로 잘 알려져 있다. 아드바이타는 '드바이타'(dvaita), 즉 둘(二)에 부정접두어 '아'(a)가 붙어서 '둘이 아님'을 뜻하는 말이다.

무엇이 둘이 아니라는 것인가? 간단히 말하면 우주의 근본적 본질인 브라만(Brahman)과 인간의 참 자아인 아트만(Ātman)이 둘이 아니라는 것이다. 11개의 우파니샤드에 대한 주석[2]을 쓴 그는 브라만의 비이중적 초월성을 말하고 있다. 그가 말하는 참된 실재(reality)는 브라만이자 곧 아트만이다. 브라만의 이원성은 결코 인정할 수 없으며 브라만은 모든 이원성에서 자유롭다는 주장으로, 이원성의 세계는 경험적이고 현상적일 뿐이라는 것이다. 생사의 윤회로부터 개인을 구제할 수 있는 구원의 진리는 자신의 정체가 지고의 존재(Supreme)와 하나라는 인식뿐이다.

이른바 '그것이 바로 너다'(Tat tvam asi)라는 진술은 모든 존재에게 해당하는 근본적인 가르침이다. 끝없는 생사유전(生死流轉)의 흐름 속에는 천변만화(千變萬化)하는 우주의 다양성과 다중성이 존재하지만 그것은 오직 현상적인 변화일 뿐이라는 것이다.[3] '타트 트밤 아시', 즉 '그것이 바로 너다'라는 이 유명한 진술(mahavakya: 위대한 선언)을 하고 있는 『찬도기야 우파니샤드』의 본문은 인간 정신의 신적 본성을 강조하는 것으로, 참 본질로서의 자아와 현상적 사실에 시달리는 우연적-현상적 자아는 구별되어야 한다고 라다크리슈난(Radhakrishnan)은 주석하고 있다.[4] 『찬도기야 우파니샤드』 본문의 대화 내용을 잠시 살펴보자.

"만물의 근원인 그 미세한 존재를 세상 만물이 아트만으로 삼고 있다. 그 존재가 진리다(tat satyam), 그 존재가 아트만이다(sa ātmā), 그것이 바로 너다(tat tvam asi), 슈베타케투야." (『찬도기야 우파니샤드』, VI.8.7)

현자 웃달라카는 자신의 아들 슈베타케투(Śvetaketu)와의 대화에서 우주의 본질이 다름 아닌 바로 슈베타케투 자신 속에 있다고 말한다. 라다크리슈난의 해석에 따르면 '그것이 바로 너다'라는 본문은 내적 자아(antah purusa)에 적용되는 것이지 혈통적으로 물려받은 그 이름이 지닌 외형적-경험적 자아를 말하는 것은 아니다.

샹카라에 앞서서 베다의 통일성을 누구보다 깊이 연구한 인도의 사상가 바다라야나(Bādarāyana)의 『브라흐마 수트라』에서는, 브라만이야말로 세계의 제1원리이며 우파니샤드 전체 본문들이 '일치를 보이는'(samanvayāt) 바라고 대요를 밝히고, '모든 베단타의 텍스트가 확실하게 주장하는'(sarva-Vedānta-pratyayam) 근본적인 전제라고 주장했다.[5] 여기에 더하여 샹카라는 세계 제1원리로서의 브라만이 곧 아트만임을 확인시켜주고 있다. 샹카라의 이 같은 일원론 체계는 '다원성' 속에서의 '비이원성'(non-dual)을 말한다는 측면에서 '단일적' 체계와는 구분되는 다원성 세계 속의 통일성이다.[6]

둘째는 라마누자(Rāmānuja, 1055~1137)의 제한적 불이론이다. 그는 남인도의 비슈누파(Vaishnava) 성자로 추앙받는 인물[7]로 제한적 불이론의 창설자다. 일원론을 말하되 어느 정도 제한을 두고 말해야 한다는 뜻이지만 그렇다고 이원론은 아니다. 그래서 '제한적'(Viśista) 또는 '한정적'이라는 말을 붙인다. 이를 두고 학자들은 '비쉬스타-아드바이타'(Viśistādvaita), 즉 '제한적 불이론'(qualified non-dualism)이라고 부른다.

라마누자는 불이론의 철학을 지고(至高)의 인격신과 결부시킨다. 예컨대 지고의 신 브라만, 곧 영혼들과 세계는 모두 다르면서 영원한데 동시에 불가분의 관계에 있다. 브라만은 영혼과 신체라는 두 가지 조건과 서로 관계하고 있다. 영혼과 신체는 지고자인 브라만에 의해 유지되며 그의 통제를 받는다. 라마누자에 따르면 신은 그 자신을 위해 존재하지만 물질과 영혼 들은 신과 신의 목적을 이루기 위해 존재한다. 브라만은 영혼과 세계에 생기를 불어넣어주는 원리가 되면서 이 셋은 유기적 전체를 이룬다. 영혼은 각각의 개체를 이루지만 신에게서 독립되어 있지 않다. 이 영혼들이 모두 같은 부류에 속했다는 이유로 하나가 된다.

인간 속에 실현된 이 같은 신적 인간(Nārāyana)[8]의 세계에서 향유하게 되는 최고의 이상적 경지는 자유와 행복 속에서 누리는 기쁨으로 표방된다. 그리고 그에 도달하는 수단은 신에 대한 헌신적 믿음과 사랑(信愛, bhakti)이다. 신의 은총과 신앙적 헌신을 통해 그들의 영혼이 자유롭게 되었다 하더라도 각자의 영혼은 각각의 개별성을 그대로 지닌다.[9]

이러한 라마누자의 사상은 그리스도교 신학에서도 대화의 한 파트로 자주 인용되고 있다. 신의 은총과 신에 대한 신앙과 헌신으로 구원을 얻게 된다는 주장은 그리스도교의 신학적인 토대와 유사하기 때문이다. 이 방면으로 많은 책이 나와 있지만 종교 간의 이해를 높이는 카르만의 『라마누자의 신학』(*Theology of Rāmānuja*)[10]이 특히 유명하다. 이 같은 종교 간 대화의 중심에는 '박티'(bhakti), 즉 '신애'(信愛)라는 유사 개념 또는 공통의 정서가 있기 때문이다.

셋째는 마드흐바(Madhva, 1199~1278)[11]의 이원론적 베단타(Dvaita-Vedānta) 사상이다. 일명 마드흐바차리야(Madhvā-chārya)라고도 불리는 그는 베단타학파 사상의 세 번째 주류를 이룬다. 그의 사상 체계는 다섯 가지로 구분되는데, 영원히 구별

부와 행운을 가져다준다는 락슈미 신.
박티 신앙을 믿는 인도인들이 가장 사랑하고 존경하는 숭배의 대상이다.

되는 다섯 가지 요소를 다음과 같이 분류한 것이다. 첫째는 신과 개별적 영혼이고, 둘째는 신과 물질, 셋째는 영혼과 물질, 넷째는 하나의 영혼과 다른 영혼, 그리고 다섯째는 하나의 물질과 다른 물질이다. 이들 양자 사이는 영원히 구별되어야 한다고 그는 주장한다.

마드흐바에 따르면 신과 영혼과 세계, 이 세 가지 실체는 각각 독립적으로 영원히 존재한다. 비록 이 세 가지 실체가 영원하다고 할지라도 영혼과 물질적 세계는 신에게 종속되며 의존적이다. 독립적인 실재로서의 브라만은 우주의 절대적 창조자이며, 때때로 다양한 형태의 화신(化身, avatāra)이 되어 자신의 모습을 드러낸다.[12] 상서로운 특징을 지닌 신들 비슈누(Vishnu)와 그의 아내 락슈미(Laksmī)의 신비로운 힘은 그 자신 내부에서 비롯된다.

해탈은 윤회를 벗어나 '나라야나', 즉 신적 인간의 세계에 머무는 것이다. 마드흐바가 앞에서 다섯 가지 범주로 구분하고 있듯, 인간의 영혼들은 무수히 많지만 각각 독립적으로 영원하다. 아주 훌륭하지도 못하고 아주 나쁘지도 않은 사람들은 여전히 윤회(saṃsāra)의 틀을 벗어나지 못하고, 나쁜 자들은 지옥으로 간다. 신에 대한 올바른 지식과 그에 대한 헌신만이 구원의 수단이 된다. 그리고 신의 은총 없이는 구원은 불가능하다.[13] 이러한 이원론적 구원 사상은 라마누자의 제한적 불이론 사상보다 오히려 그리스도교의 신앙 구조와 아주 흡사하다.

넷째는 그 밖의 베단타 사상가들이다. 이상의 세 사상가로 대표되는 샹카라의 불이론과 라마누자의 제한적 불이론, 그리고 마드호바의 이원론 외에도 다양한 사상가와 이론이 등장했다. 예컨대 님바르카(Nimbārka, 14세기)는 『브라흐마 수트라』에 대한 주석을 쓰면서 불일불이론(不一不異論, Bheda-abheda)을 주장했다. 브라만과 개별 자아는 하나도 아니며 다르지도 않다는 역설을 주장한 것이다. 마치 불교의 공불이색(空不異色)이나 공즉시색(空即是色)의 논리와 흡사하다. 님바르카파(派)의 특색은 크리슈나와 라다를 숭배한다는 것인데, 그런 점에서 님바르카 또한 마드호바와 같이 박티 신앙을 강조하고 있다.

또한 12세기에 라마누자와 동시대 사람으로 시바아드바이타(Sivādvaita), 즉 '시바 불이론'(시바와 아트만의 불이론)이라는 체계를 만든 슈리칸타(Śrikantha)가 있다. 그는 『브라흐마 수트라』의 주석을 쓰면서 브라흐마와 시바(Śiva), 비슈누 등 세 신 가운데 시바를 최고신 브라흐마와 동일시했다. 이는 라마누자가 비슈누 신을 최고신 브라흐마와 동일시한 것과 비교된다. 이처럼 사상가들은 시바 또는 비슈누를 숭배하는 신격에 따라 각기 자신의 입장과 학파를 형성해갔다. 슈리칸타의 입장은 샹카라와 라마누자의 중간 입장이라고 볼 수 있다.[14]

이 외에도 몇몇 사상가들이 계속 등장하고 있으나 한 사람 더 언급한다면 순수일원론(純粹一元論, Suddhādvaita)을 주장한 발라바(Vallabha, 1479~1531)를 들 수 있겠다. 그는 베단타 학자로서 『브라흐마 수트라』를 주석하여 『아누브하스야』(*Anubhāsya*)

를 쓰면서 순수일원론을 밝혔다. 성지를 순례하면서 1508년과 1509년에 비드야나가르에서 열린 대토론회에서 승리자가 되어 명성을 높였는데, 그의 사상은 원인으로서의 브라만이나 결과로서의 현상세계도 다르지 않으므로 불이(不異)이며 순수청정(純粹淸靜)이라는 것이다. 그리하여 현상계는 신성하며 금욕과 고행은 의미가 없다고 주장했다. 이러한 주장에 바탕을 둔 그의 사상과 학파는 이내 세속화되었고, 승려는 결혼했으며, 교단은 일부 타락하기에 이르렀다.[15]

비교적 후기 사상가에 속하는 18세기의 발라데바(Baladeva)는 '불가사의 불일불이설'(不可思議 不一不異說, Acintya-bhedābheda)을 주장했다. '다르지만 다르지 않다'(bheda-abheda)는 이 역설은 님바르카가 '불일불이론'을 제기한 데서 한 걸음 더 나아가 '불가사의론'(Acintya)을 추가한 것이다. 이는 '불일'(不一)을 말함으로써 경험세계의 적극적인 측면을 강조한 것이기는 하지만 동시에 '불이'(不異)를 말함으로써 하나 됨의 불가사의한 측면을 더욱 강조하고 있다. 상대적 세계의 신비한 종합이라 하지 않을 수 없다.

그런 점에서 앞에서 거론한 이원론적 사상가인 마드흐바를 제외하면 대개가 불이론의 아드바이타 사상 체계를 유지한다고 볼 수 있다. 최근의 인도학자로 미국과 캐나다에서 다양한 저술과 교육을 통해 두각을 나타내고 있는 샤르마(Arvind Sharma)의 경우도 인도 사상의 핵심을 아드바이타 베단타 사상으로 요약한다.

힌두교의 중요한 세 신 브라흐마와 비슈누, 시바의 모습을 그린 것이다.
각각 자신의 배우자인 사라스바티, 락슈미, 파르바티와 함께 있다.

이른바 다양한 문화적 토양 속에서 자라난 힌두이즘을 '불이론'이라는 하나의 영성적 시각에서 바라보는 것이다.[16]

무엇을 알아야 다른 모든 것을 아는가

『리그베다』나 『사마베다』 또는 『야주르베다』 같은 초기나 중기 베다의 내용이 신들에 대한 찬양을 중심으로 이루어졌다면, 베다의 최종적 결론을 구성하는 베단타 사상의 핵심은 변전하는 만물의 근저에 놓여 있는 근원적 실재에 대한 탐구라는 점에서 우파니샤드의 지고한 가치가 있다. 『문다카 우파니샤드』의 다음 대화 내용은 이를 잘 설명해준다.

"훌륭한 집안의 사람인 사우나카(Śaunaka)가 앙기라스(Angiras)에게 예의를 갖추며 다가와 물었다.
'존경하는 스승님이시여, 무엇을 먼저 알아야 다른 모든 것을 알게 되겠습니까?'"(『문다카 우파니샤드』, I.1.3)

이 말은 세계의 모든 다양한 현상 속에서 그 모든 변화의 배후를 알 수 있게 해주는 한 가지 근원을 알 수 있는가 하는 질문이다. 잡다한 지식의 이면에 흐르는 근원적이고 통일적인 지식을 추구한 것이, 제의 중심의 브라흐마나에서 출발하여 은자들이 숲속에서 탐구하던 숲의 서(書) 아라냐카를 거친 결과 심오한 철학적 오의서(奧義書)인 우파니샤드의 탄생을 보게 된 것이다. 이제 우파니샤드에 와서는 베다의 여러 신들은 우주의 창조 속에 드러나는 '하나의 빛'을 증명해주는 메신저일 뿐이다.[17]

베다의 찬송에서 우파니샤드의 철학적 관심은 객관적 대상의 세계에 대한 탐구에서 주관적 내면세계로의 이동이라는 사고의 대전환을 발견하게 된다. 이는 마치 탈레스를 비롯한 소크라테스 이전의 서양 자연철학이 물질적 또는 우주적 대상세계에 대한 탐구를 주로 했다면, 소크라테스는 인간 자신과 그 내면세계로 철학적 관심의 방향을 전환한 것과 유사한 혁명적인 의식의 전환이다. 그것은 자아의 중요성을 다시 강조했기 때문인데, 인간의 자아야말로 역으로 우주의, 또는 자연의 본질을 해석하는 실마리가 된다고 본 것이다. 우주의 심장으로서의 '실재'(real)는 영혼의 무한한 깊이 속에서 반영되고 있다는 생각인 것이다.[18]

우파니샤드는 그러한 궁극적 실재(ultimate reality)에 이르는 내면세계로의 영적 탐구에 대해 어느 정도 구체적으로 말해주고 있고, 진리야말로 내면에 도사리고 있음을 여러 곳에서 다양한 비유를 들어 강조한다. 이러한 사상적 맹아의 씨앗은 후기 베다인 『아타르바베다』속에 잘 나타나 있다. "최초의 운명적 인간(purusa)을 만들 때 신들은 그들 가운데 거하였다."[19]

육체의 죽음을 피할 수 없는 인간 속에도 신들이 거주한다는 이 사상에서 신인(神人)의 합류 또는 '하나 됨'이 예고되고 있다. 여기서 말하는 최초의 인간 '푸루샤'는 이원론적이면서 동시에

최초의 인간 푸루샤. 원초적 인간의 모습을 형상화한
서기 1000년경의 작품.

다원론적 세계관을 견지하는 상키야(Sāṅkhya) 철학 체계에서 최초의 원인(原人)이지만 동시에 영원한 인간이다. 또한 푸루샤(puruṣha)는 인간의 참 자아이며 절대자요 순수의식이다. 물질세계(prakriti)의 변화를 관찰하는 '증인'이기도 하다. 푸루샤(순수의식)와 프라크리티(물질세계)의 결합을 통해 우주가 존재하게 된다.[20] 푸루샤는 우파니샤드의 베단타 철학에서 아트만과 동일시되고, 따라서 동시에 브라만과도 동일시되고 있다. 『카타 우파니샤드』에서 푸루샤와 브라만을 동일시하는 예를 살펴보자.

"손가락만 한 크기의 푸루샤는 몸 중앙에 자리하고 있다. 그가 과거와 미래의 주인이라는 것을 알고 나면 그(푸루샤)에게서 도망치지 않을 것이다. 진실로 이것(푸루샤)이야말로 그것(브라만)이다."(『카타 우파니샤드』, II.12)

여기서 '손가락만 한 크기의 푸루샤'(angustha-mātraḥ puruṣa)라는 표현은 다른 우파니샤드에서도 발견되는데,[21] 그 크기의 작음을 비유한 것일 뿐이다. 앞서 본 라마누자(제한적 불이론자)와 님바르카(불일불이론자)는 우파니샤드가 푸루샤를 '손가락만 한 크기'라고 말하는 데 대해, 예배하는 자의 마음에 푸루샤는 작을 수밖에 없다는 논리를 내세운다.[22] 그러나 동시에 『브리하드아라냐카 우파니샤드』에서 푸루샤로서의 '자아'는 '쌀이나 보리알처럼 작지만 모든 것의 통치자요 모든 것의 주인'이다.²³ 이렇게 볼 때 마음은 '손가락'이나 '곡물', 또는 '원자'(原子)처럼 지극히 작은 것 같으나 영혼에 대한 명상을 통해 지고의 상태에 도달할 수 있음을 보여주는 역설이라고 해야 할 것이다.²⁴

또한 푸루샤가 몸 중앙에 있다는 것은 내면의 깊은 영혼의 중심을 말하는 것이다. 그리고 이는 과거와 현재 그리고 미래를 포함한 모든 시간의 주인이라는 의미다. 그러한 푸루샤를 『카타 우파니샤드』의 이어지는 본문에서는 다음과 같이 말한다.

"손가락만 한 크기의 푸루샤는 몸 중앙에 자리하고 있다. 마치 연기 없는 불꽃과 같이. 그는 과거와 미래의 주인이다. 오늘도 내일도 동일하다. 진실로 이것(푸루샤)이 그것(브라만)이다."(『카타 우파니샤드』, II.13)

여기서는 푸루샤의 속성을 연기 없는 불꽃에 비유하고 있다. 연기 없는 불꽃은 투명하다. 내면의 영혼이 그 무엇에 가려져 있지 않다. 순수한 의식을 말하는 것이다. 그 순수의식은 과거와 현재 그리고 미래까지 영원한 시간의 주인이 된다.

여기서 시간의 주인이라는 문제에 대해 라다크리슈난은 독특한 해석을 내린다. 예컨대 '과거와 미래의 주인'이라는 것은 '무시간적인(timeless) 절대자'라는 뜻이 아니라 시간적 질서와 흐름의 통제자라는 뜻으로 해석한다.²⁵

그렇다면 푸루샤의 기능은 무시간적인 절대자의 역할에서 다소 축소된 단순한 시간적 통제자의 역할이라는 차별이 생긴다. 푸루샤가 순수의식의 차원에서는 브라만과 동일하지만 시간성의 문제와 관련해서는 차별성을 보이는 듯하다. 그러면서 동시에 라다크리슈난은 이러한 신성(神性)이 플라톤이 말하는 이데아(Idea)와 다르지 않다고 판단한다.[26]

주지하다시피 우파니샤드에서는 희생 제의를 강조하던 그 이전의 종교적 풍속은 열등한 것으로 배격된다. 그 대신 지혜의 우선성을 강조한다. 앞서 본 바와 같이 『브리하드아라냐카 우파니샤드』 본문은 이러한 내용을 잘 보여주고 있다. 희생 제의를 강조하던 그 이전의 베다 문헌들과 어떤 차이가 있는지 살펴보자.

> "이제 실로 세 개의 세계가 있다. 인간의 세계, 조상의 세계, 신들의 세계가 그것이다. 인간의 세계는 자식을 통하여 얻어지는 것이지 다른 수단을 통하여 되는 것이 아니다. 조상들의 세계는 의례와 같은 행위로 구제되는 것이고, 신들의 세계는 지혜로 획득된다. 실로 신들의 세계는 최상의 세계다. 그러므로 지혜를 찬양하라."(『브리하드아라냐카 우파니샤드』, I.5.16)

현실적 인간의 세계와 죽은 조상들의 세계, 그리고 죽음이 없는 영원한 신들의 세계라는 세 개의 세계를 상정해놓고, 가장 중요한 세계는 바로 신들의 세계라고 말하고 있다. 이러한 신들의 세계는 과거처럼 동물의 희생 제의 같은 행위를 통해서가 아니라 지혜를 통해 획득되는 세계다. 그러므로 우파니샤드에서 가장 중요시 되는 것은 지혜다. 산스크리트어의 '비드야'(vidyā)는 엄격한 의미에서 '지식'을 말한다. 그런데 이것은 세속적인 지식이라기보다는 궁극적 실재를 아는 지식이다. 그런 점에서 이성의 감각에 기초한 지식이라기보다는 직관적 또는 계시적 통찰력이라 할 수 있을지도 모르겠다. 성서에서 "너희가 여호와를 아는 지식이 없어서 망한다"고 할 때의 지식과 상통한다. 『찬도기야 우파니샤드』에서도 제의의 수행 그 자체는 '신에 이르는 길'에서 지혜에 비해 상대적으로 열등하게 묘사된다.

> "이 (다섯 아그니에 대한) 지혜를 아는 자, 그리고 숲에서 신념을 가지고 엄격히 수행하는 자들은 빛에 이르고 다시 낮(날)에 이르며, 다시 빛나는 달빛의 밝은 보름 동안(날)에 이르고, 다시 태양이 북반구로 향하는 동안의 여섯 달에 이른다. 이 여섯 달에서 일 년으로, 일 년에서 태양으로, 태양에서 달로, 달에서 번개로 간다. 거기 그곳에서 인간이 아닌 인간(초인)이 그들을 브라만에게로 데려간다. 이것이 신에 이르는 길이다."(『찬도기야 우파니샤드』, V.10.1~2)

이처럼 신에게 이르는 길에는 먼저 지혜가 필요하다. 그러나 지혜 없이 단순히 제의의 희생 제례나 보시(布施)를 행하는 사람은 신에게 이르는 길이 참으로 아득하다. 계속 이어지는 『찬도기

인간이 죽어 조상의 세계로 가는 영혼의 순례에 대한 의례.
이를 통해 윤회를 벗어나고자 하는 열망을 그림으로 보여주고 있다.
우파니샤드는 신들의 세계에 이르는 것, 곧 신과의 합입을 최종 목적으로 한다.

불의 신 아그니는 의례의 신이면서
동시에 희생적 제의의 신이기도 하다.

야 우파니샤드』의 본문을 살펴보자.

"그러나 속세에 살면서 희생 제의를 수행하고 공적인 일과 자선을 행하는 자들은 (죽어서 불에 태워진 다음) 연기로 가고, 또 연기에서 밤으로, 밤에서 (달빛 없는) 보름 동안의 어두움으로, 또 어두운 보름 동안에서 태양이 남반구로 향하는 여섯 달로 나아간다. 그러나 그들은 일 년의 그해(그 시간 내)에 도달하지 못한다."(『찬도기야 우파니샤드』, V.10.3)

제의 중심의 수행자와 지혜 중심의 수행자의 차이를 선명하게 비교시켜주고 있다. 우파니샤드 수행자의 처소는 숲이다. 반면 일반 세속인들은 세상 속에서 희생 제의와 보시를 행하는 정도로 수행을 한다. 그러나 이들의 차이는 너무나 크다. 신들에 이르는 길이 그만큼 아득하게 차이가 날 뿐 아니라 지혜의 수행자가 아니고는 죽어서도 신에 이르지 못하고 윤회를 거듭할 뿐이다. 더구나 악행을 하는 자는 인간으로 태어나지도 못하고 개나 짐승 또는 천민으로 태어난다. 계속되는 『찬도기야 우파니샤드』의 본문은 이렇게 말한다.

"그들(업보를 마친 사람) 중에 선한 행위를 한 자들은 곧 좋은 탄생을 보게 되는데, 바라문(사제)으로 태어나거나 크샤트리아(무사 계층) 또는 바이샤(평민)로 태어난다. 그러나 악을 행한 자들은 곧 나쁜 탄생을 보게 되어 개나 돼지나 천민으로 태어난다."(『찬도기야 우파니샤드』, V.10.7)

이같이 제의 수행보다는 지혜를 강조하는 것이 우파니샤드의 일반적인 특징이지만 동시에 『찬도기야 우파니샤드』에서는 인간의 일생 자체가 곧 제사 행위와 같다고도 말한다. 태어나서 24년 동안의 청년기는 아침의 제례와 같고, 그다음 44년의 중년기는 중천(中天)의 제례요, 이후 48년간의 노년은 마지막 저녁의 제례와 같다. 각 제례 때마다 해당되는 숭배의 신이 있는데, 아침은 바수(Vasus) 신으로 모든 생명을 지탱하는 호흡을 상징한다. 중천의 제례에는 루드라(Rudra) 신이 관계된다. 루드라 또한 생명의 호흡을 의미하지만 '울게 하는 자'라는 뜻도 있다. 44년 동안의 중년기에 질병으로 괴로움을 당할 때 이 루드라를 부름으로써 치유함을 얻는다. 그리고 남은 48년 동안 질병으로 괴로움을 당하면 역시 생명의 호흡인 아디티야(Adityas)를 부른다.

이와 같이 지혜를 얻어 질병을 극복하고 건강하게 116년을 산다.[27] 이 모든 일생이 곧 제사의 삶과 같다는 것이다. 결국 제사도 중요하지만 더 중요한 것은 지혜라는 것이다. 말하자면 인간이 제사라는 지혜다. 그 제사의 중심에는 '호흡'이 있다. 그러나 제사의 의미를 더 깊이 생각해보면 그 가운데 자기희생이라는 철학적 함의가 있다. 자기희생은 곧 자기부인(自己否認)이다. 이를 잘 설명해주는 사례로 『브리하드아라냐카 우파니샤드』의 서두에서는 말의 희생 제사와 관련하여 우주의 각 부분을 말의 각 몸체에 비유하여 설명하고 있다.

> "옴, 새벽(uṣā)은 실로 희생 제물인 말의 머리(śiraḥ)이며, 태양(sūryas)은 말의 눈(cakṣuh)이다. 바람(vātah)은 그의 호흡(prāṇah)이며, 바이쉬바나라(Vaiśvānara)라는 불(agnir)은 말의 벌린 입(vyāttam)이다. 일 년(saṃvatsara)은 희생되는 말의 몸(ātmā)이며, 하늘(dyauḥ)은 말의 등짝(pṛṣṭham)이다. 대기(antarikṣam)는 그의 배(udaram)요, 땅(pṛtivī)은 그의 발굽(pājasyam)이다.〔……〕"(『브리하드아라냐카 우파니샤드』, I.1)

여기서 희생 제사에 사용되는 말은 우주의 주요 구성 부분을 이루는 몸체로서 하나의 유기적 통일성을 이루는 우주를 상징하여 나타내고 있다. 말이 특히 전시에 사용되는 중요한 도구였던 것을 감안하면 말의 전진은 힘찬 우주의 전진과 비교된다. 말이 전쟁에 나가 승리를 거두고 영광스런 귀환을 하면 도시의 한복판에서 제사의 희생물이 된다. 그리고 제의를 집행한 왕은 황제라는 칭호를 얻는다.[28]

이 같은 말의 희생 제사와 관련하여 『사타파타 브라흐마나』[29]에서는 우주적 해석을 길게 하고 있다. 말 희생 제사의 우주적 해석은 '자기부정'이라는 각도에서 종교적 진리를 해석하는 한 방식으로 설명되고 있다. 말이 전쟁에서 승리했지만 자기를 희생해야 했듯, 인간도 태양과 땅이 그러하듯 우주의 한 구성 요소로서 자기를 희생하며 살아야 함을 보여주는 것이다. 다시 말해서 우주가 존재하는 것은 각자의 희생의 결과라는 것이다.

우주 자체가 희생이며 제물이듯 인간의 삶 자체도 희생이며 제사다. 말이 희생되어 우주의 일부를 구성하듯이 인간은 자기희생, 즉 비움(renunciation)을 통해 지상의 권력이나 부귀 대신에 영적인 해방을 얻게 된다. 특히 우파니샤드에서 욕망과 무지는 영원한 해탈을 얻지 못하게 한다는 점을 강조하고 있다. 기도와 희생 제의는 영적인 삶의 수단은 되지만 참된 희생 제의는 에고(ego)의 포기, 곧 비움에 있다는 것이다.

우파니샤드의 현자들은 인도 전통 풍속이 관습적으로 지녀오던 카스트(Caste)의 굴레에 매여 있지 않다. 오히려 영적 우주의 세계로 인간의 영역을 확대시키고 있다. '그것이 바로 너다'라는 '타트 트밤 아시'(Tat tvam asi)의 선언에서처럼, 인간은 더 이상 어떤 제도와 풍습에 얽매이는 존재가 아니라 우주의 본질인 브라만, 그것(Tat)과 다르지 않다는 혁명적인 선언 속에서 자신의 존재를 다시 묻고 발견하게 되었던 것이다. 그리하여 결국 인간이 도달하게 되는 최종의 목적은 다음 세상에 더 좋은 하늘에서 태어나는 것이 아니라 카르마(karma, 業)의 우주적 법칙에서 벗어나 참된 영혼의 자유를 얻는 것이다.

우파니샤드가 베다의 내용을 중시하고 그것을 깊이 연구 계승하고는 있지만, 가장 중심이 되는 내용은 훌륭한 스승들의 개인적인 경험과 가르침을 토대로 하고 있다. 그 대표적인 스승들 가운데 야즈냐발키야와 샨딜리야(Śāndilya) 같은 이들이 있으며, 이들이 제자들과 나누는 대화가 우파니샤드의 중심 내용을 이루는 것이다. 그 중심 주제는 바로 '내가 곧 브라만'이라는 생각의 결론을 얻는 것이다. 과거의 신들에 대한 제의적 풍속과 온갖 사회적 구속의 억압에서 벗어나 내면의 근원적 자유를 얻는 것, 이것이 우파니샤드의 최고이자 최종의 가르침이다.

위대한 실재, 만물의 근원
우파니샤드의 본령 브라만

"실로 그는 거대한 태어남이 없는 아트만으로서, 모든 감각 가운데 지식을 가지고 있는 자다. 마음속의 공간에서 만물을 통제하며, 만유의 주이며 만물을 다스리는 자로다. 그는 선한 행위로 더 커지거나 악한 행위로 더 작아지는 자도 아니다."

모든 생명 있는 것의 근원에 브라만의 호흡이 있다

우파니샤드의 핵심 사상은 여러 가지를 들 수 있겠으나 무엇보다도 브라만과 아트만을 먼저 말하지 않을 수 없다. 우파니샤드의 수많은 텍스트 가운데 공통되는 중심 내용이 모두 브라만과 아트만으로 집결되기 때문이다. 그런데 그 많은 텍스트들이 브라만을 설명하는 방식은 참으로 다양하다.

브라만(brahman)은 산스크리트어로 어근은 '브리마'(brmha)다. '부어오르다' '확장하다' '증가하다'에서 '순수 존재' '절대자'에 이르기까지 실로 다양한 의미[1]를 갖고 있는 '브라만'을 간단하게 설명한다는 것은 결코 쉬운 일이 아니다. 하지만 여러 텍스트가 말하는 내용을 살펴보면 크게 몇 가지 범주로 나누어 설명할 수 있다.

우파니샤드의 철학 체계에 대해서는 많은 대가들이 연구를 거듭해오고 있으나 서양의 학자 가운데는 도이센(Paul Deussen)[2]과 키스(Arthur Berriedale Keith),[3] 그리고 인도의 라다크리슈난(Sarvepalli Radhakrishnan)[4]이 유명하다. 특히 도이센은 브라만과 아트만에 대한 가장 방대하고 체계적인 진술을 하고 있는 학자로 유명하다.

도이센은 브라만의 사상적인 체계를 다음과 같이 크게 네 가지 범주로 구분하여 설명한다. 첫째, 신학(Theology)은 만물의 첫 번째 원리로서의 브라만에 대한 교리이며, 둘째, 우주론

(Cosmology)은 우주를 형성하게 된 원리로서의 진화에 대한 교리다. 셋째, 심리학(Psychology)은 자신으로부터 전개된 우주 속으로 침투하게 되는 영혼으로서의 브라만의 출현에 대한 교리이며, 넷째, 종말론(Eschatology)과 윤리학(Ethics)은 죽음 이후의 영혼의 운명에 대한 교리와 그에 따라 요청되는 삶의 윤리[5]다. 이같은 도이센의 구분 방식은 설득력이 있다. 물론 다른 방식으로 브라만을 설명할 수도 있겠으나 대체로 이 범주에 모두 편입시켜 설명할 수 있다. 이제 이들 범주 속에서 각각의 우파니샤드가 진술하는 브라만의 내용들을 체계적으로 살펴보도록 하자.

고대의 대표적인 인도 사상가인 바다라야나와 샹카라는 모든 베단타의 텍스트들이 기본적으로, 그리고 공통적으로 브라만을 존중하고 있다는 점과 모든 베다가 초자연적인 기원을 가지며 오류가 없다는 점을 인정하고 있다. 바로 이 점이 이들의 브라만에 대한 모든 신학적 기초가 되고 있다. 그렇다면 초자연적 브라만을 이해할 수 있는 신학적 열쇠는 무엇인가. 이는 그리스도교 신학자들에게도 그대로 적용될 수 있는 질문이다. 도대체 하느님을 어떻게 이해할 수 있다는 말인가 하는 것과 같은 문제이기 때문이다.

이 점에 대한 최근의 가장 활발한 논의는 하버드 대학교의 가톨릭 신학자인 클루니(Francis X. Clooney, S.J.)의 『힌두 신, 그리스도교의 신』이라는 저술에 잘 드러나 있다. 이 책에서 그는 어

떻게 이성(理性)이 종교들 사이의 벽을 허물 수 있을 것인가를 진지하게 묻고 있다.[6]

브라만을 어떻게 이해할 것인가? 그것은 우파니샤드 본문의 진술을 통해서 찾아볼 수밖에 없다. 본문이 브라만에 대해 어떻게 말하는가를 되묻는 것이다. 초기 우파니샤드의 하나인 『브리하드아라냐카 우파니샤드』의 진술을 들어보자.

> "젖은 장작에서 피어오르는 불길이 다양한 형태의 연기를 뿜어내듯, 이 위대한 존재(mahato bhūtasya)가 내쉬는 숨과 같이 『리그베다』 『야주르베다』 『사마베다』 그리고 『아타르바-앙기라사』(Ātharvāṅgirasa)의 찬가, 역사(또는 역사시), 고대의 전승, 학문, 우파니샤드, 시구, 경구, 설명서와 주석서 들이 나왔다. 실로 이 위대한 존재가 내쉬는 숨에서부터 이 모든 것이 나왔다." (『브리하드아라냐카 우파니샤드』, II.4.10)

이 본문에 따르면 세상의 모든 지식과 지혜는 '위대한 실재'인 브라만의 숨에서 비롯되었다. 모든 베다와 그 이후의 해석서, 수많은 찬양과 격언, 그 모든 것이 브라만이 내쉬는 숨에서 생성된 것이라는 주장이다. 여기서 '위대한 실재'란 만물의 근원으로, 그보다 더 큰 실재가 없음을 말한다. 샹카라의 주석에 따르면 이 위대한 존재의 숨은, 인간이 노력하지 않고도 숨을 쉬는 것처럼 자연스럽게 지고자로부터 흘러나온다는 것이다.[7]

이런 설명은 지식이 일자(一者)에서 다자(多者)로 전개되어나 감을 의미하는 것이기도 하다. 브라만의 지식이 『리그베다』를 출발점으로 하여 네 개의 고전적 베다로 흘러들어갔고, 그 이후에 모든 역사적 전승과 학문적 토론, 그리고 우파니샤드를 거쳐 다양한 주석과 설명 들이 계속되고 있다는 것이다. 그렇다면 이제 만물을 알게 하는 지식의 근원, 브라만의 숨에 대해 살펴보자. 『브리하드아라냐카 우파니샤드』는 계속해서 브라만의 네 가지 숨(호흡)에 대해 언급하고 있다.

"첫 번째 욱타, 그것은 실로 생명의 호흡이다. 세상 모든 것을 찬양하는 호흡이기 때문이다. 욱타를 아는 자는 그로부터 높아질 것이다. 이 사실을 아는 자는 욱타와 마찬가지로 같은 세상에서 연합되어 머물 것이다.

두 번째 야주, 그것은 실로 생명의 호흡이다. 그 생명의 호흡 속에 세상 모든 것이 연합되어 있기 때문이다. 실로 연합되어 있음으로 모든 것들은 자신의 고귀함을 유지한다. 이 사실을 아는 자는 야주와 마찬가지로 같은 세상에서 연합되어 머물 것이다.

세 번째 사마, 그것은 실로 생명의 호흡이다. 그 속에서 이 모든 것이 만나기 때문이다. 만나는 모든 존재는 고귀함을 지닌다. 이 사실을 아는 자는 사마와 마찬가지로 같은 세상에서 연합되어 머물 것이다.

> 네 번째 크샤트라. 그 통제는 실로 생명의 호흡이다. 생명의 호흡이 통제이기 때문이다. 생명의 호흡은 상처 입는 것으로부터 보호해주며 더 이상 보호가 필요 없는 통제를 획득한다. 이 사실을 아는 자는 크샤트라와 마찬가지로 같은 세상에서 연합되어 머물 것이다."(『브리하드아라냐카 우파니샤드』, V.13.1~4)

이렇게 본문에서는 생명의 호흡을 욱타, 야주, 사마, 크샤트라 등 네 가지로 대별하여 말하고 있다. 욱타(uktha)는 『리그베다』의 대표적인 찬양을 말한다. 문자적인 의미로는 찬가(讚歌)라는 뜻으로, 생명의 호흡 최초의 가치는 찬양에 있다는 의미다. 마치 성서의 시편에서 "호흡이 있는 자마다 여호와를 찬양하라"고 하는 것과 같다. 생명의 숨이 브라만에게서 왔으니 그 생명의 호흡으로 먼저 브라만을 찬양하는 것이 신학적 메시지의 제1원리가 되는 것이다. 두 번째로는 야주(yajuh)를 언급하고 있는데, 이 단어의 어근 '유즈'(yuj)는 '결합하다'는 뜻을 지니고 있다. 생명의 숨을 통해 모든 만물이 결합되고 있다는 의미다. 호흡이 없으면 결합도 없다. 세 번째의 사마(sāma)는 '평등' 또는 '조화'의 만남을 의미하며, 네 번째의 크샤트라(ksatra)는 몸이 상처에서 보호되도록 '통제'해준다는 뜻이다. 크샤트리아의 무사 계급이 이 말에서 비롯되어, 무사와 왕권 등의 보호자 계층이 크샤트리아 계급이 된 것이다.

이들 네 가지 원리는 모두 생명의 호흡과 밀접한 관계가 있으며, 그 호흡과의 연속선에서 만물은 제각기 고귀함을 획득한다. 이 모든 생명 있는 것들의 근원에 브라만의 호흡이 작용하고 있다는 것이다.

그러나 생명의 호흡은 브라만의 한 속성일 뿐이다. 보다 더 근원적인 본질을 말해주기에는 아직 부족하다. 그래서 『브리하드아라냐카 우파니샤드』는 이 문제를 풀어가기 위한 노력을 계속한다.[8] 그 하나가 현자 야즈나발키야와 비데하(Videha)의 왕 자나카(Janaka)의 대화 속에서 잘 드러난다. 이들의 대화를 살펴보면 자나카 왕은 현자 야즈나발키야에게 그동안 브라만에 관해 여러 사람들에게 들었던 지식을 소개하는데, 그 내용이 하나같이 부분적일 뿐 완전한 정의(定義)가 되지 못한다고 말한다. 예컨대 야즈나발키야는 자나카 왕에게 먼저 브라만에 대해 들은 바를 말하라고 한다.

이때 왕은 "지트반 사일리니(Jitvan Śailini)에게서 들은바, 소리(vāk)[9]가 실로 브라만이다(vāg vai brahmeti)"라고 말했다. 그러자 야즈나발키야는 브라만이 머물고 브라만을 지탱하는 것에 대해 무엇이라고 하더냐고 되물었다. 왕은 대답하지 못했다. 야즈나발키야는 그러한 브라만은 한쪽 다리만 가진 절름발이 브라만에 불과한 것이라고 말한다. 그것은 브라만에 대한 온전한 정의가 되지 못한다는 것이다.

이런 식으로 야즈나발키야는 계속 자나카 왕에게 브라만에 대해 들은 바를 아는 대로 진술하라고 한다. 자나카는 다른 사람에게 들은바 호흡이 브라만(prāno vai brahmeti)이라 말하고, 계속해서 눈, 귀, 마음, 심장을 브라만이라 한다고 말하지만 야즈냐발키야는 그 어느 것도 완전한 정의가 아니라고 대답한다. 호흡이 머무는 자리는 호흡일 뿐이며 호흡을 지탱하는 자는 대공(大空, ākāśa)이라는 것이다.[10]

이와 같이 해서 눈, 귀, 마음, 심장도 모두 그들을 지탱하는 기반은 대공일 뿐이며 브라만을 정의하는 본질이 되지 못한다. 다만 소리(vāk)는 속성상 '신의 목소리'에 해당하므로 그 지혜를 존중해야 하며(prajnety enad upāsīta), 호흡(prāno)은 '고귀한 자'(priyam)를, 눈(caksur)은 '진리'(satyam)를, 귀(śrotram)는 '무한'(無限, ananta)을 존중해야 한다. 사방이 무한하고, 무한한 것이 브라만이기 때문이다. 더 나아가 "정신작용(意根)이 브라만이다(mano vai brahmeti)"라고 한 데 대해서도, 정신작용은 단지 브라만이 머무는 자리일 뿐 그 기반은 대공이며, "정신작용은 기쁨을 존중해야 한다(ānanda ity enad upāsīta)"고 말한다.

여기서 정신작용을 지칭하는 '마나스'(manas)는 사고력을 뜻하는 것으로, 내면의 인식 기관(antahkarana)의 일부를 말할 뿐이다. 이 마나스를 통해 외부세계의 대상을 인식하고 가부간의 의사결정을 내리게 되며, 이 마나스를 통해 다시 지성의 힘인 '붓디'(buddhi)로의 각성이 생기게 된다. 또한 팔리어[11]로는 마노(mano)라고 하며 일반적으로 '지능'으로 해석한다. 넓은 의미에서 마나스는 모든 정신 기관의 활동을 뜻하는데,[12] 그런 점에서

『브리하드아라냐카 우파니샤드』는 정신작용 다음으로 '마음' (hrdayam)을 언급한다. 정신작용 또한 지고한 브라만의 속성이지만 그 본질을 정확히 꿰뚫는 표현은 아니기 때문이다.

앞서 언급한 마나스를 '마음'이라 표현하지 않고 '정신작용'이라 한 것은 『브리하드아라냐카 우파니샤드』 본문에서 '마음'에 해당하는 산스크리트어 '흐리다얌'(hrdayam)이라는 표현을 쓰고 있기 때문이다. '흐리다얌'은 다소 감각적인 정신작용인 '마나스'보다 한 단계 더 깊고 넓은 정신세계의 '마음작용'이라 볼 수 있을 것이다.

계속해서 현자 야즈나발키야는 자나카 왕에게 들은바 과연 무엇이 브라만이냐고 질문한다. 자나카 왕은 "마음이 브라만이다"(hrdayam vai brahmeti)라고 들었다고 대답한다. 이에 야즈나발키야는 그 또한 절름발이식의 한쪽 견해에 불과하다고 말한다. 마음은 브라만이 머무는 자리일 뿐 그 기반은 대공이라고 하면서 "안정성을 존중해야 한다"(sthitir ity enad upāsīta)고 말한다. 감각 기관이 중심이 된 정신작용이 '기쁨'을 중시했다면 '마음'이 존중해야 할 자리는 '안정성'이라는 것이다. 평정심을 말하는 것이다.

자나카 왕과 현자 야즈나발키야의 대화는 여기서 일단락되지만[13] 브라만의 속성과 본질에 대한 논의는 다른 텍스트에서 계속되고 있다. 『브리하드아라냐카 우파니샤드』의 본문 가운데 특히 브라만의 '마음'에 대해 설명하는 텍스트가 있어 흥미롭다. 마음

바솔리(Basohli)의 키르팔(Kirpal) 왕(1690년)의 초상화.
진리에 대한 담론을 나누는 왕이나 현자들의 일반적인 모습이 그려져 있다.

이 브라만이라는 것을 어원으로 분석하여 해석한 본문이다.

"이 마음(hrdayam)이 창조자 프라자파티다. 이것이 브라만이며 모든 것이다(etad brahma, etat sarvam). 이것은 세 음절로 구성되어 있으니, '흐리'(hr), '다'(da), '얌'(yam)이 그것이다. 이 '흐리'의 한 음절을 아는 사람에게는 그를 아는 사람들과 다른 사람들이 (선물을) 가져다준다. '다' 또한 하나의 음절로 이를 아는 사람에게는 그를 아는 사람들과 다른 사람들이 (선물을) 가져다준다. '얌'도 하나의 음절로 이를 아는 사람은 천상의 세계로 간다."(『브리하드아라냐카 우파니샤드』, V.3.1)

이 본문에 따르면 곧 마음이 브라만이요 창조주다. 이는 불교 유식학(唯識學)과 화엄사상에서 말하는 일체유심조(一切唯心造)와 상통하는 바가 있다. 샹카라의 주석에 따르면, 마음을 뜻하는 '흐리다얌'이란 깨달음을 얻게 하는 지성(智性, buddhi)의 자리(hrdayasthā buddhir ucyate)다.[14] '지성의 자리'라는 것은 깨달음을 얻게 하는 바탕이 된다는 것이다. 불교에서 깨달음을 두 가지 차원, 곧 본각(本覺)과 시각(始覺)으로 구분할 때의 본각 정도에 해당한다고 볼 수 있다. 그리고 이러한 신비한 깨달음에 이르는 과정에서 소리의 결합에 따라 마음이라는 글자를 이루어내는데, 그 신비한 결합을 아는 자는 많은 사람들로부터 유익함을 제공받을 뿐 아니라 천상의 세계로 인도받게 된다고 한다.

이제 브라만을 이해하기 위한 여러 가지 요소 가운데 호흡과 관련한 문제를 다른 각도에서는 또 어떻게 말하고 있는지 『찬도기야 우파니샤드』의 본문에서 살펴보자.

브라만의 속성과 본질을 설명하기 위해 처음 '이름'에서 시작하여 '호흡'이라는 속성에 이르기까지 다양한 요소가 언급되는데, 『찬도기야 우파니샤드』의 본문에서는 무려 7장 1편에서 15편에 이르도록 질문과 대답이 꼬리에 꼬리를 물고 계속된다. 사나타쿠마라(Sanatakumāra)가 나라다(Nārada)[15]에게 가르치는 대화의 내용을 살펴보자.

나라다는 『리그베다』 『야주르베다』 『사마베다』 『아타르바베다』를 포함하여 다섯 번째 베다에 해당하는 이티하사(Itihāsa: 고대의 서사시)와 푸라나(Purāna: 고대의 신화적 전승)를 배웠다고 한다. 또 베다의 문법과 조상제례에 대한 지식을 포함하여 수학, 논리, 윤리, 정치, 신들에 대한 지식은 물론 심지어 무기학, 천문학, 뱀에 대한 지식과 아름다운 예술에 대한 지식도 익혔다고 말한다. 그러나 그 모든 것의 단어만 알 뿐 진정한 자아에 대해서는 알지 못한다고 말한다. 그리하여 고통 속에 있으니 고통을 넘어서게 해달라고 요청한다.

이에 대해 사나타쿠마라는 나라다가 지금까지 한 모든 공부는 '이름'(nāma) 공부였다고 말한다. '이름'보다 한 걸음 더 훌륭한 것은 없느냐는 질문에 사나타쿠마라는 '언어'(vāk, speech)가 '이름'보다 더 훌륭하다고 답한다. 이런 식으로 문답이 이어진다.

그러면서 '감각적 정신작용'(mana, mind), '의지작용'(samkalpa, will), '의식작용'(cittam, thought), '집중'(dhyānam, contemplation), '분별력'(vijnānam, understanding), '힘'(bala), '음식'(annam), '물'(apa), '열기'(tejas, heat), '대공'(ākāśa, ether), '기억력'(smara), '희망'(āśā)을 거쳐서 마침내 '생명의 호흡'(prāna)에 이르게 된다. 그러면서 좀더 훌륭한 것은 '진리(satyam)를 아는 것(vijnānam)'이라고 말한다. 그리고 안다는 것은 마음으로 성찰하는 것이며, 그 성찰에는 신앙(śraddhā)과 사색(manute)이 있어야 한다고 결론짓는다.

'신앙과 사색'을 얻기 위해서는 흔들리지 않는 '견고함'(nisthā)으로 영적 스승을 공경하는 정신이 필요하다. 그 '견고함'을 지니기 위해서는 생도로서 수행자의 의무를 다하며 절제하고 마음을 집중시키는 등의 '실천'(krita)이 필요하다. 그러나 그 실천은 '기쁨'(sukham)을 얻은 자만 가능하다. 기쁨은 '무한히 큰 것'(bhūma)이다. 한계가 있는 작은 것에는 갈증(trsna)이 있게 마련이다. 그것은 불행의 씨앗(duhkha-bīja)이다. '무한히 큰 것'은 불멸이다.

그렇다면 그 '무한히 큰 것'은 어디에 있는가? 그것은 아래와 위에, 뒤와 앞에, 사방에 있다. 사방과 무한함에 대한 '자의식'(ahamkāra)을 통해서 '나는 실로 이 모든 것(세상)이다'(aham evedam sarvam iti)라고 생각한다. 이와 같이 세상을 바라보고 이해하는 자는 생명의 호흡이 자아로부터 말미암음을, 희망도 기

힌두교 신앙인들이 시바 사원 앞에서 명상하며
해탈을 위한 신앙과 사색의 길을 모색하고 있다.

억도 대공도, 열기도 물도, 나타나고 사라지는 것도, 음식도 힘도 이해도, 명상도 사고도 결정도, 정신작용도 언어도 이름도, 거룩한 노래와 일도, 이 모든 것이 자아에서 비롯되는 것임을 말한다.[16]

이상에서 살펴본 바와 같이 브라만의 속성과 본질을 이해하려는 대화 가운데 우선적으로 다루어지는 것이 호흡이었고, 그 호흡은 모든 존재의 근원이었다. 동시에 호흡은 근원자로서의 브라만이다. 그런데 호흡보다 더 중요한 것은 '진리를 아는 것'이고, 진리를 알기 위해서는 마음으로 성찰해야 하는데, 그것은 바로 '신앙과 사색'에 기초한다고 말한다. 이 '신앙과 사색'이 브라만을 이해하는 신학적 진술의 토대가 된다.

그다음 단계로 가면 신앙과 사색을 올바로 하기 위한 방편으로 견고하게 스승을 공경하는 것과 수행하는 가운데 절제와 집중이라는 실천이 요구된다. 수행은 무한함을 의식하는 기쁨 속에서 가능하다. 그 무한의식이 바로 자아의식과 결부되며 궁극적으로 브라만과 하나 되는 길이 된다. 브라만의 영원성 또는 불멸성의 자유에 이르는 과정에서 수많은 일과 학문과 언어와 노래 등은 부차적으로 존재하는 요소일 뿐이다. 이제 또 다른 각도에서 브라만을 이해하고 접근하는 방법을 우파니샤드 텍스트를 중심으로 살펴보기로 하자.

고행을 통해 거룩한 초월의 힘에 닿다

인도의 정통 바라문들은 궁극적 진리인 브라만을 이해하기 위한, 그리고 브라만과 하나 되기 위한 이른바 구원의 길(via salutis), 곧 해탈에 이르는 네 가지 길을 제시하고 있다. 이것을 아쉬라마(āśramas)라고 부르는데, 바로 인생의 네 가지 주기를 말하는 것이다. 그 첫 번째는 베다를 공부하는 학습기인 브라흐마차린(Brahmacārin)이고, 두 번째는 제사의 의무와 선행을 수행하는 가주기(家住期) 그리하스타(Grihastha), 세 번째는 숲속에서 엄격한 금욕을 수행하는 은둔기 바나프라스타(Vānaprastha), 네 번째는 인생의 마지막 단계로 방랑 걸식하며 영혼의 해방을 추구하고 유행(游行)하는 산야신(Sannyāsin: 방랑 고행자)이자 비구(Bhikshu)로서의 삶인 파리브라자카(Parivrājaka)다. 이 마지막 단계에서 진정한 아트만, 곧 지고의 아트만을 깨닫고 해탈을 얻게 되는 것으로 설명되는데, 이 같은 네 단계의 삶을 보여주는 『브리하드아라냐카 우파니샤드』의 본문은 다음과 같다.

"실로 그는 거대한 태어남이 없는 아트만으로서, 모든 감각 가운데 지식을 가지고 있는 자다. 마음속의 공간에서 만물을 통제하며, 만유의 주이며, 만물을 다스리는 자로다. 그는 선한 행위로 더 커지거나 악한 행위로 더 작아지는 자도 아니다. 그는 서로 멀리 떨어져 있는 다른 세계를 떠받치는 경계로서의 가교(架橋)다. 그를 알기 위해 바라문들이 베다를 공부하고, 제사와 보시, 고행, 그리고 단식을 한다. 실로 그를 알게 됨으로써 성자가 된다."(『브리하드아라냐카 우파니샤드』, IV.4.22)

여기서는 우선 '거대한 태어남이 없는 아트만'(mahān aja ātmā)이라는 말에 주목할 필요가 있다. 이는 아트만의 불생불멸성을 말하고 있는데, 이것을 알면 바로 성자가 되고 해탈이 된다는 것이다. 인생의 네 단계를 거치는 바라문의 삶이 바로 그것을 아는 과정이다. 이 아트만이 바로 브라만이라는 것은 아트만을 논할 때 상술하기로 하자. 이 아트만을 알기 위해 바라문들은 우선적으로 베다를 공부하고, 다음에는 제사와 보시를 행하며, 은자로서 고행과 단식을 행한 후 산야신으로서 아트만을 알게 된다고 언급하고 있다. 『브리하드아라냐카 우파니샤드』의 본문은 계속해서 아트만의 속성을 말한다.

"아트만은 이것도 아니고 이것도 아니다(neti nety ātma). 이해될 수 없기에 '이해될 수 없는 자'이며, 파멸될 수 없기에 '파멸될 수 없는 자'이고, 집착하지도 않기에 '집착하지 않는 자'이며, 얽매여 있지도 않고 고통을 받지도 않기에 '고통이 없는 자'다.〔……〕깨달은 사람은 무엇을 하거나 하지 않거나, 그것이 그에게 괴로움을 주지 못한다."(『브리하드아라냐카 우파니샤드』, IV.4.22)

불생불멸의 아트만으로서 어떤 고통과 집착을 넘어서 있는 무제약적 근원을 깨닫는 길, 그것은 바로 브라만을 이해하는 것과 다르지 않다. 브라만을 이해하는 길에 관하여, 특히 바라문이 걸어야 하는 네 가지 과정에 대하여『찬도기야 우파니샤드』는 좀더 자세히 설명하고 있다.

> "(브라만에 이르는) 세 가지 수행의 길이 있다. 제사, 베다의 연구, 그리고 비움-나눔, 이것이 첫 번째다. 두 번째의 길은 스승의 집에 머물면서 거룩한 지혜를 추구하는 것이다. 세 번째의 길은 스승의 집에서 금욕적으로 자기 자신의 육체를 엄격히 통제하는 것이다. 이렇게 수행함으로써 좋은 세상에 나아간다. 브라만 안에서 굳게 서 있는 자는 영원한 삶에 도달한다."(『찬도기야 우파니샤드』, II.23)[17]

브라만에 이르는 세 가지 수행 덕목 중에서 첫 번째 관문으로 중시되는 것은 '제사와 학문과 보시'(yajno'dhyayanam dānam)의 길이다. 제사에 관해서는 다음에 좀더 자세히 언급하기로 하겠다. 학문은 물론 베다에 대한 연구다. 그리고 비움으로써 가능한 고행(tapah)과 나눔(dānam)의 실천이다. 그다음은 스승의 집에 체류하면서 지혜를 찾고 금욕적인 수행으로 브라만을 추구한다. 이러한 엄격한 수행만이 브라만에 도달하는 방편이요 길이라고 우파니샤드는 말한다.

금욕 수행하는 어느 사두의 모습. 브라만과의 합일에 이르는 과정에서
학습기와 가주기, 은둔기를 거치면서 베다를 공부한 후 산야신이 되는 과정은
그 자체가 고행의 길이기도 하다.

이 본문에서 말하는 세 가지 길은 서술 방식에서는 차이가 있지만 앞의 『브리하드아라냐카 우파니샤드』에서 말하는 것과 상통하는 바가 있다. 예컨대 제사와 보시의 행위는 가주기의 '그리하스타'에 해당하고 금욕적 수행은 은둔기의 '바나프라스타'와 관련이 있다. 그리고 스승의 집에서 지혜를 추구하며 수행하는 것은 학습기의 '브라흐마차린'에 해당한다. 그러나 이것은 바라문의 네 가지 주기의 인생, 즉 아쉬라마의 네 단계 가운데 세 단계에 불과하다. 따라서 이 세 단계를 잘 수행한 후 다음 단계로 '브라만 안에서 굳게 서 있는' 단계가 요구된다. 이것이 곧 네 번째 단계인 산야신으로서의 유행기(파리브라자카)에 해당하는 것으로 볼 수 있다.

한편 『찬도기야 우파니샤드』의 또 다른 본문에서는 제사와 보시 같은 가주기의 행위나 은둔기의 금욕적 수행 등을 모두 학습기인 브라흐마차린에 포함하여 설명하고 있다. 넓은 의미에서 일생을 학습기로 간주하고 있는 셈이다. 본문 내용을 살펴보자.

"첫째, 제사(yajna)는 베다의 지식을 공부하는 삶(브라흐마차리야)이라고 한다.[18] 지혜를 얻은 자도 오직 베다의 지식을 공부하는 삶을 통해 그 세계에 도달한다. '제사드려진 바의 행위'(istam)도 베다의 지식을 공부하는 삶이라고 한다. 베다의 지식을 공부하는 삶을 통해서만 아트만을 얻을 수 있기 때문이다.

둘째, [……] 침묵의 명상(maunam)도 베다의 지식을 공부하는 삶이라고 한다.[19] 베다의 지식을 공부하는 삶을 통해 아트만을 찾은 자만이 참된 명상을 할 수 있기 때문이다.

셋째, 단식의 수행 과정(anāśakāyanam)[20]도 베다의 지식을 공부하는 삶이라고 한다.[21] 베다의 지식을 공부하는 삶을 통해 얻어진 아트만은 결코 파멸되지 않기 때문이다. 숲속 은자의 삶(aranyāyanam, 아라냐야남)도 실로 베다의 지식을 공부하는 삶이다. 참으로 '아라'(ara)와 '냐'(nya)는 이곳으로부터 세 번째의 하늘에 있는 브라만의 세계에서 두 개의 바다를 이루고 있다. 그곳에는 아이람마디야(Airammadīya)라는 호수가 있고, 소마(Soma)의 즙이 흐르는 나무가 있으며, 브라만 아파라지타(Brahman Aparājita)[22]라는 도시가 있고, 신이 만든 황금 알의 전당이 있다.

넷째, 베다의 지식을 공부하는 삶을 통해 브라만의 세계에 있는 '아라'와 '냐'라는 두 바다를 발견한 사람만이 브라만의 세계를 누린다. 그 모든 세계 속에서 그들은 무한한 자유를 누린다."(『찬도기야 우파니샤드』, VIII.5.1~4)[23]

위의 본문을 분석해보면 몇 가지 흥미로운 사실을 발견하게 된다. 우선 바라문이 중시하는 제사와 명상 그리고 단식 같은 고행이 모두 베다의 지식을 공부하는 삶인 브라흐마차리야의 단계에 편입될 수 있다고 보는 것이다. 이는 바라문의 네 가지 주기의 인생을 모두 베다의 지식을 공부하는 삶으로 이해하는 것이다. 제사의 행위가 중요하지만 그것도 베다에 정통한 지식 없이는 불가능한 것이고, 명상 또한 베다의 지식 없이는 허망한 것이다. 단식의 수행 또한 예외가 아니다. 그러므로 일체의 수행 과정이 베다의 지식을 올바로 이해하는 것과 결부되어 있다.

또 한 가지 흥미로운 것은 숲속 은자의 삶인 아라냐카도 베다의 지식을 공부하는 단계로 본다는 것이다. '아라냐'라는 말 자체가 바로 브라만의 두 바다를 뜻하는 것이며, 그곳에 천상의 아름다운 휴식처가 있다는 설명이다. 이른바 호수와 소마와 황금의 전당이다. 호수는 기쁨이요, 소마는 즐거움이며, 황금은 변하지 않는 영원성의 상징이다. 그야말로 영원한 기쁨이다. '브라만의 세계'라 불리는 이곳은 바로 천상의 세계, 천국이다.

그리스도교에서 천국을 설명할 때 황금 보석이 있는 열두 진주(珍珠)문을 말하기도 한다. 불교의 극락도 황금이 있는 화려한 이상국으로 묘사되기도 한다. 최고 복락의 단계에 대한 이상적 묘사의 한 방법일 것이다. 중요한 것은 어떠한 배경을 가지고 있는 장소인가 하는 것이 아니라, 마지막 서술 부분에서 "그 모든 세계 속에서 그들은 무한한 자유를 누린다"고 한 말이다. 궁극적 이상은 '무한한 자유'에 있는 것이다. 그것이 아트만의 세계요, 브라만의 세계다. 제사와 관련하여 한 가지 더 언급할 만한 독특한 해석이 있다. 제사의 뜻에 대한 라다크리슈난의 어원적 해석을 살펴보자.

산스크리트어로 쓰인 본문에서 제사는 '야즈나'(Yajna)로 표현되어 있다. 그런데 본문 속에서 '야즈나'는 '(베다의 지식을) 아는 자'라는 뜻을 가진 '즈나타'(Jnātā)와 일정 정도의 유사성을 지닌다는 것이다. '야즈나'(제사)의 '즈나'와 '즈나타'(아는 자)의 '즈나'에서 보듯 두 단어가 같은 어근에서 출발하고 있다는 말이다. 그런 점에서 '제사'와 '베다의 지식을 아는 것'은 일맥상통하는 것임을 역설한다.[24] 어쨌든 제사의 행위는 베다의 지식과 여러 가지 점에서 깊은 연관이 있음을 보게 된다.

브라만을 이해하기 위한 예비적인 지식과 수단으로 갖추어야 할 몇 가지 인생의 태도에 관하여, 지금까지 바라문이 수행하는 아쉬라마라는 인생의 주기와 관련해 생각해보았다. 이 밖에도 우파니샤드에서 브라만을 알기 위한 방법을 말하는 곳이 있는데, 『케나 우파니샤드』에 따르면 고행, 자기통제, 그리고 봉사가 그것이다. 우파니샤드의 비밀스런 내용을 가르쳐달라는 제자의 부탁에 스승은 이미 그것을 가르쳐주었다고 하면서 브라만을 이해하기 위한 지식을 다음과 같이 말하고 있다.

"고행-자기통제-봉사(tapo-dama-karma)는 브라만을 알기 위한 초석(pratisthā)이며, 베다는 그 모든 초석의 요소들(sarvāngānni)이다. 또한 진리는 (브라만이) 머무는 처소(āyatanam)다."(『케나 우파니샤드』, IV.8)

사제들이 시바 사원에서 제사를 드리고 있다.
시바의 상징인 남근 모양의 링가에 꽃을 씌우고 숭배 의례를 올린다.

이 본문에서 우리가 주목해서 볼 것은 브라만을 이해하기 위해 전제되는 조건이 우선 고행과 자기통제, 봉사라는 것이고, 다시 그것을 뒷받침해주는 것이 베다의 진리라는 점이다. 여기서 '고행'의 문제가 왜 이처럼 중요시되고 있는지 자문해볼 필요가 있다.

본문에 언급된 '고행'의 산스크리트어 원문은 '타파'(tapah)로, '타파스'(tapas)와 같은 뜻이다. '타파'는 '탑'(tap)이라는 어근에서 나온 것으로 '태운다'(to burn)는 뜻을 가지고 있다. 전통적으로 인도의 성자들은 이 타파스라는 고행을 수년간 수행함으로써 초월적인 힘, 곧 지고자(至高者)에 도달할 수 있다고 여겼다. 고행을 통해 창조가 가능하다고 보았기 때문이다. 이러한 타파스는 영적 생활에서 '수련'과 같은 용어로 사용된다. 소극적으로는 죄와 불완전함을 소멸시키는 훈련의 의미가 있고, 적극적으로는 선함과 거룩함을 이루어가는 수련의 의미가 있다.[25] 이러한 영적 생활에서의 타파스는 다른 종교 전통에서도 찾아볼 수 있다.

이처럼 고행과 자기통제와 봉사는 모두 브라만을 이해하기 위한 자기수련의 기초인데, 『카타 우파니샤드』에서는 이런 수련 외의 다른 독특한 방식으로 브라만을 이해하는 수단을 언급하고 있다. 그것은 일종의 신비스런 진언(眞言)으로, 짧은 만트라인 '옴'을 염송(念頌)하는 것이다. 본문을 살펴보자.

"모든 베다가 말하고(padam) 있고 모든 고행자가 언급하는,

그리고 베다의 지식을 공부하는 생도의 삶을 살면서 열망하게 되는 그 단어를 그대에게 한마디로 말하겠다. 그것이 옴이다."
(『카타 우파니샤드』, I.2.15)

모든 베다라는 것은 『리그베다』『사마베다』『야주르베다』『아타르바베다』를 의미한다. 이 베다가 말하는 내용을 한마디로 요약하자면 그것이 바로 '옴'이라는 것이다. 그러므로 고행하는 자들은 물론 스승의 집에서 베다의 가르침을 받는 문하생들[26]은 당연히 이 비밀스런 언어인 '옴'을 언급하지 않을 수 없게 된다.

샹카라의 해석에 의하면 '모든 베다가 말하고 있다'고 할 때의 '말', 즉 '파담'(padam)은 '목표'(goal)를 뜻한다.[27] 모든 종교적 수행과 고행의 '목표'는 지고자 브라만이다. 우주의 궁극자로서의 브라만을 이해하고 거기에 도달하는 것이 궁극적 목표이다. 그런데 그 목표를 베다가 언급하고 있다는 것이다. 옴은 원래 호흡(pranava)과 관련이 있었지만, 우파니샤드의 시기에 이르러 전체 우주의 의미와 관련된 것으로 확대 해석되었다.

옴의 해석에 대해 라다크리슈난은, 우파니샤드 사상에 관한 현대 서구의 권위 있는 해석가인 도이센의 견해가 잘못이라고 지적하고 있다. 도이센은 옴이 우주의 제1원리인 브라만에 대한 불가지(不可知)성을 표현한 것이며, 말로나 설명으로 표현할 수 없기 때문에 브라만의 상징으로 옴을 말한다고 했다. 이에 대해 라다크리슈난은 『야주르베다』[28]의 『타이티리야 우파니샤드』 본집에서 호트리(Hotr)가 제의를 집행하면서 마지막 음절을 길게 '옴'으로 염송한 것이라고 주장한다. 또한 제의의 신학적 해설서인 브라흐마나에서는 호트리가 염송한 『리그베다』의 구절에 제의를 집행하는 사제 가운데 하나인 아드바르유(Adhvaryu)[29]가 응답의 소리로 대답한 것으로 자주 언급되고 있다. 이때의 '옴'의 뜻과 기능은 그리스도교에서 '그렇게 될 줄로 믿는다'는 의미로 말하는 '아멘'(Amen)과 같다.

이 같은 옴의 의미가 우파니샤드에 와서 점차 우주적 의미로 그 상징성이 넓어지고 있다. 브라만의 이 같은 상징으로서의 옴에 대해서는 뒤에서 다시 자세히 언급하기로 하겠다. 다만 여기서는 수련을 하는 생도들이 브라만을 이해하기 위한 예비적 수단으로 알아야 할 것으로, 고행과 베다의 지식, 그리고 일체의 모든 세계는 브라만에게서 창조된 것이라는 사실을 우파니샤드가 말하고 있다는 점이다. 『아타르바베다』에 속하는 『문다카 우파니샤드』에서는 브라만에게서 모든 것이 창조되었다고 말하면서, 그 가운데 다음과 같은 내용을 열거하고 있다.

"그(브라만)로부터 신들이 여러 형태로 태어났고, 천상의 존재들, 인간, 짐승, 새, 들숨, 날숨, 쌀, 보리, 고행, 믿음, 진리, 베다의 지식을 공부하는 것, 그리고 법이 생겨났다."(『문다카 우파니샤드』, II.1.7)

여기서 특이한 점은 앞서 언급한 고행(tapas)과 베다의 지식을 공부하는 것(brahmacaryam), 그리고 믿음(sraddhā) 등이 모두 브라만에게서 비롯된다는 사실이다. 그리하여 브라만에게서 모든 것이 와서 결국은 불멸의 존재인 브라만으로 다시 들어간다.[30] 문제는 모든 것의 기원인 브라만에게, 궁극적인 존재인 브라만에게 귀속되기 위해서 수행자는 이상에 언급한 여러 가지 단계적 수련을 거쳐야 한다는 것이다. 그 일차적 관문이 고행과 봉사의 제사, 그리고 베다의 지식을 공부하는 것이다.

궁극적 이상은 '무한한 자유'다

『찬도기야 우파니샤드』에 따르면 우주의 창조자인 브라마(Brhma)에 대한 지식을 아무에게나 전수해서는 안 된다는 언급이 있다. 본문은 다음과 같이 말하고 있다.

"실로 이 브라마에 대한 가르침은 아버지가 맏아들에게, 또는 자격을 갖춘 제자에게 전해야 할 것이다."(『찬도기야 우파니샤드』, III.11.5)

브라마에 대한 지식뿐만 아니라 제사에 대한 지식도 함부로 전수될 수 없는 것이었다. 『브리하드아라냐카 우파니샤드』에는 제례 행위와 지식을 전수하는 스승들의 계보에 대한 언급이 있다.

> "그때 사트야카마 자발라(Satyakāma Jābāla)가 그의 제자에게 말했다. '누군가 이것을 마른 그루터기 위에 뿌려도 가지가 자라고 잎이 돋아날 것이다. 이 사실(지혜)을 자식이 아니거나 제자가 아닌 자에게 말해서는 안 된다.'"(『브리하드아라냐카 우파니샤드』, V.3.12)

창조주 브라마 또는 궁극적 존재인 브라만 같은 우주의 비밀을 이해하기 위해서 전제되는 조건은, 앞에서 본 바와 같은 고행과 제사와 베다를 공부하는 것 외에도 맏아들이거나 자격을 갖춘 제자가 되는 것도 포함된다. 이처럼 초기 우파니샤드에서는 숲속에서 금욕적인 고행으로 엄격한 수행을 거친 스승이 제자나 맏아들에게 비밀스런 가르침, 곧 우파니샤드를 전했던 것이다. 『찬도기야 우파니샤드』에서는 이처럼 엄격한 가르침의 훈련에 대해, 인드라(Indra) 같은 『리그베다』의 위대한 신도 창조주 프라자파티의 제자로 101년간 함께 살았던 것으로 묘사하고 있다.[31]

우파니샤드의 가르침이, 특히 브라만에 대한 비밀스런 가르침이 맏아들과 제자에게 주로 제한적으로 전해지는 것이기는 했지만[32] 그것이 절대적인 제한은 아니었다. 『찬도기야 우파니샤드』에 따르면 제자들을 받아들이는 입문식도 없이 곧장 왕이 그를 찾아온 성실한 베다의 학습자들에게 아트만에 대한 가르침을 주고 있다.[33] 그리고 현자 야즈냐발키야 또한 제자가 아닌 자신의 아내 마이트레이(Maitreyī)에게 아트만에 대해 가르쳐주고 있다.³⁴ 현자 야즈냐발키야가 자나카 왕에게 가르침을 베푼 것도 제자로 받아들이기 이전이었다.³⁵ 대개의 경우 직접적인 제자가 아니더라도 진지하게 질문을 해올 때는 스승으로서 가르침을 베푸는 것이 일반적이었던 것이다. 그러나 브라만을 깨우치기 위한 우파니샤드의 가르침은 평범하거나 열등한 스승의 가르침으로는 부족하다고 말한다. 『카타 우파니샤드』에서는 이렇게 말하고 있다.

"열등한 교사의 가르침으로는 참되게 이해할 수 없다. 그 자신이 브라만임을 아는 스승이 가르쳐야만 수없이 많은 방식으로 생각해보게 되는 그 존재에 대해 바르게 알 수 있게 된다. 그것은 파악하기 힘들며, 어떤 미세한 존재보다 더욱 미세하기 때문이다."(『카타 우파니샤드』, I.2.8)

이 본문에서도 브라만을 이해하기 위해서는 제대로 된 스승의 바른 지도가 필요함을 역설한다. 그 자신이 바로 브라만임을 깨달은 스승에 의해서만이 그 비밀스런 가르침은 온전히 전달될 수 있다는 것이다. 그러한 브라만을 이해하기 위한 방법은 수없이 다양한 비유를 통해 전수된다.

이상에서 본 바와 같이 브라만을 이해하기 위한 전제들은 우선적으로 베다를 이해하는 지식이 필요하고, 희생 제사를 드려야 하며, 자선을 베풀고, 단식을 포함한 금욕을 수행하는 것 등이었다. 그런데 그 가운데서도 올바른 스승의 특별한 가르침과 지도가 무엇보다 중요하다는 것을 새삼 강조하고 있다. 그러나 이러한 것들은 어디까지나 외부적인 수단에 지나지 않을 수도 있다. 후기 우파니샤드로 가면 좀더 내면의 직접적인 수단이 요청되고 있다. 예컨대 마음의 평정, 자기억제, 비움, 인내, 의식의 집중 등이 그런 것들이다. 이러한 내면세계의 중시는 이미 초기 우파니샤드인 『브리하드아라냐카 우파니샤드』에서도 그 흔적을 찾아볼 수 있다. 현자 야즈나발키야와 자나카 왕 사이의 다음 대화를 살펴보자.

"이것은 찬가(베다)에서도 다음과 같이 말하고 있는 것입니다.

"브라만을 아는 자의 이 영원한 위대성은 행위로 말미암아 늘어나는 것도 아니고 줄어드는 것도 아니다. 그러므로 브라만을 아는 자의 위대함 그 자체의 본질을 알아야 한다. 이 사실을 깨닫는 자는 악업(惡業)으로 얼룩지지 않는다."

그러므로 이것을 깨닫는 자는 평온해지며, 자기를 억제하며, 비우게 되고 인내하며, 집중하여 그 자신 내부에 있는 아트만을 보고, 아트만 안에 있는 모든 것을 봅니다. 악이 그를 이기지 못하며, 그가 모든 악을 이깁니다. 악이 그를 불사르지 못하며, 그가 모든 악을 불사릅니다. 악으로부터 자유로우며, 얼룩짐에서 자유롭고, 의혹으로부터 자유로워져서 브라만을 아는 자가

마음의 평정을 얻고자 갠지스 강변에서 명상하며
금욕 수행을 하고 있는 사람들.

됩니다. 왕이시여, 이것이 브라만 세계요, 왕께서도 거기에 도달하셨습니다.'

이렇게 야즈나발키야가 말했다.

그러자 비데하의 왕 자나카가 말했다.

'존경하는 분이시여, 비데하 왕국과 제 자신까지 그대에게 바칩니다.'"(『브리하드아라냐카 우파니샤드』, Ⅳ.4.4.23)

이 본문을 보면 브라만이 자신의 내부에 있다는 사실을 깨달은 자만이 내면의 평정을 얻고, 자기억제와 인내 등의 수행이 계속 가능하다고 한다. 그렇다면 마음의 평정이나 비움 같은 것은 수행의 전 단계에서 일어나는 것이라기보다는 수행의 결과에서 일어날 수 있는 것으로 이해할 수 있게 된다. 따라서 이 본문은 여전히 브라만을 이해하기 위한 전 단계의 예비적 수행 단계로 이해하기보다는 수행 이후의 결과로 보는 쪽이 더 타당할 수도 있을 것이다. 그렇다고 해서 수행의 결과가 아닌 수행의 전 단계에서 평온이나 비움이나 자기억제가 불가능하다는 뜻은 아니다. 다만 우파니샤드 본문의 문맥상 그렇다는 뜻이다.

분명한 것은 후기 우파니샤드에서 이러한 내면세계의 수련에 대한 내용이 더욱 구체화된다는 점이다. 다소 후기의 작품인『야주르베다』에 속하는『카타 우파니샤드』에 의하면 내면의 평정을 얻지 못하는 사람은 결코 아트만을 발견하지 못하는 것으로 설명된다.

"악의 길을 단념하지 않는 자, 마음의 평정(asāntāya)을 얻지 못한 자, 마음을 집중하지 못하는 자, 마음이 안정되지 못한 자는 올바른 지식으로도 아트만에 도달하지 못한다."(『카타 우파니샤드』, I.2.24)

이는 아트만에 도달하기 위한 수행의 결과로서 얻어진 마음의 평정이라기보다는 수행의 전제 조건으로서의 평정이다. 이렇게 보면 브라만을 깨닫기 위한 전제로서 중시되는 마음의 평정은 점차 내면의 수행을 강조하는 후기 우파니샤드의 일반적인 특징이 되고 있다는 것을 알 수 있다.[36] 심지어 우파니샤드의 초기 작품에서 그토록 강조되던 베다에 대한 올바른 지식도 이제는 마음의 평정이라는 차원과 악을 멀리하는 도덕성보다 그 우선순위가 밀리고 있음을 보게 된다. 말하자면 후기 우파니샤드에서는 점차 내면의 평정과 도덕성이라는 이중의 잣대를 브라만에 이르는 전제적 수단으로 말하고 있는 셈이다. 내면의 평정을 누리지 못하는 자는 베다에 대한 지식이 있다고 해도 결코 브라만에 도달할 수 없다고 말하기 때문이다.

이와 같은 사상은 보다 더 후기의 문서인 『문다카 우파니샤드』에서도 계속된다. 네 개의 베다 가운데 가장 후대의 작품인 『아타르바베다』에 속하는 『문다카 우파니샤드』는, 브라만에 도달하는 수단으로 제사와 봉헌이 아니라 오직 바른 지혜와 산야신으로서의 비움의 수행을 강조하고 있다.

> "빛과 순수의 본질로 인간의 내면에 있는 이 아트만은 진리와 고행과 (아트만을 아는) 올바른 지혜, 그리고 꾸준히 정숙함을 유지하는 것으로 얻어진다. 불완전한 것들을 떨쳐버리는 금욕적인 수행을 통해 그는 아트만을 보게 되리라."(『문다카 우파니샤드』, III.1.5)

여기서는 아트만을 이해하기 위한 조건으로 진리, 고행, 바른 지혜, 그리고 정숙한 금욕적 수행이 강조되고 있다. 이는 진리 이해와 금욕적 고행의 실천으로 정리되며, 다시 한 번 더 압축해서 말하면 진리와 고행이다. 샹카라에 따르면 고행(tapasā)은 마음에 대한 집중적 수행이며, 동시에 영원한 자아인 아트만에 대한 집중이다.[37]

이와 같은 고행으로서의 마음의 집중 또는 마음의 평정 이외에도 여전히 금욕적 수행이 강조되고 있는데, 이때의 금욕은 정숙함을 유지하는 것일 뿐만 아니라 비움으로서의 도덕성을 말하는 것이기도 하다. 악의 길을 수행하는 한 참된 아트만의 길에 이를 수 없다는 단언인 것이다. 내면의 영적 생활과 도덕성의 유지가 함께 결합되어 있음을 볼 수 있다.

이상의 문서들을 통해 아트만(브라만)에 이르는 영성적 삶이 윤리 차원으로 나아가는 첫 단계를 살펴보았다. 브라만에 이르기 위해서는 첫째, 올바른 스승을 찾는 일과 다섯 가지의 엄격한 수행이 요구되며, 그 다섯 가지 수행은 내면의 평정, 자기억제, 비움, 인내, 집중이다. 이러한 수행의 조건들이 몇몇 다른 부차적인 수행들과 함께 후기 우파니샤드의 전체적인 내용과 골격을 이루게 되는 것이다.

아트만을 알면 모든 것을 알게 되리니

브라만에 이르는 초월적 지식

"마치 거미가 거미줄을 따라 움직이고 불에서 작은 불꽃들이 번져나오듯이, 아트만으로부터 모든 호흡과 모든 세계와 모든 신성한 것들과 모든 존재가 나온다."

아트만은 영원불멸하며 참되고 바르다

우파니샤드의 기본적 사상을 이루는 주요 개념은 앞서 언급한 것처럼 브라만과 아트만이다. 브라만이라는 개념 외에 우파니샤드를 이해하기 위한 또 하나의 핵심 단어가 아트만이라는 것이다. 이 두 단어는 우파니샤드에서 상호 교차적으로 사용되고 있지만 각각의 개념은 그 출발점이 달랐다. 따라서 브라만과 아트만을 어떻게 이해할 수 있을 것인가 하는 문제에 대해서도 생각해보았다. 그 방법 가운데 하나가 신앙과 사색을 기초로 한 신학적 사유였다. 그렇다면 이제부터는 좀더 구체적으로 이 문제를 초월적 지식이라는 측면에서 살펴보기로 하자.

우파니샤드 본문에 따르면 아트만을 알면 모든 것을 알게 된다고 한다. 그것은 곧 아트만이 참된 지식의 시작이요 끝이라는 뜻이다. 우파니샤드에서 현자인 야즈나발키야와 그의 아내 마이트레이가 나누는 대화 속에서 아트만에 대한 이해는 다음과 같이 밝혀진다.

> "실로 마이트레이여, 아트만을 보고 듣고 사색하고 명상해야 하오. 실로 아트만을 보고 듣고 생각하고 깨달음으로써 모든 것을 알게 된다오."(『브리하드아라냐카 우파니샤드』, II.4.5)

아트만을 사색하고 명상함으로써 모든 것을 알게 된다는 말은 성서에서 마치 여호와를 경외하는 것이 지식의 근본이 된다고 하는 말과 흡사하다. 여호와를 알면 사물의 모든 이치가 풀려나간다는 논리다. 만물의 법칙인 브라만의 인간 내재적 본성인 아트만을 이해함으로써 우주의 모든 비밀이 연역적으로 이해될 수 있다는 뜻일 수 있다. 근본적인 자기, 참 자기의 이해를 통해 외부세계의 베일을 하나둘씩 벗겨나갈 수 있다는 논리다.

'모든 것을 알게 된다'(sarvam viditam)는 것은 참된 해방의 의미요, 근원적 해탈과 다름이 없다. 그것이야말로 우주 비밀을 이해하는 열쇠다. 그렇다면 그런 지식은 과연 어떤 지식일까? 이 물음에 앞서 우선 『찬도기야 우파니샤드』의 본문에서 말하는 아트만이 무엇인가 하는 문제부터 생각해보자.

> "악도 늙음도 죽음도 슬픔도 배고픔도 목마름도 없는 아트만은 그 욕망이나 사유가 참되니 마땅히 아트만을 추구하여 깨달아야 한다. 아트만을 깨닫는 자는 모든 세계와 바라는 바를 이룰 것이다. 이와 같이 프라자파티(조물주)는 말했다."(『찬도기야 우파니샤드』, VIII.7.1)

여기서 우리는 몇 가지 중요한 점을 발견하게 된다. 우선 아트만은 영원 불멸하다는 것이며, 인간이 겪고 있는 온갖 고통과 슬픔에서 벗어나 자유롭다는 것이다. 또 한 가지는 아트만은 인식의 주체로서 바람직한 욕망을 지니고 있고 사유의 기능 또한 지

거룩한 갠지스 강에서는 늘 생로병사하는 인간 실존의 모습을 볼 수 있다.
이들은 정화를 통해 죽음을 넘어 구원과 해탈을 이루고자 한다.

니고 있는데, 그것이 모두 참되다는 것이다. 그러니까 아트만의 속성은 거짓이나 허위로 무장된 것이 아니라 진실 또는 진리 자체임을 말해준다. 그러한 아트만의 속성을 깨달으면 곧 모든 유한한 고통의 문제에서 벗어나 참된 해탈의 자유를 맛보게 된다. 그 자유는 이 세상뿐 아니라 영원히 모든 것을 얻을 수 있게 하고 바라는 것을 충족해준다.

바라는 것을 이룬다는 것은 무엇인가? 물질적 욕망일까? 그것은 아닐 것이다. 아트만은 속성상 물질적 가치 그 자체를 초월해 있기 때문이다. 우파니샤드의 아트만에 대한 가르침은 여전히 영적인 진리를 말하는 것이라고 보아야 할 것이다. 영적 진리의 최전선에 바로 우주의 궁극적 진리인 브라만, 즉 아트만이 있기 때문이다.

그렇다면 이제 '브라만에 대한 지식'은 과연 어떻게 이루어질 수 있는 것인지 좀더 상세하게 고찰해보자. 이 문제는 우리가 일반적으로 말하는 이른바 과학적 '지식'(knowledge)과는 다른 지식임을 이해해야 한다. 우파니샤드의 지식이 일반적 지식과 다르다는 것을 잘 말해주고 있는 『찬도기야 우파니샤드』의 본문을 살펴보자. 사나타쿠마라(Sanatakumāra)가 나라다(Nārada)에게 이야기하는 가르침이다.

"나라다가 사나타쿠마라에게 다가가서 말했다.
'존경하는 선생님, 저에게 가르쳐주십시오.'

그러자 사나타쿠마라가 말했다.

'그대가 알고 있는 것을 내게 말해보게. 그러면 내가 그 이상의 것을 가르쳐주겠네.'

그래서 나라다가 말했다.

'존경하는 선생님, 저는 『리그베다』『야주르베다』『사마베다』 그리고 『아타르바베다』 이렇게 네 베다와 다섯 번째 베다인 이티하사와 푸라나를 공부했고, 베다 중의 베다인 산스크리트어 문법과 조상 제례에 대한 지식, 수학, 자연 재해의 조짐에 대한 지식, 시간(연대기), 논리학, 윤리와 정치학, 신들의 학문, 브라흐마에 대한 지식, 근원적 요소에 대한 지식, 무술에 대한 지식, 천문학, 뱀에 대한 지식과 (음악, 미술 등) 정교한 예술까지, 이러한 것들을 모두 알고 있습니다. 그러나 존경하는 선생님, 저는 그것들의 이름만 알고 있는 것 같고, 그것들의 아트만(자아)을 안다고는 말할 수 없을 것 같습니다. 선생님께서는 고뇌를 극복하는 아트만을 알고 있다고 들었습니다. 선생님, 제가 그 고뇌 속에 있습니다. 고뇌를 극복할 수 있게 해주십시오.'

그러자 사나타쿠마라가 말했다.

'실로 그대가 배운 것은 오직 이름뿐이었다.'

[……]

그러자 나라다는 다시 여쭈었다.

'존경하는 선생님, 그렇다면 이름보다 더 훌륭한 어떤 것이 있습니까?'

이에 사나타쿠마라는 대답했다.

'더 훌륭한 것이 있다.'

그러자 나라다는 '그것을 저에게 가르쳐주십시오'라고 요청했다."(『찬도기야 우파니샤드』, VII.1)

나라다와 사나타쿠마라의 대화에서 나라다는 자신이 기존에 배운 모든 학식에 대해 언급한다. 그는 베다에 대한 학습은 물론이고 산스크리트어 문법과 수학, 자연과학, 논리학, 천문학 등의 많은 지식을 열거한다. 그러나 그것이 겉으로만 아는, 단지 '이름만'(nāmaivaitat)의 지식일 뿐 아트만에 대한 참된 지식은 없다고 고백한다. 즉 브라만에 대한 무지(avidyā)를 고백하고 있는 것이다.

경험적 실재의 지식은 우리로 하여금 다원성의 세계를 이해하게 해준다. 그러나 그 가운데 오직 브라만만이 실재할 뿐이고 나머지는 환영(幻影, māyā)에 불과할 뿐이라는 것이다. 이것은 서양 철학에서 파르메니데스(Parmenides)나 플라톤이 감각적 세계의 지식은 단지 미혹(迷惑)적인 것(에이돌라, εἴδωλα)에 지나지 않는다고 말한 것과 흡사하다.[1] 또한 칸트가 말한 바와 같이 경험세계의 지식은 외형적 지식에 불과할 뿐 참된 '물자체'(物自體)의 세계를 말해주지 못한다는 것과도 상통한다. 이러한 근원적 의문에 대한 추적이 인도의 사고 전통에서는 아주 오래된 것이었다.

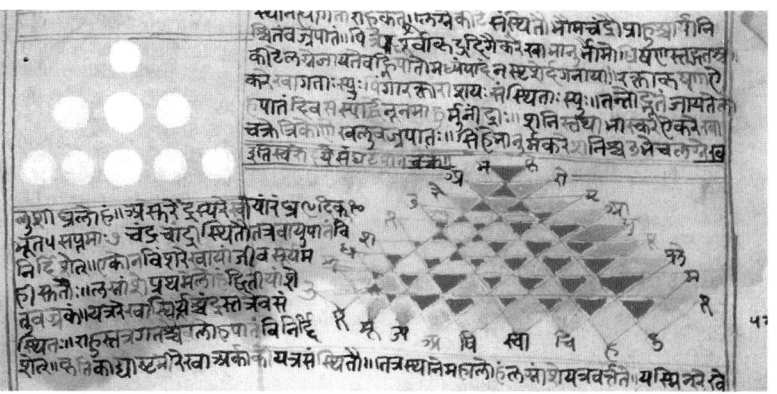

인도는 고대로부터 천문학이 발달했다.
사진은 의례가 시작될 정확한 시간을 구분하기 위한 천체도.

나라다는 계속해서 존경하는 선생인 사나타쿠마라에게 이름, 즉 명목보다 뛰어난 그 무엇에 대해 본질적인 것을 가르쳐달라고 종용하고 있다. 『찬도기야 우파니샤드』의 제7장 1편에서 26편까지 이어지는 본문은 이 점에 대해 아주 길고 긴 대화의 형식으로 장황하게 설명하고 있는데, 대화의 내용을 계속 추적해보면 흥미롭다. 지금까지 나라다가 배워온 지식은 오직 '이름뿐'이었는데 그 실질적이고 더 깊고 훌륭한 본질은 무엇이냐 하는 나라다의 조급한 질문에 사나타쿠마라는 차례로 한 가지씩 예를 들어가며 좀더 크고 훌륭한 것이 다음 단계에 있다고 설명한다. 그리고 마지막 단계에서 아트만의 실체를 설명한다. 앞에서 잠시 언급한 바 있지만 본문 내용을 직접 맛보기 위해 긴 대화의 내용을 살펴보기로 하자.

"사나타쿠마라가 말했다.

'목소리(언어)가 확실히 이름보다 더 훌륭한 것이다. 『리그베다』 『야주르베다』 […] 산스크리트어 문법, 조상 제례, […] 논리학, 천문학, […] 공기, 대공, 물, 불, 신, 사람, 동물, […] 벌레, 개미, […] 좋고 나쁜 것, […] 실로 이 모든 것을 알게 하는 것이 바로 목소리다. 목소리를 명상하라. 누구든지 이 목소리를 브라만으로 명상하는 자는 그 목소리가 미치는 범위에서 자유로움을 얻을 것이다.'

그러자 나라다가 '목소리보다 더 훌륭한 것이 있습니까?' 하고 물었다.

사나타쿠마라가 말했다.

'목소리(언어)보다 마음(mano)이 확실히 더 훌륭하다. 마치 주먹이 두 개의 과일을 한 손에 잡듯, 마음은 목소리(언어)와 이름을 다 포착한다. 마음이 만트라를 배워야겠다고 생각하면 배울 수 있고, 성스러운 일을 하려고 생각하면 할 수 있고, 자식과 짐승을 원하면 얻을 수 있다. 마음속으로 이 세상과 다음 세상을 원하면 그렇게 원할 수 있다. 실로 마음이 아트만이요 세상이요 브라만이다. 마음을 명상하라. 누구든 이 마음을 브라만으로 명상하는 자는 마음이 도달하는 만큼 자유를 얻을 것이다.'

그러자 나라다가 '마음보다 더 훌륭한 것이 있습니까?' 하고 물었다.

사나타쿠마라가 말했다.

'의지(samkalpa)가 마음보다 훌륭하다. 사람이 의지가 있을 때 마음으로 생각할 수 있고, 목소리로 말할 수 있으며, 그때 이름(명칭)으로 말하게 된다.'[……]

그러자 나라다가 '의지보다 더 훌륭한 것이 있습니까?' 하고 물었다.

사나타쿠마라가 말했다.

'의식(cittam)이 의지보다 훌륭하다. 먼저 의식이 있어야 의지를 내고, 그다음 마음으로 생각해서 목소리를 내어 이름(명

오늘날 많은 힌두 여성들이 금욕적 생활과 함께 브라만에 이르는
참된 해방의 길을 가고자 한다. 이들은 사원을 중심으로 명상적 삶을 살고 있다.

칭)을 언급하게 된다. 모든 만트라는 이 이름 속에서 하나가 되고, 모든 성스러운 일(제례)들은 이 만트라 속에서 하나가 된다.〔……〕 이처럼 이름, 목소리, 마음, 의지 등을 둘러싸고 있는 중심은 의식이며, 의식이 이들의 원천이요 기반이다. 그러므로 의식을 명상하라.'〔……〕

그러자 나라다가 '의식보다 더 훌륭한 것이 있습니까?' 하고 물었다.

사나타쿠마라가 말했다.

'집중(dhyānam)이 의식보다 훌륭하다. 땅도 집중하고 있고, 대기도 집중하고 있으며, 하늘도 물도 산도 집중하고 있고, 신과 인간도 집중하고 있는 듯하다. 세상에서 훌륭한 사람들은 이 집중의 결과다. 소인들은 다투고 남용하고 살상하지만, 대인들의 인격은 집중의 결과로 얻어진다. 집중을 명상하라.'〔……〕

그러자 나라다가 '집중보다 더 훌륭한 것이 있습니까?' 하고 물었다.

사나타쿠마라가 말했다.

'분별력(vijnānam: 이해)이 집중보다 훌륭하다.〔……〕 분별력을 명상하라.'〔……〕

그러자 나라다가 '분별력보다 더 훌륭한 것이 있습니까?' 하고 물었다.

사나타쿠마라가 말했다.

'힘(bala)이 분별력보다 훌륭하다. 힘이 있는 자는 분별 있는 백 명의 사람도 떨게 만든다.[……] 이 힘이 있어야 움직일 수 있고,[……] 이 힘으로 땅이 서 있고, 대공이 있고, 하늘이 있고, 산이 있고, 짐승과 새와 초목과 세상이 있다. 힘을 명상하라.'

그러자 나라다가 '힘보다 더 훌륭한 것이 있습니까?' 하고 물었다.[……]"(『찬도기야 우파니샤드』, VII.1~26)

이와 같이 계속되는 질문과 대답 속에서 사나타쿠마라는 나라다에게 우주의 근원적인 원천으로서의 브라만/아트만에 대해 설명을 시도한다. 계속된 질의응답에서 '힘'보다 더 훌륭한 것이 무엇이냐는 나라다의 질문에 사나타쿠마라는 '음식'(annam)이라고 말하고, 그 이유로 열흘이 되도록 음식을 먹지 못하면 힘이 없어져서 숨이 남아 있다 해도 보고 듣고 생각하고 의식하는 기능이 없어진다고 말한다. 그러므로 음식을 먹어야 하고 음식에 대해 명상해야 한다는 것이다. 물론 이 '음식'을 잘 명상하는 자는 음식이 주는 의미를 이해한 만큼의 자유를 얻는다고 말한다.

나라다는 여기서 멈추지 않고 계속해서 '음식'보다 더 훌륭한 것에 대해 질문한다. 사나타쿠마라는 이번에는 '물'(apa)이 음식보다 훌륭하다고 말한다. 물이 없으면 음식도 없기 때문이다. 그리고 계속해서 물보다 '열기'(tejas)가 중요하다고 말한다. 열기가 있어야 번개와 천둥이 치고 변하여 물이 되기 때문이다. 열기 다음에는 '대공'(ākāśa)이 중요하다고 말한다. 태양을 포함한 별들의 열기 또한 대공 속에 있기 때문이다. 그러므로 대공을 명상하라는 것이다. 그다음에는 '기억'(smara)이 대공보다 중요하다고 말한다. 기억력을 통해서 모든 이치를 알아보기 때문이다.

계속되는 사나타쿠마라의 대답을 보면, 자연계와 우주의 이치에서 인간 내면의 세계로 전환하고 있음을 보게 된다. 대상세계의 '이름'만 이해할 수 있는 저급한 수준의 인식 단계에서 점차 인간의 감각적 인식 기관인 목소리, 마음, 의지, 의식, 집중, 분별력 등의 순서로 진행한다. 그리고 나서 '힘'이라는 물리적 차원으로 전환한 후 음식, 물, 열기, 대공으로 이어졌다가, 다시 한 번 인간 내면의 인식 기관인 '기억력'으로 전환하고 있다. 따라서 대화의 진행 과정은 외부의 대상세계에 대한 피상적 인식에서 출발하여 점차 내면의 인식 능력을 거친 다음, 외부세계의 물리적 영역으로 인식의 틀을 넓혔다가 다시 그것을 감지하고 기억하는 인간의 인식 능력으로 돌아오고 있는 것이다.

그러나 인간과 우주의 궁극성에 대한 질의와 응답이 '기억력'에서 그칠 수는 없다. 나라다는 계속 질문한다. '기억'보다 더 중요한 것은 무엇인가? 사나타쿠마라는 '희망'(āśā)이 '기억'보다 더 중요하다고 말한다. '희망'에 고무됨으로써 '기억'은 거룩한 노래인 만트라를 배우고 제사를 지내며, 자손과 가축과 세계를 열망하게 된다는 것이다. 그러므로 '희망'이 '기억'보다 앞선다는 것이다. 그렇다면 그 '희망'은 다시 또 무엇에 의존하는가? 사나타쿠마라는 '숨'(prāna)에 의존한다고 말한다. 마치 수레바퀴의 바퀴살이 바퀴 축에 의존하듯 세상 모든 것이 숨에 의존해 있다. 숨은 생명을 불어넣어주기 때문이다.

대화는 여기까지 꼬리에 꼬리를 물고 숨 막히게 진행되다가 또 한 번의 전환을 맞는다. 인간의 마지막 생명(목숨)이 '숨'에 있는 것이라는 최종 도달점에 이르렀지만, 다시 그 '숨' 자체를 이해하는 단계가 필요했던 것이다. 그것은 '진리'(satyam)의 문제를 깨닫는 것과 관련이 있었다. '진리'를 알고자 하는 나라다에게 사나타쿠마라는 진리를 '안다'(vijnānam)는 문제에 대해 먼저 언급하자, 나라다는 다시 그에게 '안다는 것을 알기'(understand understanding)를 원했다.

이에 대해 사나타쿠마라는 "마음속으로 성찰함으로써 알 수 있다"고 말하면서, '마음속으로 성찰하는 것'을 알 수 있기를 소망해야 한다고 말한다. 그러자 나라다는 '마음속으로 성찰하는 것'을 어떻게 알 수 있는지 묻는다. 점점 더 질문이 깊어져가면서 이제 성찰의 마지막 단계에 이른 느낌마저 든다. 그러나 이 성찰은 뜻밖에도 '믿음'(śraddhām)이라는 말과 조우하게 된다. 사나타쿠마라는 '믿음'이야말로 성찰을 가능하게 한다고 말한다. 결국 진리를 아는 문제도 성실한 '믿음'으로써만 가능하다는 것이다. 그것은 맹목적인 믿음과는 다르다. 불교 경전 『대승기신론』(大乘起信論)이 '믿음'을 일으키는 큰 탈것(대승)으로서의 경전이듯이, 우파니샤드의 진리를 이해하는 문제도 결국은 스승에 대한 존경과 그 가르침들에 대한 '믿음'으로부터 시작하여 꾸준한 정

만트라는 베다의 경전이나 문구 그 자체를 의미하기도 하지만,
두르가 축제처럼 종종 신성한 의례에서 사용하는 찬송의 구절을 뜻하기도 한다.

진을 통해 해탈에 이르는 수행이 가능한 것이기 때문이다.

그렇다면 어떻게 하면 '믿음'을 알 수 있는가? 나라다가 물었다. 그 대답은 '확고부동한 자세'(nisthā)다. 어떤 경우에도 흔들리지 않아야 믿음을 가질 수 있다. 샹카라의 주석에 의하면, 이때의 '확고부동한 자세'는 '영적 스승에 대한 진지한 자세와 헌신'이라는 의미다.[2] 여기서 우리는 '우파니샤드'라는 말의 뜻을 다시 한 번 상기하게 된다. 이른바 스승의 '무릎 가까이에 앉아서' 비밀스런 가르침을 전수받는 장면을 연상하게 된다는 것이다. 진리를 깨닫는 구도의 과정에서 우파니샤드는 스승의 역할을 그토록 중요시하고 있었던 것이다.

'확고부동한 자세'로 스승을 공경하면서 헌신하게 될 때 비로소 믿음을 가지게 되는데, 그렇다면 '어떻게 그 확고부동한 자세를 견지할 수 있다는 것인가' 하고 나라다는 계속 질문한다. 이에 대해 사나타쿠마라는 '의욕적인 자세'(kṛtim)라고 답한다. 이것은 적극적이면서 기꺼이 행할 수 있는 자세를 뜻한다. 의욕적이지 못하면 확고부동한 자세를 감내하지 못한다. 그렇다면 다시 '어떻게 의욕적인 자세를 이해할 수 있을까'에 대한 문제가 떠오른다. 그러자 '즐거움'(sukham: 행복)이 의욕적인 일을 행하게 한다는 답이 나온다. 이 '즐거움'은 또 '무한함'(bhūmā)에 기반을 둔다고 사나타쿠마라는 말한다.

여기서 우리는 또 하나의 놀라운 비약과 반전을 경험하게 된다. 바로 즐거움과 무한함의 연결이다. 우파니샤드가 말하는 '즐거움'은 단순한 세속적 차원의 즐거움이 아니다. 왜냐하면 사나타쿠마라는 '무한한 것만이 즐거움이다'(bhūmaiva sukham)라고 말하기 때문이다. 그것은 '절대 즐거움' 같은 것으로, 나중에 언급하게 될 브라만의 본질적 속성인 아난다(환희)와도 결부되는 것이다.

실로 나는 이 모든 세상이다

사나타쿠마라는 이렇게 말한다. "무한함은 불멸이요 유한함은 죽음이다." 이에 대해 나라다는 그 무한성을 가능하게 하는 것은 무엇이냐고 묻는다. 그러자 사나타쿠마라는 "그 자신의 위대성 속에 있다. 아니, 위대성이 아닐 수도 있다"며 알쏭달쏭하게 말한다. 분명 무한성은 유한성에 비해 위대하다. 무한성 속에 '그 자체의 위대함'(sve mahimni)이 있는 것이지만, 동시에 그 무한성은 반드시 위대하다고 말할 수 있는 성질의 것이 아닐 수도 있다. 다만 유한성에 비해 무한성이 상대적으로 위대하다는 정도로 이해해도 무방할 것이다.

'즐거움'의 기반이 되는 '무한함'은 동서남북 사방으로 무한하며 상하와 전후로 무한하다. 그리하여 그것은 세상의 모든 것이 된다. 다만 '자각'(ahamkāra)을 통해 사람은 스스로 '나는 아래에 있다. 나는 위에 있다. 나는 남쪽에, 또는 북쪽에 있다'고 말한다. 그리하여 '실로 나는 이 모든 세상이다'라고 생각하게 된다는 것이다. 이제 이 길고 긴 대화의 결론에 이르고 있다. 그 결론 부분을 살펴보자.

"이와 같이 아트만(자아)으로부터 보고 생각하고 이해하고 숨 쉬고 희망하고 기억하고, 또한 대공과 열기와 물과 나타남과 사라짐, 그리고 음식과 힘, 이해와 명상과 사고와 결정과 마음과 언어(목소리)와 이름(명칭)과 만트라와 성스러운 일(제례)이 생겨나며, 실로 이 모든 것이 아트만에서 기인한다.

또 이런 말도 있다. 이와 같이 깨달은 자는 죽음도 질병도 슬픔도 없다. 이와 같이 깨달은 자는 모든 것을 보고 모든 곳에서 모든 것을 얻는다. 그는 하나다. 셋이 되고, 다섯이 되고, 일곱이 되고, 아홉도 된다. 그리고 다시 열하나가 되고, 백열하나가 되고, 이만이 되기도 한다. 음식이 순수해지면 성격도 순수해지고, 성격이 순수해지면 기억도 분명해진다. 기억이 분명해지면 모든 마음의 속박도 풀어진다.

이렇게 해서 존경스런 사나타쿠마라는 마음속의 모든 속박이 사라지게 하여 나라다를 무지의 어두움에서 벗어나게 해주었다. 그리하여 사나타쿠마라를 현명한 스승(skanda)이라 부른다."(『찬도기야 우파니샤드』, VII.26.1~2)

이와 같이 인간과 우주의 근원적인 바탕에는 아트만이 자리하고 있어서, 모든 사건과 사물의 근저에 자리한 아트만을 올바르게 이해할 때 비로소 참 자유를 얻을 수 있다는 결론에 이르게 된다. 이 같은 참 지식에 대한 추구는 『리그베다』에서부터 맹아를 보여주는 것이기도 했으나 역시 우파니샤드에 와서 본격적으로 드러나게 되었다. 『브리하드아라냐카 우파니샤드』에서도 경험적 감각적 세계의 배후에 숨겨져 있는 불멸의 존재인 아트만과 브라만에 대해 다음과 같이 언급하고 있다.

"실로 이 세상은 이름과 형태와 행위, 세 가지로 구성되어 있다.

이들 가운데 이름(nāma, 名)과 관련해서는 목소리(언어)가 그 근원이다. 모든 이름이 이 목소리에서 나오기 때문이다. 목소리는 모든 이름들의 공통된 특징이다. 목소리는 모든 이름들을 지탱해주므로 이름들의 브라만이다.

또한 형태(rūpa, 色)에 관해서는 눈이 근원이다. 눈을 통해 모든 형태를 보기 때문이다. 눈은 모든 형태들과 관계하는 공통된 특징이다. 눈은 모든 형태들을 지탱해주므로 형태들의 브라만이다.

그리고 행위(karma, 業)에 있어서는 육신이 근원이다. 육신을 통해 행위가 발생하기 때문이다. 육신은 모든 행위와 관계된 공통된 특징이다. 육신은 모든 행위를 지탱해주므로 행위의 브라만이다.

이 세 가지는 하나이며 아트만이다. 이 아트만은 하나이면서

셋이다. 이 불멸의 존재는 '진리'로 덮여 있다. 실로 호흡(prāno)은 불멸이며, 이름과 형태는 진리다. 이름과 형태에 의해 호흡이 덮여 있다."(『브리하드아라냐카 우파니샤드』, I.6.1~3)

이 본문은 여러 가지 의미에서 아주 중요하다. 초기 우파니샤드 사상의 브라만과 아트만에 대한 이해를 가능하게 하는 열쇠를 제공해줄 뿐만 아니라, 불교의 대승사상과도 상당한 영향을 주고받았으리라는 추측을 가능하게 하는 구절이 있기 때문이다. 이른바 '이름'과 '형태', 즉 명(名)과 색(色)의 특징을 보여주고 있을 뿐 아니라 '행위', 곧 업(業)의 문제도 함께 언급하고 있는 것이다.

여기서 주목할 것은 '이름'과 '형태'와 '행위'가 어떻게 곧바로 아트만일 수 있는가 하는 점이다. 이 세 가지가 하나이며 아트만이라는 진술에서 우리는 경험적 지식으로는 이해가 불가능한 초월적 지식의 진술을 대하게 된다. 언어적 통칭과 물질적 대상, 곧 인식과 그 대상이 하나이고, 행위의 결과 또한 하나라면 인간의 모든 의식 활동이 곧 아트만이라는 논리가 된다. 거기에 호흡이 불멸의 상태로 영원히 함께한다. 호흡이 불멸을 상징한다면 이름과 형태는 공(空)과 색(色)에 비유될 수 있다. 불교식으로 말하면 '색즉시공'(色卽是空)의 형태로 영원한 진리인 아트만은 존재하고 있는 셈이다.

아트만에서 세계의 모든 것이 파생되어 나왔다는 『브리하드아

불교의 중흥을 이끈 아소카 왕이 붓다의 깨달음과 삶의 교훈을 기념하기 위해 세운 산치의 스투파(大塔). 오늘날 인도에서 사라지다시피한 불교의 흔적을 이 스투파를 통해 살펴볼 수 있다.

라냐카 우파니샤드』의 진술은 불교의 연기적 실상에 따라 세계의 모든 것이 전개되고 있다는 것과 구조적 유사성을 지닌다. 문제는 아트만을 영혼으로 이해하게 될 때 불교의 연기와는 내용을 달리하지만 말이다. 우파니샤드의 본문을 살펴보자.

> "거미가 거미줄을 따라 움직이고 불로부터 작은 불꽃들이 사방으로 흩어지듯이, 아트만으로부터 모든 호흡과 모든 세계(sarve loka)와 모든 신(sarve devāh),[3] 그리고 모든 생명체들(sarve prānāh)이 나왔다. 이것이 진리 중의 진리다. 생명의 호흡들이야말로 진리로, 그 진리는 아트만이다."(『브리하드아라냐카 우파니샤드』, II.1.20)

여기서 불교와의 일종의 구조적 유사성을 다시 발견하게 된다. 세계의 모든 것이 아트만의 소산(所産)이라면, 이것은 불교의 유심(唯心)철학에서 말하는 '삼계허망 단지일심작'(三界虛妄 但之一心作)이라는 내용과 비교될 수 있다는 뜻이다. 세계의 실상은 모두 마음 작용이 빚어낸 산물에 불과하다는 말이다.

우파니샤드에서 현실세계를 허망한 것으로 완전히 부정하는 것은 아니지만, 이 비밀스런 가르침을 '진리 중의 진리'(satyasya satyam)라고 말하고 있다. 이것은 진리의 세계에도 층차(層次)가 있다는 말인데, 이에 대해서는 일반적 진리와 특수한 진리로 구분하여 말할 수 있을 것이다. 일반적 진리는 아트만에서 파생되어 나온 불의 '불꽃' 같은 진리라면, 특수한 진리는 '불' 그 자체다. 그 불은 하나의 진리로서 일체의 모든 존재에 생명을 불어넣는 '호흡'과 동일시된다.

영혼의 눈을 내면으로 향하게 하라

깨달음에서 무엇보다 중요한 것은 아트만이 결코 '대상'(object)화될 수 없다는 것이다. 영원한 주체(subject)로서의 자아를 외부적 대상세계에서는 결코 이해할 수 없다는 뜻이다. '진리 중의 진리'를 이해하는 방식도 일반적인 과학적 지식과는 다른 특수한 초월적 지식의 영역에 속한다. 이러한 초월적 지식은 상징적으로 표현되고 있다. 우파니샤드에서 아트만은 북과 북소리의 비유를 통해 상징적으로 설명되고 있다. 『브리하드아라냐카 우파니샤드』에서는 이렇게 말한다.

"북을 칠 때 들리는 다양한 소리를 모두 파악할 수는 없지만, 북과 북치는 사람의 두들김을 알면 소리도 구분하여 들을 수 있다. 고동을 불면 밖으로 들리는 고동 소리를 다 파악할 수는 없지만, 고동과 고동 부는 방법을 알면 그 소리를 구분하여 들을 수 있다. 비나(vīnā: 기타와 유사한 고대 현악기)를 연주할 때 들리는 소리를 다 파악할 수는 없지만, 비나와 비나의 연주법을 알면 그 소리를 구분하여 들을 수 있다."(『브리하드아라

냐카 우파니샤드』, II.4.7~9)

아트만에 대한 이해를 돕기 위해 이와 같이 북, 고동, 비나의 예를 들어 그 소리에 비유하여 말하고 있는 것이다. 아트만이 북 같은 악기라면 우주의 현상은 그 악기의 연주 소리에 비유될 수 있다는 말이다. 이 연주 소리의 이해는 오직 악기를 알 경우에만 파악이 가능하다. 마찬가지로 우주의 다양한 현상도 아트만을 이해함으로써만 제대로 파악할 수 있다는 것이다. 그러므로 오직 아트만에 대한 지식만이 참 지식이 되고 그 밖의 것은 참 지식으로 보기 어렵게 된다.[4] 『찬도기야 우파니샤드』에서는 다양한 우주 현상의 배후에 존재하는 근원적 실재로서의 아트만에 대해 언급하고 있다. 그것은 모든 것을 알게 하는 근원적 지식이기도 하다. 본문은 다음과 같이 말한다.

"그것에 의해 들리지 않는 것을 듣게 되고 감지할 수 없는 것을 감지하고 이해될 수 없는 것이 이해된다."(『찬도기야 우파니샤드』, VI.1.3)

모든 참 지식은 아트만과 관련된 진리를 알지 못하고서는 참 지식이 아니라는 것을 다시 한 번 강조하는 것이다.[5] 이것은 현상적 배후세계의 근원적 존재에 대한 초월적·직관적 지식을 말하는 것이기도 하다. 아트만 이외의 모든 현상적 사물세계는 앞서 본 바와 같이 '오직 명칭'(nāma eva)에 지나지 않을 뿐이다. 비실재(unreality)의 세계에서 실재(reality)의 세계로 나아가기 위해서는, 감각적이고 경험적인 세계에 근거한 무지(avidyā)에서 벗어나 참된 지식의 근원인 아트만(브라만)을 아는 초월적 지식이 필요하다. 이 초월적 지식은 무지의 세계가 안내하는 감각적 쾌락의 세계와 다른 구원과 해탈의 세계에 이르게 한다. 감각적 인식으로는 아트만의 세계에 이르지 못하기 때문이다. 어리석은 사람은 감각적 쾌락의 세계에 머물고 말지만 지혜로운 사람은 초월적 눈을 가지고 내면의 아트만을 찾아 해탈을 이룬다.『카타 우파니샤드』에서는 이에 대해 다음과 같이 말한다.

"아트만은 감각으로 인식되지 않는다. 자기원인을 가지는, 스스로 존재하는 아트만이 우리의 감각 기관을 밖으로 향하게 하였다. 그러므로 감각적 인식은 자신의 내면으로 향하지 않고 밖으로만 향한다. 그러나 일부 지혜로운 자들은 영원한 생명을 찾아 그의 눈을 내면으로 돌려 아트만을 발견한다."(『카타 우파니샤드』, II.1.1)

위의 본문에서는 아트만을 발견하는 일이 감각 차원으로는 불가능함을 말하고 있다. 감각 너머의 내면세계 인식, 그것을 우리는 초월적 인식이라고밖에 말할 수 없을 것이다. 어느 것에 의해서도 창조되지 않고 자기원인(自己原因, self-caused)을 가지는 아트만은 감각적 영혼의 창을 밖으로 '향하게 했다'(vyatṛnat)고 언급한다. 그래서 대부분의 사람들은 외부세계를 바라보고 거기에 만족하고 산다. 그러나 일부 영혼이 성숙한 지혜로운 자들은 내면의 세계로 주의를 돌려 아트만을 찾고 불멸을 얻는다.

여기서 중요한 것은 우리의 감각이 쓸데없는 것만은 아니라는 점이다. 적절히 잘 조절되고 통제되면 점차 높은 단계의 초월적 지식으로 가는 수단이 되기도 한다. '감각의 눈'에서 '초월의 눈'으로의 전환이 필요할 뿐이다. '초월의 눈'은 영적인 눈이다. 우파니샤드는 일반적으로 감각을 조절하라고 말하지 억압하라고 말하지 않는다. 영적인 추구는 신적 계시 속으로 들어가는 영혼의 지고한 여행이다.

아트만이 지니는 자기원인(svayambhūh)은 신플라톤주의 철학에서 말하는 자기원인(causa sui)과 일맥상통한다. 이는 분명 창조되는 바의 피조물의 세계와 다르다. 그런 점에서 아트만은 창조의 신이지 자기원인을 가지지 않는 브라만이 아니다.[6] 아트만으로서의 브라만은 자기원인을 가진다는 점에서 스스로 존재하는 자다. 이 점에서 그리스도교가 말하는 인간 영혼의 피조설과는 근본적으로 다르다. 그러나 그리스도교의 신비주의 사상 속으로 들어가면, 영혼의 영원한 신성성을 말하고 있다는 점에서 다시 일정 정도의 유비(類比)가 가능해진다.

문제는 '영혼의 눈을 내면으로 돌리는 것'(āvritta-caksu)이다. 감각적 현상(phenomenal)의 눈을 닫고 본질적(noumenal) 세계에 '영혼의 눈'을 뜨는 것, 그것이 초월적 해탈로 가는 방식이다. 서양 철학에서도 수많은 사상가들이 이러한 본질적 세계를 언급해왔다. 플라톤도 현상적 세계와 다른 진정한 세계인 이데아의 세계를 언급했고, 데카르트도 외부적 감각세계가 아닌 내면의 영적 세계에 눈을 뜰 것을 강조했다.

우파니샤드가 지시하는 신적 세계의 영원한 실재는 외부적 감각세계가 아니라 영적 각성을 지닌 자들에게서 더욱 분명히 드러난다고 말한다. 그러한 브라만을 아는 참 지식에 이르는 길은 저급한 수준의 감각적 기능에서 벗어나 점차 높은 수준의 감각적 수련과 훈련을 거듭하는 것이다. 그런 다음에 영적인 초월의 직관적 눈을 가지고 내면의 아트만을 통찰해야 한다는 것이다. 다음 장(章)에서는 브라만 그 자체에 관한 내용을 좀더 구체적으로 살펴보기로 하자.

만물의 근저에 실재 중의 실재로 내재하다
만물이 발생하는 원리

"진실로 세상이 창조되기 전에는 '드러나지 않은 자'만이 존재하였다. 그로부터 '드러나는 형상'이 존재하게 되었다. 그것이 스스로 자신의 영혼을 만들었다. 그리하여 그는 '훌륭하게 만드는 자'라 불리게 되었다."

모든 존재와 관계되는 바이쉬바나라 아트만

우주의 궁극적 원리로서의 브라만은 인간 내면세계의 참 자아인 아트만과 동일하다는 것이 우파니샤드의 기본적 사상임은 앞에서 부분적으로나마 살펴보았다. 『리그베다』에서는 프라자파티가 창조주로 불렸지만 후대로 갈수록 점차 그 역할이 브라만에게로 전이되어간 것도 보았다. 그런데 어떻게 그것이 다시 아트만에게까지 적용되고 있는가 하는 점을 좀더 살펴볼 필요가 있을 것 같다.

『브리하드아라냐카 우파니샤드』에서는 아트만으로부터 모든 생명체가 거미줄처럼, 또는 불똥처럼 번져나왔다는 표현도 나왔다.[1] 우파니샤드 곳곳에서 등장하는 '브라만이 무엇인가' 하는 질문 속에서 아트만은 브라만의 동의어처럼 나타나고 있는데, 그것은 바로 궁극적 진리로서의 제1원리를 지칭한다는 점에서 그렇다. 모든 만물의 발생의 근저에 실재 중의 실재로서 아트만이 내재하고 있다는 이유 때문이다. 이렇게 아트만과 브라만이 동의어로 등장하면서 같은 우파니샤드 안에서도 혼용되거나 병용되고 있는 사례는 얼마든지 찾아볼 수 있게 되었다.

『찬도기야 우파니샤드』에는 베다를 연구하는 성실한 학자들, 곧 바라문들 사이에서 '우리의 아트만은 무엇이며, 브라만은 무엇인가'(ko na ātmā kim brahma) 하는 문제에 대한 열띤 토론이 벌어졌다는 내용이 있다.[2]

그러나 이런 의문들에 대한 답은 대개 직접적으로 주어지지 않고 비유나 상징을 들어 설명되고 있다. 앞에서도 보았듯이 브라만의 개념은 창조와 관련해서도 복잡한 계보를 이루고 있고, 아트만 또한 직접적인 답변보다는 부정적인 방식으로, '이것이 아니며 저것도 아니다'라는 식으로 기술된다. 아트만의 본질에 대해 '그것은 무엇이다'라는 단정적인 기술을 직접적으로 내리기보다는 최종적인 진술로 유도하고 있는 것이다. 아트만의 본질이 육안으로 확연히 드러나는 속성을 지닌 것이 아니기 때문이다. 그렇다면 아트만은 어떻게 정의될 수 있을까? 이 문제를 좀더 자세히 살펴보도록 하자.

아트만이나 브라만은 다양한 형태로 설명되고 있으나 단 한 마디로 규정하여 정의할 수 없는 복잡 미묘한 개념이다. 그 이유 가운데 하나는 물리적 의미를 넘어서서 초자연적이고 영적인 제1원리로서의 우주적 의미를 담고 있기 때문이다.

『찬도기야 우파니샤드』에서는 우주적 자아(universal self)인 바이쉬바나라[3] 아트만에 대해 언급하고 있다. '바이쉬바나라'라는 말 자체가 '모든 존재와 관계된다'는 뜻이니, 우주의 모든 존재와 관계되는 그 핵심 원리로서의 바이쉬바나라 아트만을 찾는다는 것은 베다를 연구하는 당시의 학자들에게는 최대의 관심사가 아닐 수 없었다. 그리하여 베다 학자들은 '아트만은 무엇이며 브라만은 무엇인가' 하는 질문을 던졌으나 웃달라카라는 꽤 이름 있

세계가 종말을 맞은 후 암흑 속에서 비슈누는 잠들고 그의 배꼽에서 연꽃이 피어났다.
거기서 브라흐마가 나와 다시 한 번 창조의 순간이 온다. 비슈누의 발끝에서는
그의 아내 락슈미가 발을 주무르고 있다. 이는 영혼이 계속 재생하는 것을 뜻하기도 한다.
이러한 창조와 재생의 근저에 브라만이 있다.

는 현자도 이 문제에 대해서는 선뜻 대답을 하지 못했다. 웃달라카는 그들에게 다른 현자 아슈바파티(Aśvapati) 왕을 소개해주었다. 이에 베다의 학자들은 그 왕에게 갔고, 다음날 아침 왕은 그들에게 다음과 같이 대답했다.

"나의 왕국에는 도둑도 없고, 구두쇠도 없고, 술주정뱅이도 없고, 제사를 지내지 않는 자도 없고, 무지한 자도 없으며, 간통하는 남자가 없으니 간통하는 여자가 있겠습니까?"

이렇게 왕은 자신이 통치하는 왕국의 평화스러움에 대해 자랑을 늘어놓는다. 거기에 한술 더 떠서 자신도 제사를 행할 테니 보답을 받고 머무르라고 하면서 다음과 같이 권한다.

"존경하는 분들이시여! 나는 제례를 행하고자 하오. 이번 제례에 제례관에게 드리는 만큼의 답례를 여러분에게도 드리고자 하오. 그러니 이곳에서 머무르십시오."

그러자 베다를 연구하던 학자들은 왕에게 재차 왕을 찾아온 이유를 말하고, 바이쉬바나라 아트만에 대해 말해줄 것을 요청한다. 이에 대해 왕은 즉답을 피하면서 내일 아침에 말해주겠다고 한다.

베다의 학자들은 그 의도를 알고 다음날 아침 불을 붙이기 위한 제사용 장작을 손에 들고 왕을 찾아간다. 그러나 왕은 제사 행위와 같은 배움의 입문식을 거치지 않고 찾아온 이들에게 각각 질문을 던지면서 곧바로 바이쉬바나라 아트만에 대해 말해준다.[4] 본문의 내용을 살펴보자.

"'우파만야바여, 그대는 아트만에 대하여 어떻게 명상합니까?'

'존경하는 왕이시여, 오직 하늘을 명상합니다.'

'그대가 명상하는 아트만은 훌륭한 빛이라고 불리는 바이쉬나바라 아트만(우주적 자아)입니다. 그러므로 그대의 가족에는 소마(soma, 祭酒)가 나올 것이며, 각각의 다른 제사에서도 소마가 끊어지지 않을 것으로 보입니다. 그대는 음식을 먹고, 기쁜 일을 보게 됩니다. 음식을 먹은 그는 기쁜 일을 보게 되기 때문입니다. 이와 같이 하늘을 통해 바이쉬나바라 아트만을 명상하는 그의 가족은 브라흐마에 대한 탁월한 지식을 얻게 될 것입니다. 그러나 이것은 아트만의 머리에 불과합니다. 그대가 내게 오지 않았다면 그대의 머리가 떨어질 뻔했습니다.'"(『찬도기야 우파니샤드』, V.12)

"그 후 왕은 사티야야즈나 파울루시에게 말했다.

'오랫동안 요가를 해오신 그대여, 그대는 아트만을 어떻게 명상하고 있습니까?'

'존경하는 왕이시여, 나는 오직 태양을 명상합니다.'

'그대가 명상하는 아트만은 우주적 형태(viśva-rūpa)라고 불리는 바이쉬나바라 아트만입니다. 그러므로 그대의 가족에게는 많고 많은 복이 보입니다.[……] 이와 같이 태양으로 바이쉬나바라 아트만을 명상하는 그의 가족은 브라흐마에 대한 탁월한 지식을 얻게 될 것입니다. 그러나 이것은 아트만의 눈

소와 인간이 공존하는 평화스러운 장면.
고행 수도자인 한 사두가 소와 대화를 나누고 있다.

에 불과합니다. 그대가 내게 오지 않았다면 그대의 눈이 멀 뻔 했습니다.'"(『찬도기야 우파니샤드』, V.13)

"그 후 왕은 인드라둠나 발라베야에게 말했다.
'그대는 아트만을 어떻게 명상하고 있습니까?'
'존경하는 왕이시여, 나는 오직 바람(vāyu)을 명상합니다.'
'그대가 명상하는 아트만은 다양한 길(prthag-vartman)이라고 불리는 바이쉬나바라 아트만입니다. 그러므로 그대의 가족에게는 다양한 방식으로 선물이 올 것이며 다양한 길에서 마차가 줄을 이을 것입니다.〔……〕이와 같이 바람으로 바이쉬나바라 아트만을 명상하는 자는 브라흐마에 대한 탁월한 지식을 얻게 될 것입니다. 그러나 이것은 아트만의 숨(prāna)에 불과합니다. 그대가 내게 오지 않았다면 그대의 숨이 빠져나갈 뻔 했습니다.'"(『찬도기야 우파니샤드』, V.14)

"그 후 왕은 자남 사르카라크샤에게 말했다.
'그대는 아트만을 어떻게 명상하고 있습니까?'
'존경하는 왕이시여, 나는 오직 대공을 명상합니다.'
'그대가 명상하는 아트만은 광대한 가득함이라고 불리는 바이쉬나바라 아트만입니다. 그러므로 그대의 가족에게는 자손과 부가 가득할 것입니다.〔……〕이와 같이 대공으로 바이쉬나바라 아트만을 명상하는 자는 브라흐마에 대한 탁월한 지식을 얻게 될 것입니다. 그러나 이것은 아트만의 몸통에 불과합니다. 그대가 내게 오지 않았다면 그대의 몸통이 떨어질 뻔했습니다.'"(『찬도기야 우파니샤드』, V.15)

"그 후 왕은 부딜라 아슈바타라슈비에게 말했다.
'그대는 아트만을 어떻게 명상하고 있습니까?'
'존경하는 왕이시여, 나는 오직 물(apa)을 명상합니다.'
'그대가 명상하는 아트만은 재물(rayi)이라고 불리는 바이쉬나바라 아트만입니다. 그러므로 그대는 부유하고 건강할 것입니다.[……] 이와 같이 물로 바이쉬나바라 아트만을 명상하는 그의 가족은 브라흐마에 대한 탁월한 지식을 얻게 될 것입니다. 그러나 이것은 아트만의 오줌통에 불과합니다. 그대가 내게 오지 않았다면 그대의 오줌통이 터질 뻔했습니다.'"(『찬도기야 우파니샤드』, V.16)

"그 후 왕은 웃달라카 아루니에게 말했다.
'가우타마여, 그대는 아트만을 어떻게 명상하고 있습니까?'
'존경하는 왕이시여, 나는 오직 땅(prthivīm)을 명상합니다.'
'그대가 명상하는 아트만은 지탱(pratistha)이라고 불리는 바이쉬나바라 아트만입니다. 그러므로 그대는 자손과 가축들로 지원을 받을 것입니다.[……] 이와 같이 땅으로 바이쉬나바라 아트만을 명상하는 그의 가족은 브라흐마에 대한 탁월한 지식을 얻게 될 것입니다. 그러나 이것은 아트만의 발에 불과합니다. 그대가 내게 오지 않았다면 그대의 발이 쇠약해질 뻔했습니다.'"(『찬도기야 우파니샤드』, V.17)

이상의 긴 대화 속에서 먼저 왕은 베다의 학자들에게 일일이 '그대가 명상하는 아트만은 어떤 아트만인가'를 물었다. 이에 한 학자가 오직 '하늘'이라고 답하자, 그것이 훌륭한 빛의 바이쉬바나라 아트만이기는 하지만 그것은 아트만의 '머리'에 불과하다고 말한다. 이어서 다른 학자가 아트만은 '태양'이라고 하자, 왕은 그것도 바이쉬나바라 아트만이기는 하지만 그것은 아트만의 '눈'에 불과하다고 말한다. 그리고 '바람'이라고 답하는 이에게는, 그것이 바이쉬나바라 아트만이기는 하지만 그것은 아트만의 '숨'에 불과하다고 말한다. 또 다른 학자가 '대공'이라고 하자, 그것은 아트만의 '몸통'에 불과하다고 말한다. 질문은 계속 이어져서 다른 학자가 '물'이라고 하자, 그것도 아트만이지만 그것은 아트만의 '오줌보'(膀胱)에 불과하다고 말한다. 또 '땅'이라고 하는 이에게는, 그것도 아트만이지만 그것은 아트만의 '두 발'에 지나지 않는다고 말한다.

이처럼 이들 여섯 명 모두에게 아트만을 어떻게 생각하느냐고 물었지만, 모두가 아트만의 한 부분만 알고 대답할 뿐이었다. 이에 대해 왕은 다음과 같이 '전체로서의 아트만'에 대해 답하며 아트만에 대한 결론을 유도한다.

"실로 그대들은 모두 이 바이쉬바나라 아트만을 부분적으로만 알고 그대들의 양식으로 삼았습니다. 그러나 이 바이쉬바나라 아트만(우주적 자아)을 자신의 아트만(개체적 자아)으로 알고, 또는 (우주를 측정하는) 새로운 측정 도구로 알고 명상하는 자는 모든 세상에서, 모든 존재들 가운데서, 모든 개체적 자아들 속에서 자신의 양식을 삼습니다. 이러한 바이쉬나바라 아트만에서 머리는 훌륭한 빛이요, 눈은 우주적 만물의 형태요, 숨은 다양한 통로의 바람이요, 몸통은 광대한 가득함이며, 오줌통은 부유함이며, 발은 땅입니다. 실로 가슴은 제단이며, 머리카락은 거룩한 잔디요, 심장은 가르하파티야의 불입니다. 마음은 안바하르야-파차나 불이며, 입은 아하바니야 불입니다." (『찬도기야 우파니샤드』, V.18.1~2)

바이쉬나바라 아트만, 곧 우주적 자아는 다양한 형태의 개체적 자아 속에 존재하지만, 그것을 부분적으로만 바라보고 숭배할 것이 아니라 바로 모든 사물 속에 공유되고 있는 개체적 자아의 전체적 연관성을 바라보고, 그 연관성 속에 내재한 통일적 원리로서의 우주적 아트만을 먼저 이해해야 한다는 의미다. 그렇게 될 때 비로소 자신의 개체적 자아도 우주적 자아와 다르지 않음을 간파하게 된다는 말이다. 이를 독일 신비주의 사상가 마이스터 에크하르트(Meister Eckhart)의 개념에 비교하면 '신성'(神性, Gottheit)에 견줄 수 있고, 종교학자 루돌프 오토(Rudolf Otto)의

개념을 빌리면 '성스러움'(noumena)의 차원과 일정 정도의 구조적 유사성을 지니게 된다.[5]

모든 존재 속에 내재하는 개체적 자아를 우주적 아트만으로 간파하고 나면 개체적 자아와 우주적 자아의 합일을 경험하게 된다. 그것은 우주 전체의 아트만을 발견하기 이전에 자신 속에서 아트만을 발견함으로써 가능해지는 것이다. 개별적 자아로서의 '나'가 우주적 자아로서의 '나'가 되는 것이다.[6] 이제 아트만에 대한 몇 가지 다른 정의를 살펴보자.

101년 만에 찾아낸 영혼의 아트만

아트만은 우파니샤드에서 브라만과 동일시되고 있는 개념이지만, 다음 세 가지로 구분하여 설명되기도 한다. 우선 인간의 '자아' 그 자체를 지칭하기도 하는데, 그렇다면 우리는 무엇을 '자아'라고 하는가 하는 문제가 남는다. 이것에 대해 도이센은 세 가지로 분류하여 설명한다. 첫째, 몸속에 지닌 육체상의 자아다. 둘째, 육체로부터 자유로운 개별 영혼의 자아다. 이것을 우리는 인식 대상과 대조되는 인식 주체로서의 자아라고 부른다. 셋째, 지고(至高)의 영혼으로서 인식의 주관과 객관을 더 이상 구별하지 않는 초월적 인식의 주체다.[7] 『찬도기야 우파니샤드』에서는 이러한 세 가지 차원의 아트만에 대해서 길게 설명하고 있는데,[8] 이는 앞에서 잠시 살펴본 바와 같다.

"죽음도 슬픔도 배고픔도 목마름도 없는 아트만은 그 욕망이나 사유가 참되니 마땅히 아트만을 추구하여 깨달아야 한다. 아트만을 깨닫는 자는 모든 세계와 바라는 바를 이룰 것이다."
(『찬도기야 우파니샤드』, VIII.7.1)

여기서 언급하는 아트만은 세 번째 단계에 해당하는 지고한 영혼으로서의 아트만이다. 수행자는 죽음도 고통도 없는 이 불멸의 참 아트만을 깨닫기 위해 노력해야 한다는 것이다. 우파니샤드 본문은 바로 이러한 깨달음에 이르게 하기 위해 인드라(Indra) 신과 악신(惡神) 바이로차나(Vairochana)[9]를 대화의 파트너로 등장시킨다. 조물주 프라자파티 앞에서 이들 두 신은 배움을 추구하는 생도가 되어 모든 세계를 얻을 수 있다는 그 아트만이 무엇인가를 묻고 있다. 진리를 얻기 위해 32년간이나 금욕적 고행을 해왔던 두 생도에게 이제 프라자파티는 말한다.

"눈에 보이는 것(purusa)이 아트만이다."

그러자 그들은 물었다.

"물속에 비치는 것이 아트만입니까?"

그러자 프라자파티가 말했다.

"그렇다. 그 속에 비치는 것이 아트만이다. 물속에 비치는 것을 바라보라. 그런데도 아트만을 이해할 수 없다면 말하라."

두 생도는 물속에 자신의 모습을 비추어보았다. 스승 프라자파티의 지시에 따라 자신들의 모습을 예쁘게 꾸며가면서 물속에 비친 모습을 보고 각자 말했다. 예쁘게 꾸민 모습이 자신의 아트만임을 말하게 된 것이다. 그러자 프라자파티는 그것이 아트만이라고 말한다. 그 말을 들은 두 생도는 아트만을 이해했다고 생각하고 그 자리를 떠났다. 떠나는 그 모습을 보고 프라자파티는 중얼거린다.

"저들은 아트만을 알지 못하고 그냥 가버리는구나."

그들 중에 바이로차나는 아트만을 알게 되었다고 생각하고 악마들의 처소 아수라(asura)로 돌아가서 '이 세상에서 육신의 아트만이 가장 훌륭하다'고 선전하며 육신의 아트만을 숭배해야 한다고 말한다. 그러나 인드라는 자기의 처소로 돌아가기 전에 육신의 외모에 나타나는 아트만은 참 아트만이 아닐 것이라는 의문을 품게 되었다. 만약 육신이 맹인이 되면 아트만도 맹인일 것이요, 절름발이가 되면 아트만도 절름발이가 될 것이라고 생각하여 육신이 없어져도 남게 될 아트만을 다시 찾게 된다.

그리하여 그는 배움의 예를 갖추기 위해 땔감인 장작을 손에 들고 스승 프라자파티에게 다시 돌아가서 묻는다. 육신의 아트만으로는 만족할 수 없으니 참 아트만을 가르쳐달라고. 그러자 프라자파티는 인드라가 옳게 생각했음을 지적하고 다시 32년을 그곳에서 함께 머물기를 청한 후에, 그 기간이 지나고 나자 다시 가르침을 주었다. 그러나 그것은 또 다른 방편의 가르침으로, 육신이 없어져도 남는 이른바 꿈속의 아트만을 가르쳐주었던 것이다. 이것은 도이센이 말한 두 번째의 아트만, 곧 개별 영혼의 인식 주체를 말하는 것에 해당한다.

그러자 이것을 아트만이라고 알고 돌아가던 인드라는 이에 만족하지 못하고 다시 돌아와서 가르침을 청했다. 꿈의 아트만도 슬픔과 고통을 느낀다면 참되고 영원한 아트만이 되지 못한다고 생각했기 때문이었다. 그러자 프라자파티는 다시 32년을 함께 머물기를 청하고 그 후 가르침을 주었다.

"꿈조차 꾸지 않는 지복(至福)의 상태, 그것이 아트만이다. 그는 죽지 않으며 두려움도 없으니 그가 브라만이다."

그러나 인드라는 이것에도 만족할 수 없었다. 꿈도 꾸지 않는 깊은 숙면의 상태라면 자기도 모르고 다른 것도 모르기에 이것은 공허한 것 아닌가라고 반문하며 다시 가르침을 청했던 것이다. 이에 다시 5년을 함께 체류한 후에 스승은 가르침을 주었다. 실로 101년 만에 최종적 가르침을 전수받게 된 것이었다. 스승은 다음과 같이 말한다.

"오, 인드라여, 실로 육신은 스러지는 것이다. 육신은 죽음에 잡혀 있다. 그러나 육신은 죽음도 몸뚱이도 없는 아트만의 기반이다. 실로 육체의 아트만은 기쁨과 고통에 사로잡혀 있다. 육체를 가지고 있는 자는 기쁨과 고통에서 벗어날 수 없다. 그러나 기쁨과 고통은 몸뚱이가 없는 초월적 아트만을 건드리지 못한다.

육체가 없는 그것은 바람이요 구름이요 번개요 천둥이다. 이것들은 몸뚱이가 없는 것들이다. 이런 것들은 대공을 넘어 지고한 빛의 상태에 도달하여 각자 자신의 고유한 형태를 지니게 된다.

이같이 사람도 육체에서 벗어나 지고한 빛의 상태에 도달하여 그 자신의 형태를 얻게 된다. 그가 바로 지고의 인간 푸루샤(uttamah puruṣah)다. 그는 여인들과 함께 수레와 마차 등을 타고 이리저리 다니고 웃으며, 놀며, 기뻐하면서 육체의 속박을 떠올리지 않는다. 짐승이 마차에 매여 있듯 삶도 육체에 매이는 것이다.

이제 눈을 돌려 대공을 바라보면 그 눈은 푸루샤를 보게 된다. 눈은 보기 위해 있는 것이다. 이제 "냄새를 맡아야겠다"고 생각하는 자 그것이 아트만이다. 코는 맡기 위해 있는 것이다. 이제 "말을 해야겠다"고 생각하는 자 그것이 아트만이다. 목소리는 말을 위해 있는 것이다. 이제 "이것을 들어야겠다"고 생각하는 자 그것이 아트만이다. 귀는 듣기 위해 있는 것이다. 이제 "이것을 생각해야지" 하고 생각하는 자 그것이 아트만이다. 마음은 그의 신적인 눈(daivam cakṣuh)이다. 실로 이 신적인 눈으로 보고 모든 것을 즐긴다.

실로 브라흐마의 세계(Brahma-loke)에 있는 이러한 신들은 이러한 아트만에 대해 명상했다. 그러므로 이들은 모든 세계와 모든 바라는 것을 얻게 된다. 아트만을 발견하고 깨달은 자는 모든 세계와 모든 즐거움을 얻는다.'

육체의 아트만과 불멸의 아트만 사이에서 고뇌하고 있는 인간.
그 뒤에는 '옴'이라는 만트라가 그려져 있다.

이와 같이 프라자파티는 말했다."(『찬도기야 우파니샤드』, VIII.12.1~6)

우파니샤드는 이상의 긴 설명을 통해 조물주 프라자파티와 인드라 신, 그리고 악신 바이로차나와의 대화를 보여주고 있다. 바이로차나는 결국 육신의 외모만을 취하여 육체의 아트만을 숭배한 데 반해, 인드라는 끝까지 참 아트만을 찾아 내면에 있는 불멸의 아트만을 깨닫고 브라흐마의 세계에서 바라는 모든 것을 얻게 된다. 육신의 아트만과 주객의 구별 속에 있는 꿈속의 아트만을 넘어서 마침내 진정한 영혼의 자유로운 아트만을 얻게 되는 것이다. 이제는 아트만을 좀더 세분하여 다섯 가지 차원의 아트만에 대한 우파니샤드의 설명을 들어보자.

존재의 가장 깊은 곳에 최상의 아트만 환희가

앞에서는 『찬도기야 우파니샤드』가 말한 세 가지 종류의 아트만을 살펴보았다. 그것은 육체의 아트만, 개별 영혼의 아트만, 그리고 지고한 영혼의 초월적 아트만이었다. 그런데 다른 본문인 『타이티리야 우파니샤드』에 따르면 아트만은 좀더 세분화되어 다섯 가지로 설명되고 있다. 그것은 생명과 의지와 지식이라는 세 가지 원리 속에서 각각의 아트만이 상호 작용한 결과다. 다섯 종류의 아트만은 안나마야(Annamaya), 프라나마야(Prānamaya), 마노마야(Manomaya), 비즈나마야(Vijnāmaya) 그리고 아난다마야(Ānandamaya)인데, 이들은 각각 인간들에게 공통으로 나타나는 현상으로서의 아트만이다.

이 다섯 종의 아트만 가운데 앞의 넷은 마지막 다섯 번째인 핵심적 아난다마야 아트만을 둘러싸고 있는 외형적 아트만에 불과한 것이기도 하다. 이들 아트만을 차례로 하나씩 궁구해가면서 그 외형을 벗겨보면, 마지막 남은 다섯 번째 단계의 아트만이야말로 인간 존재의 가장 근원적 본질을 이루고 있다는 것이다. 다섯 가지의 아트만을 차례로 살펴보자.

첫 번째의 안나마야 아트만은 음식에 의존하는 아트만이다. 이것은 육체의 몸을 입고 있는 존재로서의 인간에게 주어진 성육화(成肉化)된 아트만이다. 다시 말해 성육신 아트만이다. 그리하여 육체의 감각적 기관들이 모두 아트만의 부분을 이룬다.

두 번째의 프라나마야 아트만은 생명의 호흡에 의존하는 아트만이다. 이 아트만은 자연적 생명의 원리다. 그 주된 부분은 생명의 호흡과 관계되며 날숨, 들숨을 관장한다. 동시에 이 아트만은 우주적 의미로도 적용되어 우주 공간이 모두 이 아트만의 몸체요, 땅은 그 토대가 된다. 이 아트만을 넘어서 한 단계 더 들어가면 세 번째의 아트만을 대하게 된다.

세 번째의 마노마야 아트만은 마음작용(의지)에 의존하는 아트만이다. 인간의 마음(manas)작용에 의존하는 이 아트만에 대해서는 이미 네 개의 베다와 브라흐마나에서도 언급되고 있다. 이에 따르면 인간과 신들에게 부여된 이 아트만은 인간의 의지작용의 원리에 따라 작용하는 것으로, 주로 인간의 이기적 욕망의 실현을 위해 작용하는 아트만이다. 대체로 베다의 제사 행위와 관련되어 많이 언급되는데, 인간적 욕망의 실현에 적용되는 부분이 많기 때문이다.

네 번째의 비즈나마야 아트만은 지식에 의존하는 아트만이다. 앞서 언급된 것들보다 더욱 심층적인 아트만으로, 제사와 노동 등의 행위에서 찬가를 노래하거나 지식을 제공하는 데 관련되는 아트만이다. 이때는 각각 독립적으로 신성을 자각하고 예배하게 되는데, 이런 단계도 마침내 외투처럼 벗어버려야 하는 존재다. 진정한 아트만이 바로 그다음 단계에 있기 때문이다.

다섯 번째의 아난다마야 아트만은 환희에 근거한 아트만이다. 인간 존재의 가장 깊은 내면의 세계에 근원적으로 자리한 이 아트만은 환희(ānanda), 곧 무한한 기쁨으로 표현되고 있다. "이 환희 앞에서는 자신을 발견하는 일 외에 모든 단어와 사고가 물러선다." 더 이상 지식의 대상이 없게 된다는 뜻이다. 이것은 경험적 실재의 지식과 달리 말로 표현할 수 없고, 상상할 수도 없으며, 의식적으로 의식할 수도 없는 무의식의 비실재(not-reality)다.[10] 이는 경험적 실재가 아니라는 점에서 비실재라고 표현한 것으로, 실재가 없다는 뜻의 무실재(un-reality)와는 구별되어야 한다.

아트만은 환희의 존재 그 자체로, 환희를 창조하는 자이기도

깨달음의 단계를 도형화하여 고양된 의식의 상태를 보여주는 그림.
정수리 위의 깃발은 최상의 깨달음을 보여주는 환희를 상징한다.

하다. 마치 태양이 스스로 빛을 창조하며 발하는 것과 같다. 인간 내면의 아트만은 바로 이 환희의 아트만 속에서 진정한 휴식과 평안을 얻는다. 그러나 인간이 그 내면에서부터 인식의 주관과 인식의 대상으로서의 객관을 분리하여 인식하고 사고하는 순간부터 불안이 싹트게 된다. 이 같은 내용을 『타이티리야 우파니샤드』는 다음과 같이 언급하고 있다.

"실로 처음에 비존재(asat: 드러나지 않은 것)가 있었다. 실로 그로부터 존재(sat: 드러난 것)가 생겨났다. 그 자신이 영혼이 되었다. 그리하여 '멋지게 만들어졌다'(sukrtam)고 불린다. 실로 그 '멋지게 만들어진 자'야말로 존재의 본질이다.

이 본질을 깨닫게 되면 누구나 환희를 누린다. 대공 속에서 이러한 환희가 없다면 실로 그 누가 숨을 쉬며 살 수 있을까? 환희를 가져다주는 자가 바로 그다.

보이지도 않고 형체도 없고 규정할 수도 없으며 지지할 수도 없는 그를 지지함으로써 두려움을 갖지 않게 된다면 아무것에도 두려움이 없게 될 것이다. 그러나 그를 깨닫기 전까지는 두려움(bhaya) 속에서 살아야 한다. 실로 '제대로 명상을 하지 못하는 지식인(amanvānasya)'들에게는 두려움이 된다."(『타이티리야 우파니샤드』, II.7.1)

위의 본문에서 보듯이 다섯 가지 종류의 아트만 가운데 최상의 아트만은 환희의 아트만, 곧 아난다마야 아트만이다. 그것은 아트만의 존재 근거가 환희에 있고, 스스로 환희를 창조하기 때문이며, 그리하여 모든 두려움이 사라지고 기쁨만이 남게 되기 때문이다.

본문 속에서 '비존재' 또는 '드러나지 않은 자'라고 번역된 '아사트'(asad)는 단순히 존재가 없는 것을 뜻하는 '무존재'와는 구별되고, 서양 철학에서 말하는 '비존재'(non-being)와도 구별되는 개념이다. 이는 단지 '존재'(sad)로서 드러나지 않았음을 말하는 것일 뿐이다. 그런 점에서 『도덕경』에서 말하는, '무가 천지의 시작이며, 유가 만물의 어머니'(無名天地之始 有名萬物之母)라는 표현 가운데 보이는 '무'와 '유'의 대비와 비교된다. 이때의 '아사트'는 '무'에, '사트'는 '유'에 대비시켜도 일면 상통하는 바가 있다는 것이다. 그러면서도 동시에 아사트가 사트의 역할을 근원적으로 지니고 있다는 점에서, 동양적 사고에서의 무와 유의 대비는 더욱 친근해진다.

또 한 가지 위의 본문에서 특별히 주목되는 것은 '기쁨'과 '두려움'의 대비다. 환희(ānanda)와 두려움(bhaya)은 인간의 근원적 물음이요 해답이다. 두려움이 있는 한 환희는 없고, 환희가 있는 한 두려움은 없다. 이 둘은 절대적 상대다. 아트만의 세계가 환희의 세계요 창조의 세계라면 아트만이 아닌, 다시 말해서 비본질적 세계는 두려움의 세계다. 두려움은 불안이다. 그 불안의 감정은 '타자'에 대한 감정에서부터 시작된다. 타자를 넘어선 '하나 됨'의 의식 속에서는 불안이 사라진다. 아트만의 세계는 바로 이 '타자를 넘어선 하나 됨'의 세계이기에 불안은 근원적으로 해소되고 환희만 춤을 춘다.

5

상징 안에서만 존재하는 존재
브라만의 상징들

"세 가지 세계에서 목소리는 이 세계요, 마음은 저 공중의 세계요, 호흡은 천상의 세계다. 세 가지 베다에서 목소리는 리그베다요, 마음은 야주르베다이며, 호흡은 사마베다다."

모든 한계로부터 벗어나다

우파니샤드에서는 브라만을 다양한 상징으로 표현하고 있다. 몇 가지 범주로 분류해보면, 우선 감각적 또는 심리적으로 포착될 수 있는 형태의 다양한 브라만/아트만이 열거되고 있다. 『찬도기야 우파니샤드』에서 이미 살펴본 대로 모든 사물의 '이름'에서부터 시작하여 '호흡'에 이르기까지 다양한 아트만이 소개되고 있으며, 이름에서 호흡에 이르는 과정 동안에는 점진적으로 좀더 훌륭한 단계가 등장한다. 이름보다 훌륭한 것은 소리고, 그다음에는 마음, 의지, 의식, 선정(禪定, 또는 집중, dhyānam), 지혜, 힘, 음식, 물, 열기, 대공, 기억력, 희망 등이 이어진다. 그리고 마침내 호흡으로 연결된다. 이들 가운데 마음이나 대공은 같은 브라만으로 이해되고 있다. 『찬도기야 우파니샤드』에서는 다음과 같이 말한다.

> "마음을 브라만으로 명상해야 한다. 이것은 개개인의 아트만이다. 신들과 관련해서는 대공을 브라만으로 명상해야 한다. 이것이 이중적인 교훈이다. 하나는 몸의 아트만이요 하나는 대공의 브라만이니, 이 둘이 하나이다."(『찬도기야 우파니샤드』, Ⅲ.18.1)

여기서는 마음과 대공의 일치를 말하고 있다. 인간 개개인의 마음이 아트만이라면 우주적 대공은 신들의 세계와 관련된 브라만의 영역이므로 이 둘이 하나라는 것을 명상해야 한다는 것이다. 샹카라의 해석에 따르면, 본문의 대공이 브라만에 비유되고 있는 이유는 대공이야말로 온 우주에 편만(遍滿, sarva-gatatvāt)해 있고 모든 한계로부터 벗어나 있기 때문이다.[1]

브라만의 상징은 다시 네 가지 형태로 구분되기도 한다. 인간과 우주의 모습에 비추어서 각각 네 가지 형태가 선별되는데, 인간의 편에서는 목소리, 호흡, 눈, 귀가 브라만의 네 부분으로 설명되고, 신들의 편에서는 불, 바람(공기), 태양, 방향이 브라만의 네 부분으로 설명된다. 이들은 각각이 서로 상응하여, 목소리는 불빛에 의해 빛을 내고 따뜻해지며, 호흡은 바람에 의해 빛을 내고 열을 뿜는다. 눈은 태양에 의해 빛을 내고 따뜻해지며, 귀는 방향을 통해 빛을 내고 따뜻해진다. 이런 내용을 잘 설명해주고 있는 우파니샤드 본문의 이야기를 살펴보자.

"그 브라만은 네 부분으로 이루어져 있다. 목소리(언어), 호흡, 눈, 귀가 네 부분을 이룬다. 이것은 아트만(자아)과 관련이 있는데, 이제 신성의 네 부분과도 연관이 있다. 불, 바람, 태양, 그리고 방향이 네 부분을 이룬다. 이것이 아트만(자아)과 신성들이 연관되는 이중적 구조다.
실로 목소리는 브라만의 네 부분 가운데 하나다. 이는 불빛을 통해 빛을 내고 따뜻해진다. 이것을 아는 자는 브라만의 지혜의 빛으로 영예롭게 빛나고 따뜻한 명성을 얻으리라.

실로 호흡은 브라만의 네 부분 가운데 하나다. 이는 바람을 통해 빛을 내고 따뜻해진다. 이것을 아는 자는 브라만의 지혜의 빛으로 영예롭게 빛나고 따뜻한 명성을 얻으리라.

실로 눈은 브라만의 네 부분 가운데 하나다. 이는 태양을 통해 빛을 내고 따뜻해진다. 이것을 아는 자는 브라만의 지혜의 빛으로 영예롭게 빛나고 따뜻한 명성을 얻으리라.

실로 귀는 브라만의 네 부분 가운데 하나다. 이는 방향을 통해 빛을 내고 따뜻해진다. 이것을 아는 자는 브라만의 지혜의 빛으로 영예롭게 빛나고 따뜻한 명성을 얻으리라."(『찬도기야 우파니샤드』, III.18.2~6)

이 본문은 인간과 우주의 네 가지 이중 구조라는 관점에서 브라만의 상징들을 설명하고 있다. 이제부터는 다시 범위를 좁혀서 '호흡과 바람'이라는 두 가지 측면에서 좀더 상세히 고찰해볼 필요가 있다. 여러 가지 브라만의 상징적 비유 가운데 호흡(숨)이 차지하는 비중이 다른 요소들에 비해 크기 때문이다. 단계적인 여러 비유와 상징 가운데 호흡을 나중에 설명하는 까닭도 여기에 있다. 호흡이 그토록 중요한 까닭은 두말할 것도 없이 인간의 생명과 직결되기 때문이다. 눈이나 귀가 없어도 살 수 있고, 물이나 음식이 없어도 당분간은 견딜 수 있지만, 공기를 통한 호흡을 하지 못하면 곧바로 목숨이 끊어진다. 그리하여 호흡은 생명 그 자체와 동의어로 사용되기도 하면서 브라만의 중요한 상징적 요소로 자리 잡고 있다.

호흡과 바람은 가라앉지 않음으로 불멸한다

호흡은 우파니샤드 전체 본문에서 끊임없이 언급되면서 강조되고 있는데, 이제는 다시 인간적 차원에서 우주적 차원의 요소인 공기를 기본 요소로 하는 바람과 같은 맥락에서 이해되고 있다. 이처럼 호흡과 바람이라는 두 가지 차원에서 설명되는 브라만의 상징성을 잘 말해주고 있는 우파니샤드의 본문을 살펴보기로 하자. 먼저 호흡의 위대성과 아트만의 관계에 대한 내용이다.

"창조주 프라자파티가 감각 기관들을 창조했다. 감각 기관들이 창조되자 이들은 서로 논쟁을 벌였다. 목소리는 '내가 계속 말하겠다' 하고, 눈은 '내가 계속 보겠다' 하고, 귀는 '내가 계속 듣겠다'고 했다. 이와 같이 다른 감각 기관들도 각각의 기능을 계속 수행하겠다고 주장했다. 시들게 하는 죽음이 그들을 사로잡게 되었다. 그러자 목소리는 시들해졌고, 눈도 귀도 시들해졌지만 그들 가운데 있던 호흡만큼은 시들게 하지 못했다. 감각 기관들이 이를 알게 되어 이렇게 말했다.

'실로 호흡은 우리 가운데 가장 훌륭하다. 움직일 때나 움직

이지 않을 때나 불안해하지 않고 상처도 받지 않기 때문이다. 우리가 모두 이것을 본받자.'

그리하여 그들도 호흡의 형태를 지니게 되었고, 이후부터 '호흡'으로 불리게 되었다. 누구든지 이 지혜를 아는 자의 가문은 그(호흡)의 이름으로 불리게 될 것이다. 그리고 누구든지 이 지혜를 아는 자와 다투는 자는 시들어 죽게 될 것이다. 이것이 아트만과 관련된 호흡의 교훈이다."(『브리하드아라냐카 우파니샤드』, I.5.21)

본문은 호흡이 창조주 프라자파티가 창조한 감각 기관들 가운데 가장 위대한 존재로 인정받게 된다는 내용이다. 심지어 호흡에게는 죽음마저도 위협이 되지 않는다. 그래서 호흡은 불멸의 지위를 획득하게 되고, 다른 모든 감각 기관도 앞다투어 이 불멸의 호흡을 본받게 되면서 아트만으로서의 불멸성을 획득하게 된다는 내용이다. 호흡의 이러한 불멸성은 이제 우주적 차원으로 승화되는데, 그것은 호흡이 '바람'과 존재를 같이하기 때문이다. 그러면 호흡이 바람과 어떤 상관관계를 지니는지 우파니샤드 본문에서 살펴보자.

"이제 신들에 대해 이야기를 나누자. 불의 신 아그니(Agni)는 '내가 태워버리겠다' 하고, 태양신 아디티야(Ādityah)는 '내가 데우겠다' 하고, 달의 신 찬드라마(Candramā)는 '내가 빛내겠다'고 각각 장담했다. 이와 같이 다른 신들도 자신의 기능을 행세하겠다고 장담했다.

다른 살아 있는 숨들 가운데서 호흡이 우뚝 중심을 차지할 때, 바람의 신 바유(Vāyu)도 이들 신들 속에 있었다. 다른 신들은 가라앉았으나 바람의 신 바유는 그렇지 않았다. 바유는 결코 가라앉지 않는 신이기 때문이다."(『브리하드아라냐카 우파니샤드』, I.5.22)

호흡과 바람의 불멸성은 근본적으로 가라앉지 않음에 있다. 모든 감각 기관이 시들고 죽음에 정복당한다 해도, 그 기반을 바람의 신 바유에 의존하고 있는 호흡만큼은 결코 죽음을 맛보지 않는다. 태양이나 달이나 불이 꺼지고 사그라진다 해도 호흡은 바람을 그 근본 속성으로 하고 있기 때문에 사그라짐이 없다. 바로 이러한 불멸성에 힘입어 호흡과 바람은 아트만의 동일성을 획득하는 것이다. 이어지는 우파니샤드의 본문에서 호흡의 위대성에 대한 설명은 계속된다.

"이런 구절이 있다.

'그것으로부터 태양이 뜨고 그 속에서 태양이 진다. 이것은 실로 호흡으로부터 떠오르고 호흡 속에서 진다는 뜻이다. 신들이 이 법칙을 만들었으니, 그에게만이 오늘이 있고 그에게만이 내일도 있다.'

사원 기둥 전체에 브라만을 상징하는 다양한 힌두 신의 활동상이 아름답고 정교하게 조각되어 있다.

신들이 그때 정한 법칙대로 오늘날도 그대로 성취될 것이다. 그러므로 사람은 한 가지 법칙만을 따라야 한다. 그는 죽음이라는 악이 그를 덮치지 않기를 바라면서 들숨과 날숨을 쉬어야 하는 것이다. 이렇게 완전한 호흡의 수행을 함으로써 그는 신성과 완전히 하나가 되고 그 세계에 머물게 될 것이다."(『브리하드아라냐카 우파니샤드』, I.5.23)

우파니샤드에서 호흡의 중요성을 말해주는 중요한 대목의 하나다. 수행자는 바로 이러한 호흡 수련을 통해 끝내 죽음을 보지 않는 불멸의 신성과 하나가 된다는 것이다. 태양이 뜨고 지는 것도 호흡의 일환이요 사람이 죽고 사는 것도 호흡에 있으나, 불멸의 호흡에 이르는 까닭은 바람의 신 바유와 그 근원을 함께하기 때문이라는 점도 알게 되었다.

이처럼 호흡은 브라만의 중요한 상징이 되면서 신성화되고 있는데, 이제 호흡이 제사와 관련하여 어떻게 신성시되고 있는지 우파니샤드의 본문을 통해 살펴보자.

"프라스토트리 사제가 우샤스티에게 가서 물었다.

'그 신을 알지 못하고 찬양하는 자는 그 목이 떨어질 것이라고 했는데, 그 신은 누구를 말합니까?'

그러자 우샤스티가 말했다.

'실로 그 신은 호흡이오. 모든 존재는 호흡에서 (생명이) 시작하고 호흡에서 (생명이) 떠나는 것이오. 그러므로 이 호흡이 그대의 신을 부르는 찬양의 대상(Prastāva)이 되는 신이지요. 만일 그대가 이것을 모르고 찬양을 하면 내가 말하건대 그대의 목이 떨어질 것이오."(『찬도기야 우파니샤드』, I.11.4~5)

이것은 제사를 드리는 중에 현자 우샤스티가 왕이 있는 자리에서 다른 제관들과 나누는 대화 내용이다. 우샤스티는 제사를 드리는 자가 정작 알아야 할 내용에 대해 숙지시키고 있다. 제사를 드리는 자들이 대부분 형식에 치우친 나머지 제사의 참 본질을 이해하지 못한 채 알 수 없는 신들에게 맹목에 가까운 기복의 제사를 드리고 있었기 때문에, 현자 우샤스티는 제사에 있어 호흡의 중요성을 신과 같은 차원으로 격상시키고, 그들이 찬양하는 신과 전혀 다를 것 없는 권위를 지닌 것이라 역설하고 있는 것이다. 이러한 호흡의 중요성과 그 신성성을 모르고 다만 외부 대상 세계의 신들만 찬양한다면 그것은 얼빠진 사람과도 같을 뿐 아니라 목이 잘려나간 존재와 같을 것임을 말하고 있는 것이다. 이처럼 호흡은 제사에서도 중요하며 인간의 모든 감각 기관 중에서 가장 중요한 요소다.

『브리하드아라냐카 우파니샤드』에서는 호흡의 기원이 천상과 태양이라는 신비한 설명을 하고 있다. 예컨대 창조자 프라자파티가 자신의 양식으로 삼고자 세계를 만들 때 지혜와 고행으로 일곱 가지 양식을 만들었다고 한다. 모두에게 공통되는 양식 하나를 만들었고, 두 개는 만들어 신에게 주었으며, 세 개는 <u>스스로</u>를 위해 만들었고, 나머지 하나는 만들어 짐승들에게 주었다. 그 가운데 자신을 위해 만든 세 개가 '마음, 말, 호흡'이었다. 이 세 가지가 육신을 이루는 중요한 요소이기 때문에 '육신은 마음으로 된 것, 말로 된 것, 숨으로 된 것'이라고 말한다. 그런데 이 세 가지가 다시 외부세계와 관계할 때는 다음과 같이 연관을 맺게 된다. 우파니샤드 본문은 이렇게 말하고 있다.

"세 가지 세계에서 목소리는 이 세계요, 마음은 저 공중의 세계요, 호흡은 천상의 세계다.
세 가지 베다에서 목소리는 『리그베다』요, 마음은 『야주르베다』이며, 호흡은 『사마베다』이다.
신과 조상과 인간 가운데 목소리는 신, 마음은 조상신, 호흡은 인간이다.
아버지와 어머니와 자손 가운데 마음은 아버지, 목소리는 어머니, 호흡은 자손이다."(『브리하드아라냐카 우파니샤드』, I.5. 4~7)

인간의 몸을 이루는 세 가지 중요한 요소인 마음과 목소리와 호흡을 각각 외부세계에 반영하면서 각각에 해당하는 역할을 부여한다. 예컨대 호흡은 우주에서 가장 높은 층으로 연상되는 천상의 세계요, 베다와 관련해서는 점차 더욱 중요성을 띠게 되는 사마베다에 위치하고, 신과 인간에 비교했을 때는 인간에 해당한다. 부모와 자손 가운데서는 자손에 배치됨으로써 미래적 번영과 축복의 존재로 그 상징적 기능을 한다. 그런데 흥미로운 것은 이 호흡이 천상적 존재로서의 기원을 가지는 것으로 설명되는 부분이다. 계속되는 우파니샤드의 본문을 살펴보자.

> "천상은 마음의 육신이요, 그 빛의 형태가 태양이다. 마음이 미치는 범위까지 천상이 미치며, 태양도 그곳까지 이른다. 이 둘이 하나로 연합하여 거기서 호흡이 나왔다. 그가 인드라(지고한 주)이다. 그에게는 경쟁자가 없다. 실로 그에게는 라이벌이 없으니, 이것을 아는 자는 경쟁자가 없으리라."(『브리하드 아라냐카 우파니샤드』, I.5.12)

여기서 호흡의 기원이 등장하는데, 천상과 태양의 결합으로 호흡이 발생했다는 설명이다. 호흡은 이제 단순히 인간의 숨만이 아니라 우주적 차원으로까지 확대되고 있는 것이다. 나아가 호흡은 최고신 인드라와 동격화되기에 이르렀다. 앞서 인간에게 적용되던 호흡이 우주적 차원으로 확대되면서 이제 신의 지위까지 얻게 된 것이다.

이처럼 브라만의 상징은 인체에 비유되기도 하고 우주 공간에 비유되기도 하는 등 다양한 형태로 제시된다. 앞에서 브라만은 태양(āditiya)에 비유되기도 했는데, 이 부분은 『찬도기야 우파니

천둥번개를 관장하는 하늘의 신 인드라는
아리아인들의 전쟁의 신이었다. 초기에는 하늘의 최고신으로 여겨졌다.
그림에서 인드라 신은 단검을 쥐고 코끼리를 몰고 있다.

샤드』의 본문에서 조금 더 구체적으로 설명되고 있다. 그 내용을 좀더 자세히 살펴보기로 하자.

"태양이 브라만이다. 이것이 가르침이니 설명이 필요하다. 태초에 이 모든 것은 드러나지 않은 상태(asat, 비존재)[2]였다. 그런데 그것이 드러났다. 그것이 자라서 달걀 형태로 변했다. 일 년 동안 그 상태로 있었다. 그리고 터졌다. 달걀 껍질이 둘로 갈라져서 반은 은, 반은 금이 되었다.

은은 땅이 되었고, 금은 하늘이 되었다. 알을 둘러싼 세포막 바깥은 산이 되었고, 세포막 내부는 구름을 동반한 안개가 되었으며, 정맥은 강이 되었고, 액체는 바다가 되었다.

이와 같이 해서 저편에 탄생한 것이 태양이다. 태양이 탄생하면서 소리와 환호성이 생겨났으며, 또한 모든 존재와 모든 필요한 것들이 생겨났다. 그러므로 태양이 뜨고 질 때마다 소리와 환호성, 그리고 모든 존재와 그 필요한 것들이 뜨고 진다. 이와 같이 태양이 브라만이라는 것을 알고 명상하는 자는 기쁜 소리(소식)가 그에게 다가와 그를 기쁘게 할 것이다. 참으로 그를 기쁘게 할 것이다."(『찬도기야 우파니샤드』, III.19.1~4)

여기서 우리는 달걀 형태의 우주 발생이라는 고대의 신화를 접하게 되는데, 현대의 빅뱅 이론과 비교될 만한 상상력이라고 볼 수 있겠다. 또한 오르페우스(Orpheus)를 시조로 하면서 디오니

달걀 형태로 우주가 발생하는 것을 도형화한 그림.
에너지가 점차 분할되어 흐르는 모습을 보여준다.

소스(Dionysus)를 숭배하는 신비적 우주발생설에 따르면 크로노스(Chronos)와 아드라스테아(Adrastea)가 거대한 알을 만드는데, 이것이 둘로 나뉘어서 윗부분은 하늘이 되고 아랫부분은 땅이 된다는 신화와도 유사성이 있어 흥미롭다.[3]

이 우주 탄생 설화와 관련된 이야기를 잠시 분석해보자. 태양이 탄생되기 전에는 모든 것이 '드러나지 않은' 상태였지만 어느 순간 달걀과 같은 모습이 나타나고, 마침내 그것이 갈라져서 은과 금이 되더니 은은 땅이, 금은 하늘이 되었다. 달걀 내부의 세포막 외부 모습은 산이 되고, 달걀 안의 세포막 내부 모습과 실핏줄들은 각각 구름, 안개, 강물, 바다 등으로 변했다. 이렇게 달걀 같은 모습에서 태양이 생겨나고, 동시에 '소리'와 함께 모든 생물도 탄생하게 되었다. 그리하여 태양이 지고 뜰 때마다 모든 생물이 잠들고 깨어난다.

이와 같이 탄생한 태양이 브라만이라는 것을 명상하는 자는 기쁨을 얻을 것이라고 말한다. 이것은 우주 탄생의 난생설화(卵生說話)를 보여주는 『리그베다』의 내용을 충실히 계승하고 있는 내용이다. 그 설화 한가운데 태양이 중심을 차지하고 있고, 태양은 만물을 주관하는 자로서 브라만과 동일시되고 있다.

모든 베다는 '옴' 속에 다 들어 있다

브라만에 대한 최고의 상징은 '옴'이다. 이 같은 상징적 의미를 가진 '옴'이 우파니샤드 본문 곳곳에서 브라만을 대신하고 있다. 『찬도기야 우파니샤드』는 제1장 제1절을 '옴'으로 시작하면서 그에 대해 자세히 설명하고 있다. '찬양의 우파니샤드'라는 뜻을 가진 이 우파니샤드에서 본문 서두에 '옴'을 설명하는 것은 상당한 의미가 있다. 초기 우파니샤드의 하나이면서 찬양을 중시했던 『사마베다』 계열에 속한 이 우파니샤드의 전체 내용은, 바로 이 '옴'으로부터 출발한다고 해도 과언이 아니다. 제례에서 제사장이 울리는 만트라의 핵심이 바로 '옴'이라는 것을 감안한다면 '옴'의 중요성을 결코 간과할 수 없을 것이다. 본문은 이렇게 말한다.

"'옴'이야말로 『사마베다』의 찬양인 '우드기타'이므로 이 음절을 명상해야 한다." (『찬도기야 우파니샤드』, I.4.1)

'옴'을 소리 내어 발음하고 명상하는 것은 마음을 가다듬고 집중한다는 의미다. 그러나 '옴'이 최고 아트만의 상징으로 불리면서 신성시되는 것은, '옴'이라는 소리 자체로 초월적 존재와의 교감을 얻을 수 있기 때문이다. '옴'에 대해 본문은 어떻게 말하고 있는지 좀더 살펴보기로 하자.

"옴. 이 음절을 명상해야 한다. 이는 사제가 제사를 드릴 때 큰 소리로 노래를 부르는 우드기타다. 이제 이 옴을 설명하리라.
모든 존재의 기반(rasa: 본질)은 땅이요, 땅의 기반은 물이

모든 만트라는 '옴' 속에 다 들어 있다는 말이 있다.
'옴' 글자의 만트라를 명상을 위해 그림 형태로 형상화한 것이다.

다. 물의 기반은 식물이며, 식물의 기반은 사람이다. 사람의 기반은 언어이며, 언어의 기반은 『리그베다』의 찬가다. 『리그베다』의 기반은 『사마베다』의 찬가이며, 『사마베다』 찬가의 기반은 우드기타이다.

그것이 본질적 기반의 핵심이며, 지고자(至高者)며, 고귀한 자며, 존재의 여덟 번째 핵심이다.[4]

『리그베다』는 무엇이며, 『사마베다』는 무엇이고, 우드기타는 무엇인가? 이제 이것을 생각해보자.

언어가 『리그베다』이며, 호흡은 『사마베다』이고, 옴은 우드기타이다. 이제 언어와 호흡은 서로 짝(mithunam)이 되고, 또한 『리그베다』와 『사마베다』도 짝이 된다.

이 짝들은 서로 옴이라는 음절에서 하나가 된다. 실로 짝이 하나가 될 때마다 서로의 바람을 채워준다.

이와 같은 사실을 아는 자는 우드기타의 음절을 암송하고 명상하여 실로 그 소원을 이룬다."(『찬도기야 우파니샤드』, I.1. 1~7)

본문에서 보는 바와 같이 '옴'은 베다의 사제가 제사를 드릴 때 사용하는 찬가로서의 만트라다. 제사를 처음 시작하면서부터 옴을 암송함으로써 신을 부르거나 신에게 기원을 하며 또는 지고자와 하나가 되는 신비한 의식을 행한다. 땅과 식물 등 모든 존재의 기반을 여덟 가지로 구분한 후에 얻어지는 마지막 여덟 번째의 핵심도 바로 이 '옴'에 있다.

'옴'의 산스크리트어는 'aum'이다. '아'(a)는 출발로서의 창조를 의미하며, '우'(u)는 중간 상태의 보존과 유지를 뜻하고, '음'(m)은 마침을 뜻한다. 따라서 구조상 출발과 과정과 마지막으로 이루어져 있는데, 이는 우주의 시작이자 마침을 뜻하기도 한다. 그리스어의 알파(α, A)에서 오메가(ω, Ω)에 해당하는 것으로, 처음이자 마지막이라는 뜻이다. '옴'이라는 이 신비한 글자 속에 우주의 처음에서 마지막까지의 모든 것이 담겨 있다는 상징적 기호인 것이다. 브라만/아트만이 우주의 처음이자 마지막이나 다름없는 것을 보면 옴이라는 상징적 음절과도 상통한다는 이야기가 된다.

신에 대한 찬가로서 힌두교 최초의 경전인 『리그베다』나 그것을 노래한 『사마베다』도 결국 이 '옴'에서 하나가 된다. 요컨대 모든 베다의 최종 결정판은 '옴' 속에 다 들어 있다는 비밀스런 상징적 가르침이다. 특히 『리그베다』와 『사마베다』가 옴을 통해 '짝이 되어 하나가 된다'는 표현은, 성적 결합으로서의 '하나 됨'을 뜻하기도 하는 '미투나'(mithunam)라는 용어를 쓰고 있다. 옴의 신비한 발음 속에서 서로 다른 베다도 하나가 되는 것이다.

이상에서 언급된 브라만의 상징들은 대부분 제사와 관련된 것들이었다. 이 밖에도 다양한 신들과 관련된 브라만의 상징들이 있는데, 이러한 상징들은 모두 속성을 지닌 브라만, 이른바 사구나(saguna) 브라만이라 일컫는다. 힌두교인들은 이러한 상징을

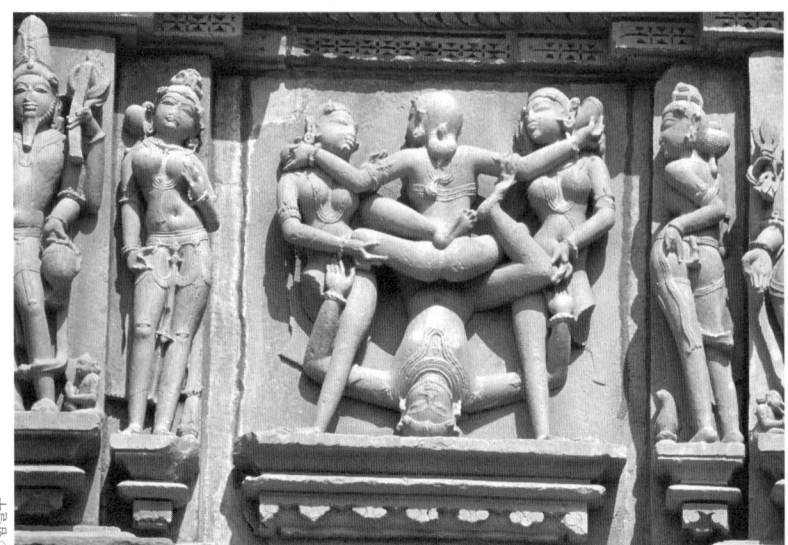

카주라호의 힌두 사원 외벽에 장식되어 있는 수많은 남녀의
성적 교합상(미투나)이다. 이는 우주적 본질과 자아와의 합일에서 오는
궁극적 희열을 상징화한 것이기도 하다.

지닌 브라만을 다양한 형태로 숭배하게 되었고, 그 전통은 오늘날에도 이어지고 있다.

앞에서 브라만의 상징으로 중요하게 언급된 것은 호흡과 바람이었다. 특히 호흡으로서의 브라만은 인간의 생명을 담보로 한다는 측면에서 중요하고, 바람의 신 바유는 우주의 호흡을 담당한다는 측면에서 브라만에 비유되었다.[5] 호흡과 바람 외에도 수많은 자연현상들이 브라만에 비유되고 있는데, 그중에서도 태양처럼 대공 또한 우주에 편만하여, 이들의 지위는 브라만을 상징하는 역할에서 그 중요성이 결코 떨어지지 않음을 보게 된다.

어떤 방식으로도 설명할 수 없는 존재

브라만에 대한 상징적 표현들은 다시 크게 두 가지 차원에서 설명되고 해석될 수 있다. 예컨대 호흡이라는 뜻의 '프라나'(prāna)는 '의식'(지혜, 분별력)이라는 의미의 '프라즈나'(prajna)와 결부되며, 대공이라는 뜻의 '아카샤'(ākāśa)는 '환희'라는 의미의 '아난다'(ānanda)와 결부된다. 『카우시타키 우파니샤드』에서 호흡은 곧 의식(분별력)으로 설명되고 있다.

"호흡이란 무엇인가? 그것은 의식의 아트만(prajnātmā)이다."(『카우시타키 우파니샤드』, Ⅲ.3)

프라나(호흡)가 프라즈나(의식) 아트만이라고 하는 이 본문의 단호한 진술에서 보듯, 호흡은 지성적 의식으로서의 분별력과 동일시된다. 호흡과 분별력(의식)은 육신에 함께 거하면서 육신을 떠날 때도 함께 떠난다. 육신을 움직이게 하고 생기를 불어넣는 것이 호흡이며 동시에 분별력의 아트만이라는 것이다.

그렇다면 대공은 어떻게 하여 환희와 동일시되는가? 『찬도기야 우파니샤드』에서는 불의 신 아그니들이 브라만을 알고자 하는 우파코살라(Upakosala)와의 대화 속에서 다음과 같이 말한다.

"'호흡이 브라만이며(prāna brahma), 환희가 브라만이며(kam brahma), 대공이 브라만이다(kham brahmeti).'
이에 우파코살라가 말했다.
'호흡이 브라만이라는 것은 알겠습니다. 그런데 환희와 대공이 브라만이라는 것은 이해하지 못하겠습니다.'
그러자 아그니들이 그에게 말했다.
'실로 환희야말로 대공과 같은 것이다. 실로 대공은 환희와 같은 것이다.'
이렇게 그들은 호흡과 대공에 대해 가르쳐주었다."(『찬도기야 우파니샤드』, IV.10.4~5)

이 본문에서 우리가 주목할 것은 호흡(prāna)과 환희(kam)와 대공(kham)이 하나의 브라만으로 일치하고 있다는 점이다. 호흡은 생명과 일치되면서 의식과 하나로 설명되었던 것인데, 여기서 한 걸음 더 나아가 대공과 환희까지 하나로 연결되고 있는 것이다. 이 본문에서 대공은 '캄'(kham)으로, 환희는 '깜'(kam)으로 표현되고 있다. 대공(ākāśa=kham)은 연장(延長)으로, 호흡과 함께 무한히 뻗어 있으며, 환희(ānanda=kam) 역시 그 대공 속에서 무한히 연장된다. 호흡과 환희는 모두 대공을 기반으로 하여 무한히 거처한다. 이와 같은 방식으로 호흡과 환희와 대공은 모두가 브라만의 모습으로 상징되고 있다.

한편 『브리하드아라냐카 우파니샤드』에서는 브라만을 두 가지 차원으로 구분해서 설명하고 있다.[6] 하나는 형태가 있는 브라만으로 물질적이며 죽음을 겪는 브라만이고, 다른 하나는 형태가 없는 비물질적이고 죽음을 겪지 않는 불멸의 브라만이다. 물질적 속성의 브라만은 인간의 육체와 같은 몸을 지니고 있으며, 태양이나 눈과 같은 것을 기반으로 하고 있다. 반면 비물질적 속성의 브라만은 바람의 신 바유, 대공, 호흡 같은 것이다. 태양과 눈 속에 있는 푸루샤(원형적 인간이나 사물의 근원적 본성 또는 아트만)를 그 본질적 기반으로 한다. 이 또한 브라만의 상징적 속성을 말해주고 있는 것이다.

여기서 우파니샤드 본문은 브라만의 속성을 푸루샤와 비교하여 말하면서, 브라만의 초월적이고 본질적인 속성에 대해 그 어느 것도 언어로서는 상징이 불가하다고 말하고 있다. 그리하여 '이것도 아니고 이것도 아니다'(na iti, na iti)라는 그 유명한

'네티 네티'(neti neti)의 명제가 도출되게 된다. 앞서 본 바 있는, 푸루샤와 브라만을 묘사하는 본문을 다시 한 번 연결하여 살펴보자.

> "푸루샤의 모습은 이러하다. 황색의 옷감 같고, 하얀 양털 같으며, 인드라고파(indragopa)라 불리는 곤충 같고, 불꽃 같으며, 하얀 연꽃 같고 번개의 번뜩임 같다. 이를 아는 자는 번개의 번득임 같은 광휘를 얻을 것이다.
> 이제 브라만에 대해 말하자면 '이것도 아니고 이것도 아니다.'(na iti na iti.)
> (브라만에 대한) 이러한 표현 외에는 이보다 더 뛰어난 어떤 설명도 있을 수 없기 때문이다. 그 이름은 '진리 중의 진리'(satyasya satyam)다. 실로 생명의 숨이야말로 진리며, 브라만은 그 숨의 진리다."(『브리하드아라냐카 우파니샤드』, II. 3.6)

이 본문에서는 푸루샤와 브라만이 대비되면서 그 속성이 묘사되고 있다. 그런데 최초의 원인(原人)으로 표상되고 우주 만물의 근원적 실체로 표현되면서 때로는 아트만으로도 표현되는 푸루샤에 대해서는 여러 가지 상징적 비유로 설명하는 데 비해, 브라만에 대해서는 정작 '이것도 아니고 이것도 아니다'라는 부정의 형식을 취한다. 지금까지 우파니샤드는 브라만에 대해 다양한 방식으로 비유하여 설명했지만 이 본문에서는 어떤 방식으로도 브라만을 설명할 수 없다고 말하고 있는 것이다. 그러면서 오히려 그 부정의 진술이야말로 '진리 중의 진리'라고 말한다.

최고의 진리 또는 최고의 궁극적 실재는 과연 '부정의 형식' (via negative)을 통해서만 진술될 수밖에 없을 것이다. 선불교에서 불립문자(不立文字)를 말하는 까닭도 이와 같을 것이며, 그리스도교라고 해서 예외는 아니다. 하느님을 진술하는 데 서양의 신비주의 그리스도교 사상가들은 하나같이 '무'(無)와 같은 표현 방식을 쓰고 있다. 위 디오니시우스(pseudo-Dionysius)도 하느님을 일컬어 '모든 존재를 넘어서는 절대무(絶對無, the Absolute-Nothing)'라고 일컬었다.[7] 이러한 절대적 초월의 대상인 브라만도 언설로는 지칭이 불가능하지만 상징과 비유 속에서 구체화되고 있는 것은, 언어와 인간의 사고가 지니는 역설과 아이러니라고 하지 않을 수 없다. 이제 다음 장에서 브라만의 본질적이며 궁극적 존재 방식에 대해 살펴보자.

존재와 의식과 환희의 브라만
브라만과 아트만의 세 가지 본질적 특성

"실로 브라만은 두 가지 형태가 있다. 형태가 있는 것과 형태가 없는 것, 죽음을 겪는 것과 죽음을 겪지 않는 불멸의 것, 고정적인 것과 움직이는 것, 현실적 존재와 참 존재가 그것이다."

브라만을 아는 자의 궁극의 목적지

우파니샤드에서 브라만의 본질은 여러 가지 속성을 통해 설명되었으나 후대에 논의가 거듭되면서 점차 세 가지 본질적 속성으로 압축되었다. 이른바 존재(sat), 의식(cit), 환희(ānanda)가 그것이다. 이를 '사트-지트-아난다'(sat-cit-ānanda)라는 공식으로 부르기도 한다.

브라만의 본질적 속성을 이렇게 세 가지로 설명하고 있는데, 앞에서 살펴본 바와 같이 '호흡'을 '의식'(분별력)과 일치시키고, '대공'을 '환희'와 같은 것으로 설명하는 데서 브라만의 두 가지 본질적 속성은 알 수 있었다. 말하자면 '분별력'으로서의 '의식'과 '환희'가 이미 브라만의 중요한 두 가지 속성으로 설명되었던 것이다. 여기에 더하여 '존재'의 문제가 브라만의 본질적 속성으로 거론되면서 '존재-의식-환희'는 하나의 공식처럼 한 묶음으로 진술되기에 이르렀다. 물론 브라만의 본질적 속성을 이 세 가지로 한정시킬 수는 없을 것이다. 그러나 『브리하드아라냐카 우파니샤드』에서는 현자 야즈냐발키야의 진술을 통해 의식(지혜)과 환희가 불생불멸의 브라만의 본질적 속성임을 다음과 같이 진술하고 있다.

"튼튼한 나무와 같이 사람도 그러하다. 사람의 머리털은 나뭇잎과 같고, 사람의 피부는 나무껍질과 같다.

피부 속에 피가 흐르듯이 나무껍질 속에 수액이 흐른다. 그러므로 사람이 다치면 피부에서 피가 나듯 나무가 다치면 껍질에서 진이 나온다.

사람의 살은 나무의 속살이며, 사람의 신경도 나무의 섬유질과 같다. 사람의 뼈는 나무속의 딱딱한 부분과 같고, 사람의 골수는 나무의 진액과 같다.

나무가 쓰러져 뿌리가 뽑히면 새로운 형태로 자라나는데, 사람이 죽으면 어떤 뿌리에서 자라나겠는가?

'정액에서 자라난다'고 말하지 마라. 정액은 살아 있을 때만 가능하기 때문이다. 나무는 죽어도 그 씨앗에서 분명히 다시 자라날 수 있다.

만일 나무가 뿌리째 뽑힌다면 다시는 자라지 못한다. 사람이 죽으면 어떤 뿌리에서 자라나겠는가?

사람이 태어날 때 그냥 태어나는 것이 아니다. 누가 그를 태어나게 하겠는가? 그것은 지혜(의식)와 환희의 브라만이며, 제주(祭主)는 물론이고 확고하게 브라만을 아는 자의 궁극적인 목적이 된다."(『브리하드아라냐카 우파니샤드』, Ⅲ. 9.28)

불멸의 존재 브라만이 인간의 영원성을 보장하고 있다. 그 브라만은 다름 아닌 지혜와 환희(vijnānam ānandam brahma)로 설명되고 있다. 그것이 또한 브라만을 알고 이해하는 자의 궁극적인 목적지이기도 하다.

생명의 원리를 말할 때 종종 나무에 비유한다.
그림은 인도의 신화에 나오는 보리수.

계속되는 『브리하드아라냐카 우파니샤드』의 본문 속에서 브라만은 다시 여섯 가지 속성으로 구체화되는데, 그 가운데서 '의식, 환희, 존재'의 세 가지 차원이 거론된다. 이 내용은 비데하의 왕 자나카와 현자 야즈냐발키야의 대화로 이미 앞에서 살펴본 바 있지만, 대화중에 언급되는 여섯 가지 차원을 다시 정리해보면 다음과 같다. 분별력(prajñā)으로서의 목소리(언어)와 호흡(생명), 진리의 눈, 무한한 귀, 환희의 마음작용, 그리고 안정된 선정(禪定, 또는 집중)의 마음이 바로 그것인데, 이 모든 것이 대공을 기반으로 하고 있다.

모든 감각 기관이 대공과 관련이 있다는 것은 주목할 만한 가치가 있다. 앞서 본 바와 같이 대공(ākāśa=kham)은 연장(延長)으로, 호흡과 함께 무한히 뻗어 있다. 환희(ānanda=kam) 또한 그 대공 속에서 대공을 기반으로 무한히 연장된다. 귀와 눈의 작용도 마찬가지다. 특히 '귀' 또한 '무한'(ananta)과 연결됨으로써 '들음' 또한 대공을 바탕으로 하는 무한의식의 일부가 된다. 학자들은 '무한'을 뜻하는 산스크리트어 '아난타'가 '환희'의 '아난다'와 같은 어근을 가진다고 보고, '무한'과 '환희'가 같은 맥락에서 이해되고 있다고 주장하기도 한다.[1] 이는 마치 '호흡'(prāna)이 '지혜'(prajñā, 의식)와 같은 맥락에서 이해되는 것과 흡사하다. 이처럼 모든 감각 기관이 대공을 토대로 하여 무한한 의식과 환희를 동시에 누리고 있는 것이다.

이상에 언급된 여섯 가지 브라만의 존재 형식 가운데 특별히 주목되는 것은 '의식'(prajñā, 지혜)과 '환희'(ānanda)와 '진리' (satyam)다. 이 '진리'는 다시 『타이티리야 우파니샤드』에서 '지혜'와 '무한'과 함께 브라만의 중요한 본질적 속성을 이룬다. 앞서 『브리하드아라냐카 우파니샤드』에서 본 '진리와 지혜와 환희'의 세 속성이 다시 '진리와 지혜와 무한'으로 표현되고 있는 것이다. 여기서 '환희'는 '무한'으로 대체되고 있지만, 앞서 본 대로 '환희'(아난다)가 '무한'(아난타)과 같은 맥락에서 이해되는 것이라면, 우파니샤드의 본문들 사이에서 서로간의 통일성을 유지하고 있는 것으로 볼 수 있다. 『야주르베다』에 속하는 『타이티리야 우파니샤드』에서 브라만을 어떻게 표현하고 있는지 그 본문을 살펴보자.

> "'옴, 브라만을 아는 자는 지고의 상태에 도달하리라.'
> 이에 현자들은 말하였다.
> '브라만이 진리이고 지혜이며 무한임을 알며 브라만이 마음 속 은밀한 곳과 가장 높은 천상에 머무는 것을 아는 자는, 전지적(全知的)인 브라만과 함께 모든 바라는 바를 이루게 되리라.'"(『타이티리야 우파니샤드』, II.2.1)

『타이티리야 우파니샤드』의 제2장은 특히 '브라만-아난다 발리'(Brahmānanda Valli)라고 하여, 브라만을 아난다(환희)로 규정하는 발리(section, 항목)로 구분하여 편집되어 있다. 그러나

이 본문에서는 '환희' 대신에 '무한'이 언급되고 있는데, 앞에서 말한 것처럼 후대의 전승에서 서로 대체될 수 있는 용어가 사용되고 있는 것이라고 추측할 수도 있다. 그러나 이런 가정이 반드시 옳은 것이라고 단정하기에는 아직 이른 감이 있고, 다만 점차 후대로 가면서 '무한'의 개념이 '환희'의 개념으로 조금씩 내면화되면서 변형되어갔으리라 추측해볼 수 있을 뿐이다.

이제 브라만은 진리, 지혜, 환희, 무한이라는 네 가지 정도의 본질적 속성으로 압축된 셈이다. 그러나 여기서 '무한'을 '환희'와 같은 맥락으로 이해한다면, '진리'는 또 어떤 맥락에서 이해될 수 있을 것인가를 물어보지 않을 수 없다.

또한 후기 우파니샤드 가운데 하나인 『사르바 우파니샤드사라』(*Sarvopanishatsāra*)(No.21)에 따르면, 브라만의 실재는 진리(존재), 지혜(의식), 무한, 환희 네 가지로 설명된다고 한다.[2] 이는 초기 우파니샤드의 진술을 계승하고 있는 것인데, 앞서 언급한 '진리'의 문제를 '존재'의 문제로 대체해볼 수 있겠다. 이 네 가지 속성은 시간과 공간을 초월한 지고한 브라만/아트만의 속성으로 이해되고 있다. 이때의 '진리'(satyam)는 다시 '존재'(sat)라는 단어와 같은 어근을 가진다고 볼 수 있는데, '사트'라는 말은 산스크리트어로 '절대, 영원, 변함없는 존재'라는 뜻을 지니고 있다.[3] 이것이 하나의 진리가 되어 영원하고 무한한 브라만의 한 속성을 이룬다는 것은 자연스런 결론이 된다. 그러면 이제 브라만의 세 가지 본질적 속성 '사트(sat: 존재)-지트(cit: 의식)-아난다(ānanda: 환희)'의 공식이 구체적으로 어떻게 설명될 수 있는지를 좀더 살펴보기로 하자.

존재로서의 브라만

브라만의 본질적 속성을 이제 우리는 '존재-의식-환희'라는 세 가지 차원으로 압축하여 논의할 수 있게 되었다. 그중에서 우선 존재의 차원을 고찰해보자. 우파니샤드 이전에 일찍이 『리그베다』(X.129.1)에서 우주 창조의 문제와 더불어 존재의 문제가 거론되고 있는데, 이때의 존재는 비존재와 함께 언급된다. 이미 『리그베다』를 다룬 본문에서 살펴본 것처럼 존재와 비존재의 문제에 대한 독특한 설명을 하고 있는데, '처음에 비존재도 없었고, 존재도 없었다'(na asad, na u sad)는 진술이 그것이다.

여기서 비존재인 '아사트'(asad, asat)는 우주에 '드러나지 않음'을 말하고, 존재인 '사드'(sad, sat)는 '드러난 바'를 뜻한다. 이러한 표현은 보기에 따라서 '무'(無)와 '유'(有)로 설명할 수도 있을 것이다. 그렇게 되면 '처음에 무도 없었고 유도 없었다'는 것이 된다.

이런 진술은 논리적 모순으로, 언뜻 언어가 지칭하는 개념의 한계를 넘어서고 있는 듯이 보인다. 존재(유)도 없었고 비존재(무)도 없었다면 도대체 무엇이 있다는 말인가? 이 점에 대해서는 형이상학적인 상상력을 통해 조금씩 접근해갈 수 있을 뿐이다. 다만 비존재를 '아직 드러나지 않음'으로 파악한다면, 존재의 '드러남'은 양자 간에 큰 모순이 없을 듯이 보인다. 실제로 인도 학자인 라다크리슈난은 '비존재'를 아직 드러나지 않은 '미현현'(未顯現)으로 해석하고, '존재'는 '현현'(顯現)으로 이해하고 있다.[4] 우주는 미현현의 비존재인 '아사트'에서 이름과 형태를 지닌 현현의 존재 '사트'가 되었다는 것이다.

『리그베다』에서 우주의 창조와 존재에 관한 이런 알쏭달쏭한 진술이 있고 난 후에는 존재에 대한 새로운 진술이 몇 군데에서 다른 양식으로 표현되고 있다. 『리그베다』의 해설서이자 우파니샤드보다 시기적으로 앞선 『사타파타 브라흐마나』에서는 "처음에 이 우주는 실로 비존재였다"고 말하고 있다.[5] 그리고 『타이티리야 브라흐마나』에서도 우주의 시작에 대해 다음과 같이 말하고 있다. "하늘도 없었고, 땅도 없었고, 대공도 없었다. 전적으로 비존재였던 이 존재는 '내가 존재해야겠다'고 바라게 되었다."[6]

여기서 우리의 흥미를 끄는 것은 '비존재였던 존재'의 문제다. 이를 다시 표현하면 '무로서 존재하던 그가 존재의 꿈을 꾸게 되었다는 것이다. 이는 '무의 존재성'을 말하는 것이기도 하다. 그렇다면 『리그베다』의 앞선 진술에서는 '무도 없고 유도 없다'고 했는데 어떻게 '무의 존재'를 말하게 되었는가? 이것은 『리그베다』의 우주 탄생설화가 보여주는 다양한, 또는 모순 섞인 표현 양식들 가운데 하나다. 이를 비평적으로 말하자면 일차적으로는 『리그베다』에 대한 다양한 해석의 결과라고 볼 수 있고, 또 하나는 우주 탄생의 비밀에 대한 언어도단(言語道斷)적 진술에서, 또는 우주 탄생의 신비한 불가해성에서 설명 가능한 방식을 채택하기 위한 한 시도라고도 볼 수 있을 것이다.

존재라는 말은 분명 비존재라는 말을 전제로 한다. 창조의 관계도 마찬가지다. 태초에 무엇이 창조되기 이전에는 무가 전제되는 것이 자연스럽다. 그런데 그 무는 단순한 무가 아니라는 것이 베다와 그 해설서들의 주장이다. 이른바 비존재로서 '드러나지 않고 있던 무'가 '존재'로의 발동을 시작한 것이다. 그 발동은 '무'가 지닌 내적인 에너지와 열기(타파스)로서의 희망에 근거한 것이다. 그러므로 비존재는 결코 아무것도 없다는 의미에서의 '무'는 아니었다. 그렇다고 그것이 경험적으로나 가시적으로 드러난 '존재'도 아니었다. 이는 논리적으로 이해되기 어려운 부분이라 하여 비논리로 치부해버리기보다는 초(超)논리와 신화적 상상력이라는 측면에서 이해하는 것이 더 바람직하다고 할 수 있다.

비존재에서 존재로 넘어가는 우주 창조의 과정에 대한 유사한 진술은 우파니샤드에서도 찾아볼 수 있다. 앞에서 본 『찬도기야 우파니샤드』의 진술이 그것이다.

"태양이 브라만이다. 이것이 가르침이니 설명이 필요하다. 태초에 이 모든 것은 드러나지 않은 상태(asat, 비존재)[2]였다. 그런데 그것이 드러났다. 그것이 자라서 달걀 형태로 변했다. 일 년 동안 그 상태로 있었다. 그리고 터졌다. 달걀 껍질이 둘로 갈라져서 반은 은, 반은 금이 되었다. 은은 땅이 되었고, 금은 하늘이 되었다."(『찬도기야 우파니샤드』, III.19.1~2)

 우주 창조의 설화에 등장하는 상징적 비유는 커다란 알의 모습이었다. 달걀에서 병아리가 나오듯이 우주가 생겨났다는 이 표현은 태양을 브라만에 비유하는 것 같은 비유 속에서 이해해야 할 것이다. 알에서 병아리가 나오듯 드러나지 않은 비존재가 우주라는 존재의 모습을 드러내고 있다는 설명이다. 이는 앞에서 아트만의 다섯 가지 표현을 언급할 때 가장 높은 차원의 아트만인 '환희', 즉 아난다마야 아트만을 설명하는 부분에서 살펴본 것과 같은 맥락이다. 『타이티리야 우파니샤드』의 본문을 산스크리트어 원문에 충실한 다른 해석으로 다시 한 번 인용해보기로 하자.

 "실로 처음에 비존재(asat: 드러나지 않은 것)가 있었다. 실로 그로부터 존재(sat: 드러난 것)가 생겨났다. 그 자신이 영혼이 되었다. 그리하여 '멋지게 만들어졌다'(sukrtam)고 불린다. 실로 그 '멋지게 만들어진 자'야말로 존재의 본질이다.
 이 본질을 깨닫게 되면 누구나 환희를 누린다. 대공 속에서 이러한 환희가 없다면 실로 그 누가 숨을 쉬며 살 수 있을까? 환희를 가져다주는 자가 바로 그다.
 보이지도 않고 형체도 없고 규정할 수도 없으며 지지할 수도 없는 그를 지지함으로써 두려움을 갖지 않게 된다면 아무것에

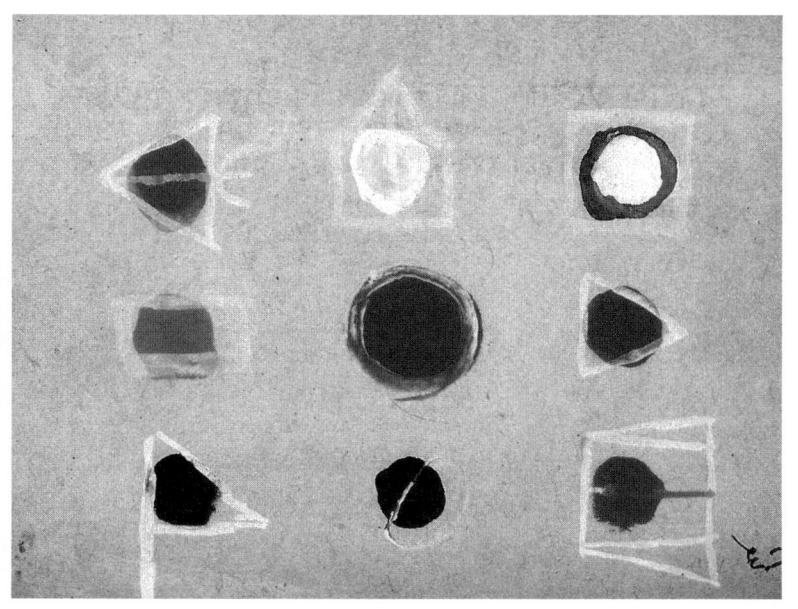

에너지와 열기로서의 타파스가 어떻게 변형되어가고 있는지 형상화한 그림.
의식의 수행에 따라 에너지의 움직임도 달라진다.

도 두려움이 없게 될 것이다. 그러나 그를 깨닫기 전까지는 두려움(bhaya) 속에서 살아야 한다. 실로 '제대로 명상을 하지 못하는 지식인(amanvānasya)'들에게는 두려움이 된다."(『타이티리야 우파니샤드』, II.7.1)

비존재에서 존재로, 무에서 유로 만들어져가는 신비로운 과정이 계속 설명되고 있다. 이러한 모습은 앞에서도 노자의 다른 본문과 비교해보았지만 『도덕경』(40장)에서 말하는 '유생어무'(有生於無)와도 비교된다. 천하 만물이 유에서 생겨나지만(天下萬物生於有) 유는 무에서 생겨난다는 것이다. 존재의 출발은 무였다는 점에서 유사성을 지닌다. 우파니샤드는 이러한 창조의 과정에 브라만이 존재의 실체로 개입하고 있다는 것이고 노자에서는 도(道)가 그 원리가 된다는 것이니, 브라만과 도의 비교로 이어지게 된다.

위의 우파니샤드 본문에서는 비존재자가 스스로 존재자가 되는 과정에서 '멋지게 만들어졌다'고 높게 평가되고 있다. 마치 하느님이 천지를 창조하고 난 후에 '멋지다'고 감탄한 것처럼 말이다. 이 본문에서도 존재의 본질은 환희로 이어진다. 그 환희는 또한 대공 속에서 얻어지는 것이다. 앞에서 본 바와 같이 대공이 환희의 근거이자 '대공이 곧 환희'이기도 하기 때문이다. 그러한 대공과 환희의 관계는 물론이고, 보이지 않고 형체도 없으며 규정할 수도 없는 그를 깨닫지 못하면 여전히 두려움 속에 있을 수밖에 없다. 환희가 찾아오지 못하기 때문이다. 그러므로 존재의 본질인 브라만을 제대로 깨닫지 못하면 여전히 어리석고 두려움에 사로잡힌 베다의 학자로 머물고 말 것이지만, 비존재 속에서 존재의 본질을 깨닫는 자는 두려움이 없는 환희를 누리게 될 것이다.

존재의 본질은 어쩌면 가시적인 현실적 존재를 넘어서 있다. 죽음을 겪는 현실적 존재와 죽음을 넘어선 불멸의 참 존재의 차원을 보여주는 두 가지 양태의 브라만의 모습에 대해서 『브리하드아라냐카 우파니샤드』는 다음과 같이 언급하고 있다.

"실로 브라만은 두 가지 형태가 있다(dve vāva brahmano rūpe). 형태가 있는 것과 형태가 없는 것(mūrtam caivāmūrtam), 죽음을 겪는 것과 죽음을 겪지 않는 불멸의 것(martyam cāmrtam), 고정적인(제한적인) 것과 움직이는(제한되지 않는) 것(sthitam ca yac), 현실적 존재와 참 존재(sac ca tyac)가 그것이다." (『브리하드아라냐카 우파니샤드』, II.3.1)

이 두 가지 형태의 브라만은 속성을 지닌 브라만과 속성을 지니지 않은 브라만의 모습이기도 하다. 형태가 없고 불멸의 무제한적인 참 존재로서의 브라만은 속성이 없는 브라만이고, 형태를 취하며 죽음을 겪는 제한적 현실적 존재의 브라만은 속성을 지닌 브라만으로 볼 수 있을 것이다. 속성을 지니고 나타나는 일체의 존재 속에서 그 존재를 넘어서 있는 참 존재를 통찰해야 한다.

『찬도기야 우파니샤드』에는 비존재에서 존재로 넘어가는 과정에 대한 통찰이 언급되고 있다.

> "처음에 존재만이 있었다(sad eva). 이 외에 다른 것은 없었다. 누군가 말하기를, '처음에는 비존재만이 있었고 그 밖에 다른 것은 없었다. 그 비존재에서 존재가 생겨났다'고 한다.
>
> 그러나 실로 내 아들아, 비존재에서 존재가 어떻게 생겨나겠는가? 내 아들아, 처음에는 오히려 존재만 있었고 그 밖에 다른 것은 없었느니라.
>
> 그 존재가 생각했다.
>
> '내가 여럿이 되어볼까, 내가 태어나볼까' 하고.
>
> 그리하여 불이 생겨났고, 불이 생각하기를 '내가 여럿이 되어 태어나볼까' 했다.
>
> 그리하여 물이 생겨났다. 그러므로 언제든지 원하면 물은 불에서 생겨나는 것이다.
>
> 물이 생각하기를 '내가 여럿이 되어 태어나볼까' 했다.
>
> 그리하여 음식이 생겨났다. 그러므로 언제든지 비가 내리면 어디나 음식이 풍성해진다. 먹는 음식은 오직 그 물에서 나온 것이다."(『찬도기야 우파니샤드』, VI.2.1~4)

위의 본문은 비존재에서 존재로 이어진다는 기존의 설명을 정면으로 반박하고 있다. 현자 웃달라카는 자신의 아들 슈베타케투에게 주는 가르침에서 하나의 존재에서 다양한 현상이 생겨나고 있음을 말하고 있다. 혹자가 말하기를 '비존재에서 존재가 나왔다'고 주장하지만 그런 것이 아니라 오직 한 존재에서 여러 현상적 존재가 생겨났다는 것이다. 본문의 진술에 따르면 처음의 그한 존재가 희망하기를 여러 존재가 되고자 해서 나타난 것이 불이었고, 그 불에서 물로, 음식으로 존재의 탄생은 계속되었다. 그러나 샹카라의 지적처럼 여기서 중요한 것은 여러 존재의 탄생 순서가 아니라 하나의 존재로부터 여러 존재가 만들어져 나왔다는 사실이다.[7]

그렇다면 비존재에서 존재가 드러났다고 하는 기존의 진술은 과연 배척되어야 하는 모순적인 진술인가? 그렇지는 않다. 왜냐하면 비존재는 앞에서도 언급한 것처럼 단순히 아무것도 없는 '무'가 아니라 다만 '드러나지 않은 것'일 뿐이다. 웃달라카도 계속 이어지는 본문에서 존재 본래의 모습에 대해 언급하고 있다. 이른바 비존재는 '드러나지 않았던 존재'의 모습인 것이다.

> "이제 살아 있는 존재들은 세 가지 형태의 기원을 가진다. 알에서 태어난 것(卵生, āndaja)과 모태에서 태어난 것(胎生, jīvaja), 그리고 식물의 씨에서 태어난 것(種子生, udbhijja)이다.
>
> 그 신성한 존재는 생각했다. '자, 이제 내가 이들 세 가지 신성들 속으로 들어가볼까' 하고. 그리하여 그는 살아 있는 아트만으로서 이들 속에 들어가 이름과 형태를 가진 자로 '드러나

6 존재와 의식과 환희의 브라만

우주 창조에 관한 경전의 이야기는 다양한 방식으로 설명된다.
그림은 비존재에서 존재로 이어지는 창조의 과정을
도형의 형태로 그린 얀트라 가운데 하나.

게'(vyākaravāni) 되었다."(『찬도기야 우파니샤드』, VI.3.1~2)

웃달라카의 이 같은 진술로 비존재에서 존재로 이어지는 모순점은 어느 정도 해결된 듯하다. 결국은 존재에서 존재가 나왔다는 것이다. 다만 드러나지 않았던 존재(비존재)가 모습을 드러낸 것뿐이고, 만들어진 것이라기보다는 '드러난 것'일 뿐이다. 문제는 하나의 존재에서 다양한 존재로 전개되는 것인데, 이것은 불교에서 말하는 '일즉다 다즉일'(一卽多 多卽一)의 논리와 상통하며, 서양 철학에서 신플라톤주의의 창시자인 플로티누스가 말하는바 "일자(一者)에서 다자(多者)로 전개되어간다"는 유출설(流出說)과도 흡사한 면이 있다. 웃달라카는 계속하여 그의 아들 슈베타케투에게 존재로서의 아트만이 진리라는 이름과 일치하고 있음을 말하고 있다. 처음부터 존재는 곧 진리였고, 동시에 우주의 근원적 본질인 아트만이며, 또한 그것을 깨닫는 너 자신이 바로 존재요 진리 자체라는 것이다.

"만물의 근원인 그 미세한 존재를 세상 만물이 아트만으로 삼고 있다. 그 존재가 진리다(tat satyam), 그 존재가 아트만이다(sa ātmā), 그것이 바로 너다(tat tvam asi), 슈베타케투야." (『찬도기야 우파니샤드』, VI.8.7)

여기서 우리는 존재가 진리요 아트만이며 더 나아가 '그것이 바로 너 자신이다'라는 진술을 듣게 된다. '그것이 바로 너다'라는 이 유명한 명제, '타트(그것이) 트밤(너) 아시(이다)'는 우파니샤드 전체에서 '진리 중의 진리'라는 말로 설명된다. 너 자신이 우주의 근원이며 궁극적 진리라는 충격적인 선언은 '참 나'로서의 아트만이 바로 존재 그 자체의 뿌리요 진리라는 것이다. 본문에서는 '그 존재가 진리다'(tat satyam)라고 하면서도 동시에 '그 존재가 아트만이며(sa ātmā) 바로 너 자신'이라고 말한 것이다. 이러한 형태의 진술은 『브리하드아라냐카 우파니샤드』에서도 나타나고 있으며, "진리로서의 브라만을 아는 자, 처음 존재로서의 브라만을 아는 자는 세상을 정복하리라"고 말한다.[8]

'진리'로서의 브라만을 이해하는 방식에 대해서는 우파니샤드 내에서도 의견을 조금씩 달리하고 있는데, '참'으로서의 진리라는 문제에는 이견이 없지만 산스크리트어 '사티얌'(satyam: 진리)을 해석하는 데는 문자적으로 풀이가 달라진다. 이른바 어원학적 해석의 차이인데, 『브리하드아라냐카 우파니샤드』에서는 이렇게 말하고 있다.

"브라만은 진리다(satyam brahma). 브라만이 프라자파티(조물주)를 만들었고, 프라자파티는 신(devā)들을 만들었다. 이 신들은 진리를 명상했다. 진리는 사(sa)-티(ti)-얌(yam)이라는 세 개의 음절(try-aksaram)로 이루어졌다. '사'가 한 음절, '티'가 한 음절, '얌'이 한 음절이다. 첫 번째와 마지막 음절은 진리이고, 가운데 음절은 비진리(非眞理, anrtam)다. 이 비진리는 양쪽의 진리에 싸여 있다. 비진리가 진리 그 자체의 일부에 가담하고 있다. 이것을 아는 자는 비진리로 해를 입지 않는다."(『브리하드아라냐카 우파니샤드』, V.5)

이 본문에서는 진리인 '사티얌'을 세 개의 음절로 나누어 분석하면서 진리와 진리 아닌 것이 함께 공존함을 설명하고 있는데, 현자는 진리 아닌 것에서 진리를 발견하여 해를 입지 않는다고 말한다. 그러나 『찬도기야 우파니샤드』에서는 진리의 어근을 다르게 해석한다.

"실로 진리는 세 음절 사트(sat)-티(ti)-얌(yam)으로 구성되어 있다. '사트'는 불멸이고, '티'는 죽음이며, '얌'은 이 둘을 묶어준다. 이 둘을 묶어줄 수 있는 것은 '얌'이 있기 때문이다. 이것을 아는 자는 매일 천상의 세계에 들어간다."(『찬도기야 우파니샤드』, VIII.3.5)

『브리하드아라냐카 우파니샤드』에서는 진리와 진리가 아닌 것으로 음절을 구분하여 설명하고 있으나, 『찬도기야 우파니샤드』에서는 불멸과 죽음이라는 각도에서 진리의 문제를 어원으로 풀이하고 있다. 그러나 산스크리트어가 가지는 어근의 다의성 때문에 어느 쪽으로 해석해도 무방할 것 같다. 진리와 불멸 또는 비진리와 죽음은 상호 교차적으로 이해가 가능한 것이기 때문이다.

한 가지 더 흥미로운 분석은 『카우시타키 우파니샤드』에서 나오는데, '사티얌'을 '사트'(sat)와 '트얌'(tyam) 두 개의 음절로 구분하여 해석하고 있다. 여기서 '사트'는 신들(또는 감각 기관)이나 호흡과는 다른 어떤 참 존재이며, '트얌'은 신들과 호흡을 말한다. 이 두 개 음절을 합쳐서 '사티얌'이라고 한다.[9] 이러한 분석에 따르면 진리는 신들을 포함한 감각 기관이나 생명의 호흡을 내포하면서도 그것과는 또 다른 참 존재를 가리키는 것이기도 하다.

지금까지 우파니샤드가 존재로서의 브라만에 대해 어떻게 말하고 있는지를 다양하게 검토해보았다. 브라만이 비존재냐 또는 존재냐 하는 문제에서부터 존재의 시작은 어떻게 진행되어왔는가 하는 문제까지 살펴보았다. 그러나 이러한 존재와 비존재의 구분에 대한 논의는 후기 우파니샤드로 갈수록 점차 사라지고, 오히려 이 두 가지를 넘어서고 초월하는 존재로서의 브라만으로 설명되고 있다. 브라만은 처음부터 '존재와 비존재의 구분이 없이'(na san na cāsac), 오직 유일한 '불멸의 존재'(aksaram)로 존재할 뿐이었다.[10] 그리고 후기 우파니샤드에 속하는 『문다카 우파니샤드』에서 지적하는 바처럼 '존재와 비존재(sad asad)의 모든 것'이며, '궁극적으로 추구해야 할 대상'(varenyam param)으로서, '인간의 지혜로는 이해할 수 없는 지고한 존재를 알라'[11]는 역설만을 말하고 있을 뿐이다.

그러면서도 이 불멸의 지고한 브라만(aksare brahma-pare)은 두 가지 속성을 동시에 지니고 있다. 따라서 '지혜와 무지'(vidyā-avidyā) 양면에 깊이 감추어져 있다. 그러나 무지는 멸망해도 (ksaram tu avidyā) 지혜는 불멸한다(amrtam tu vidyā). 지혜와 무지를 다스리는 자는 지혜와 무지 이 양자와도 근원적으로 다른 자다.[12] 무지와 지혜 그 자체의 구분도 초월하는 불멸의 브라만이 되는 것이다. 불교식으로 말하면 무분별지(無分別智)의 단계에 이르게 된다. 이제 그러한 의식(cit)으로서의 브라만에 대하여 생각해보자.

의식으로서의 브라만

우주와 인간의 본질을 통찰하는 데 철학적 진술로 흔히 말하게 되는 제1원리로서의 브라만/아트만은 인간 내면의 '의식'과 직접적인 관련이 있다. 브라만이 우주의 원형적 본질이라면 아트만은 인간 내면의 원형적 의식이라고 말할 수 있을 것이다.

우주의 외형적 세계관을 진술하는 방식과 인간 내면의 의식을 설명하는 방식은 서로 다르다. 그러나 우주의 수많은 물질적 현상의 저변에 근원적인 존재인 브라만이 자리하고 있듯이, 인간의 육체적 감각적 기관의 내면에도 근원적인 존재로서의 의식이라는 아트만이 있다.

의식의 작용은 '지성'(intellectualism)으로 나타난다. 이러한 지성적 작용으로서의 의식은 인간뿐 아니라 우주의 차원인 브라만의 영역에서도 마찬가지로 적용된다. 말하자면 인간의 육체적 영역을 넘어선 우주적 의식과도 통하는 이야기라는 것이다. 『브리하드아라냐카 우파니샤드』에서는 모든 것 속에 들어 있는 아트만으로서의 브라만에 대해 다음과 같이 언급하고 있다.

"'야즈냐발키야여, 가까이에 현존하고 직접적으로 느낄 수 있으며 모든 존재 속에 깃든 아트만, 그 브라만에 대해 말해주시겠습니까?'
'모든 것 속에 존재하는 그것이 아트만이라오(ya ātmā sarvāntara).'"(『브리하드아라냐카 우파니샤드』, III.4.1)

현자 야즈냐발키야와 우사스타(Usasta)가 나눈 대화 속에 보이는 것처럼 브라만은 아트만과 동일시되면서 모든 사물 속에 내재하는 근원적 존재를 말하고 있다. 그러나 우사스타는 다시 모든 사물 속에 내재하는 근원적 존재는 무엇을 말하는가 하고 질문하고 있다. 이에 대해 야즈냐발키야는, 숨을 쉴 때 '숨을 쉬는 자'를 모든 것 속에 깃들어 있는 아트만이라 한다고 대답한다. 이 대답에도 만족을 느끼지 못한 우사스타는 다시 야즈냐발키야에게 묻는다.

"'이것이 소(牛)다, 이것이 말(馬)이다라고 말할 수 있듯이

모든 것 속에 깃들어 있는 아트만으로서 가까이에서 직접적으로 느낄 수 있는 브라만에 대해 설명해주십시오.'

'모든 것 속에 존재하는 그것이 아트만이오.'

'야즈냐발키아여, 모든 것 속에 존재하는 그것이 무엇이란 말입니까?'

'보는 것을 보는 자를 보지 못하고(na drster drastāram), 듣는 것을 듣는 자를 듣지 못하고(na śruter śrotāram śrnuyāh), 생각하는 것을 생각하는 자를 생각하지 못하고(na mater mantaram manvīthāh), 깨닫는 것을 깨닫는 자를 깨닫지 못하는 법이오(na vijnāter vijnātāram vijānīyāh). 그가 모든 것 속에 깃들어 있는 그대의 아트만이오. 그 밖의 모든 것은 덧없이 소멸되는 것(ārtam)이오.'

그러자 우사스타는 침묵했다."(『브리하드아라냐카 우파니샤드』, III.4.2)

이 대화에서 우리는 앎의 문제, 곧 깨달음의 문제에 직면하게 된다. 보고 듣고 생각하는 전 감각적 과정을 거쳐서 결국 터득하게 되는 그 과정에서 감각과 인식을 주관하는 자, 내면의 존재, 즉 아트만을 깨닫는 것이 요청되고 있다. 보는 자를 보고, 듣는 자를 들으며, 생각하는 자를 생각하고, 깨닫는 자를 깨달을 수 있다면 그가 바로 아트만임을 알게 된다. 그러나 그 밖의 것은 본질적인 것이 되지 못하여 변화 속에서 곧 소멸되어버리고 마는 것들이다. 이 모든 과정에 깨달음이라고 하는 '의식'의 차원이 브라만/아트만의 실체를 구성하고 있다.

『브리하드아라냐카 우파니샤드』의 다른 본문에서는, 모든 과정에서도 소멸되지 않는 이 불멸의 존재를 깨닫는 자는 브라만을 아는 자라고 말한다. 다시 말해서 불멸의 존재가 브라만이라는 것이다. 이 브라만은 다음과 같이 '의식'의 깨달음 차원에서 거듭 설명되고 있다.

"오, 가르기(Gārgi)여, 이 불멸의 존재(aksaram)를 알고 이 세상을 떠나는 자 그는 브라만을 아는 자(brāhmanah)다.

가르기여, 이 불멸의 존재는 보이지는 않지만 보는 자요(adrstam drastr), 들리지 않지만 듣는 자요(aśrutam srotr), 생각할 수는 없지만 생각하는 자요(amatam mantr), 알 수 없지만 아는 자다(avijnātam vijāntr).

그 외에 보는 자가 없고, 그 외에 듣는 자가 없으며, 그 외에 생각하는 자가 없고, 그 외에 아는 자가 없다.

오, 가르기여, 이 불멸의 존재는 피륙의 날줄과 씨줄 같은 것으로 대공을 둘러싸고 있다."(『브리하드아라냐카 우파니샤드』, III.8.10~11)

여기서 우리는 불멸의 존재에 주목하게 되는데, 불멸의 존재는 브라만이자 동시에 불멸 그 자체를 '아는' 자다. 다시 말해서 불멸을 '의식'하는 자요, 의식하는 자가 곧 브라만이라는 것이다. 이 불멸의 존재는 '보이지 않지만 보는 자요, 들리지 않지만 듣는 자이며, 생각할 수 없지만 생각하는 자요, 알 수 없지만 아는 자'다. 오직 그 불멸의 존재 그만이 '의식'함으로써 보고 듣고 생각하고 알게 된다. 그것이 아는 자, 곧 '의식'(cit)으로서의 브라만이다.

『브리하드아라냐카 우파니샤드』에서 마이트레이에게 들려주는 비유에 의하면, 의식으로서의 이 아트만은 바다와 같아서 모든 물이 그곳으로 모여드는 것 같은 '하나의 도달점'(ekāyanam)으로 설명된다. 또 아트만을 인체의 감각 기관에 비유하여, 피부는 모든 감촉을 느끼는 하나의 도달점이며, 혀는 모든 맛을, 코는 모든 냄새를, 눈은 모든 형태를, 귀는 모든 소리를 감지하고, 마음은 모든 생각을 감지하고 의식하는 하나의 도달점이라는 말한다. 또한 두 손은 모든 행위가 하나로 수렴되는 도달점이며, 생식기는 모든 기쁨이, 항문은 모든 배설이, 두 발은 모든 움직임이, 목소리(언어)는 모든 베다가 하나로 수렴되는 도달점이다.[13]

의식으로서의 브라만은 이와 같이 '하나의 도달점' 역할을 하게 된다. 모든 것이 이 하나의 의식 속으로 수렴된다는 의미다. 역설적으로 이 의식은 다시 모든 만유 속에 편재하게 된다. 『브리하드아라냐카 우파니샤드』에서는 이 점을 물과 소금에 비유하여 이렇게 말하고 있다.

"그것은 마치 소금 덩어리가 물에 녹으면 물속에 해체되어 그 모습이 보이지 않고 잡을 수도 없지만, 물속 어느 부분을 취해보아도 소금의 맛을 느낄 수 있는 것과 같다. 실로 이와 같이 위대한 존재, 무한하여 경계가 없는 '의식'으로 존재할 뿐이다. 이 세계의 모든 요소가 합쳐서 생겨났다가 다시 그 속으로 흩어져가는 것이다. 이것에서 벗어나면 더 이상 의식도 없는 것이다."(『브리하드아라냐카 우파니샤드』, II.4.12)

물과 소금의 비유에서 알 수 있듯이 브라만의 의식은 우주 속에 편만해 있다. 이 의식은 무한의식이며, 일체 모든 생성과 소멸 과정에 존재하는 의식이다. 이제 이 불멸의 브라만을 '의식'하는 자가 아트만인데, 그 아트만은 인간의 내면에서 어떻게 기능하는 것인가? 『찬도기야 우파니샤드』에서 좀더 상세히 말해주고 있다.

"이제 눈을 공간 속으로 돌려보자. 바라보는 자가 있는데, 이때 눈은 보기 위해 있는 것이다. 이제 또 '이것을 냄새 맡자'라고 의식하는 것, 그것이 아트만이다. 코는 냄새를 맡기 위해 있는 것이다. 이제 '이것을 말하자'라고 의식하는 것, 그것이 아트만이다. 목소리는 말을 하기 위해 있는 것이다. 이제 '이것을 들어보자'라고 의식하는 것, 그것이 아트만이다. 귀는 듣기 위해 있는 것이다.

'이것을 생각해야지' 하고 의식하는 자, 그것이 아트만이다.

마음은 아트만의 신성의 눈이다. 실로 아트만은 이 신성의 눈으로 기쁨을 얻고 즐긴다."(『찬도기야 우파니샤드』, VIII.12.4~5)

결국 의식의 주체(perceiver)가 아트만이라는 것이다. 보는 것을 보는 자이며, 냄새 맡는 자를 알고, 말하는 자신을 알며, 듣고 있는 자신을 알고 의식하는 주체가 아트만이다. 이 의식의 주체는 '감각적 기관의 이면에 있는 영적 존재로 마음을 비추는 본질적 의식'이다.[14] 이 의식의 주체의 궁극적 상태는 기쁨이다. '이 아트만을 알고 깨달은 자는 모든 세계의 즐거움을 얻으리라'[15]고 말하기 때문이다. 이제 다음에서 브라만/아트만의 궁극적 존재 방식인 '환희'로서의 브라만에 대하여 살펴보자.

환희로서의 브라만

현존하는 세계 거대 종교의 기본적 가르침은 구원과 해탈이라는 문제에 초점이 맞추어져 있다. 구원이란 무엇인가 하는 문제는 철학적 주제라기보다는 어디까지나 종교적 주제이기 때문이다. 인도 사상의 핵심인 브라만의 진리와 가르침 또한 구원의 문제, 곧 해탈이라는 주제와 긴밀히 연관되어 있다. 그런데 영원한 자유로서의 해탈이라는 구원의 존재 방식은 무엇인가 하는 점에서 브라만의 사상은 독특하다고 볼 수 있다. 앞서 언급한 것처럼 구원의 존재 방식이란 곧 브라만의 존재 방식과 맥락을 같이한다. 브라만의 존재 방식은 크게 존재, 의식, 환희라는 차원으로 구분하고 있음을 살펴본 바 있다. 그러면 이제 브라만의 궁극적 존재 방식 가운데 하나인 환희에 대하여 알아보자.

환희라는 의미는 어떤 면에서 슬픔이나 고통 같은 괴로움의 실존에서 벗어난 상태다. 그런 점에서 염세적 또는 허무주의적 세계관과 다르다. 환희는 분명 고통과 괴로움에서 벗어난 상태의 실존인 만큼 해방, 곧 해탈의 의미를 갖는다. 인간이 가장 괴로워하는 부분이 고통과 슬픔의 비애다. 이 고통과 비애의 문제에서 해방을 얻고 환희에 이르는 길에 대하여 우파니샤드는 무엇이라고 말하고 있을까? 우선 환희를 말하기 이전에 고통의 문제를 어떻게 이해하며 그것을 극복하는 방법에 대해 어떻게 말하고 있는지를 살펴보자. 『브리하드아라냐카 우파니샤드』는 다음과 같이 말하고 있다.

"이제 카홀라 카우시타케야(Kahola Kausitakeya)가 물었다.
'야즈나발키야여, 곧바로 현존하고 직접적으로 인식할 수 있는 브라만, 곧 모든 것들 속에 깃들어 있는 아트만에 대하여 설명해주시오.'
'모든 것들 속에 깃들어 있는 그것이 그대의 아트만이오.'
'야즈나발키야여, 모든 것 속에 무엇이 들어 있다는 것이오?'
'배고픔과 목마름, 슬픔과 미혹, 늙음과 죽음을 초월하는 것이 들어 있소. 현자는 그 아트만을 알고, 자손에 대한 갈망

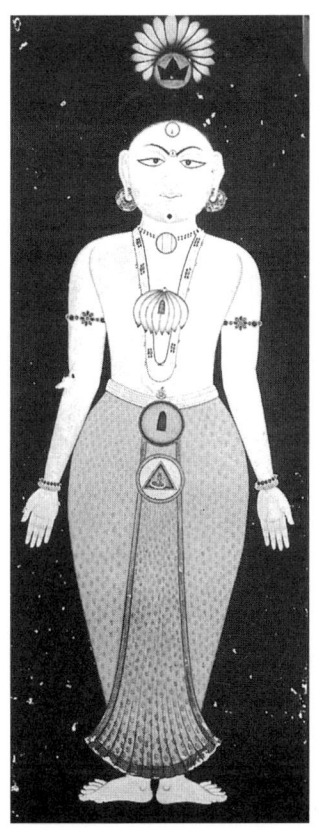

깨달음을 통해 브라만의 궁극적 상태인
초월적 환희의 꽃이 머리 위에 피어 있는
모습을 형상화한 것.

(esanā), 부에 대한 갈망, 세속적인 욕망에 대한 갈망을 버리고 수도승(수행자)의 삶을 살지요. 자손에 대한 갈망은 부에 대한 갈망이며, 부에 대한 갈망은 세속적인 갈망으로 이들 모두 갈망에 불과할 뿐이오. 그러므로 현자는 깨달음(공부)을 얻은 후에 어린아이처럼 살기를 꿈꾸지요. 그는 깨달음을 얻은 후 어린아이처럼 살면서 모든 것을 아는(nirvidya) 성자(munih)가 되는 것입니다. 그런 후에 그는 침묵하거나(maunam) 침묵하지 않거나(amaunam) 브라만을 아는 자(Brāhmana)가 되는 것입니다.'

'브라만을 아는 자는 어떻게 행동합니까?'

'그는 무슨 행동을 하게 되든지 브라만을 아는 자로서 행동하게 됩니다. 브라만을 아는 지혜 외에는 일체가 덧없을 뿐입니다.'

그러자 카홀라 카우시타케야는 입을 다물었다."(『브리하드 아라냐카 우파니샤드』, III.5. 1)

본문에서는 고통이라는 문제와 브라만/아트만의 관계에 대해 설명하고 있다. 엄연히 현존하는 고통과 슬픔의 문제를 어떻게 극복할 것인가에 대한 현자 야즈냐발키야의 대답은, 배고픔과 목마름과 슬픔 등 생로병사가 현존하지만 그 현존하는 고통을 초월(극복)하는 그 무엇이 있는데, 그것이 브라만이요 아트만이라는 것이다. 그렇다면 그 초월하게 하는 브라만과 아트만을 어떻게 알 수 있는가? 모든 고통의 근원이 '갈망'(esanā, kāmah)임을 알고, 그것을 극복하는 공부를 통해서 깨달음을 얻으며, 그 결과로 '어린아이와 같은 순수한 상태(bālya)'를 유지하며 살게 되는 것이다. '어린아이와 같은 순수한 상태'의 문자적 의미는 '자기중심적 지식의 철저한 비움'(jnāna-bala-bhāva)이다. 이것을 이른바 '비움의 영성'이라고 말해도 좋을 것이다. 그런 의미에서 갈망의 극복으로서의 '초월'은 '비움'과 다를 바가 없다. 이러한 순수한 비움의 상태에 이를 때 비로소 브라만을 알게 되고 동시에 브라만이 되어 브라만으로서 행동하게 된다. 그 순수함 속에 이미 브라만과 아트만이 내재하기 때문이다.

브라만을 알고 브라만이 되는 조건에 대해 『브리하드아라냐카 우파니샤드』의 이 본문에서는 이와 같이 깨달음의 공부를 통해 어린아이처럼 사는 것을 강조하고 있다. 어린아이처럼 산다는 것은 직접적이고 단순한 데서 오는 순수성을 말한다. 그런 의미에서 복잡한 계산을 하지 않고 산다는 것이기도 하다. 그러나 그렇다고 해서 어린아이에 머문다는 것이 아니라 어린아이처럼 된다는 의미다. 이것은 '지성적 자부심의 포기'로서의 '지성의 제사'(sacrificium intellectus)와 같은 것이다.[16]

'어린아이와 같이 되라'는 것은 예수의 가르침이기도 하다. 예수가 "너희가 돌이켜 어린아이와 같이 되지 아니하면 결단코 천국에 들어갈 수 없다"고 선언한 것과 같은 것이다. 그리하여 예수는, 이 비밀스런 가르침을 똑똑하고 분별 있는 자들에게는 숨기고 어린아이들에게 계시해준 것을 하늘에 계신 아버지께 감사한다고 말하고 있다. 중국의 양명학 좌파였던 사상가 이지(李贄: 호는 탁오[卓吾])가, 인간이 근원적 선한 본성으로서의 동심(童心)을 회복할 때 비로소 진정한 자유인이 된다고 했던 것과도 맥을 같이한다. 이는 또 노자가 '다시 뿌리로 돌아갈 것'(復歸於其根)을 역설한 것과도 비교된다.

위의 본문이 말하고 있는 것처럼 깨달음 이후에 얻게 되는 침묵(mauna)은 말을 삼가는 것으로 명상적 삶에 도움이 된다. 복잡하고 시끄러운 삶의 현장에서 빠져나와 끊임없이 내면의 고요함을 유지하면서 상황 속에 매이지 않고 시공을 초월할 수 있는 침묵의 시간을 가지는 것이 필요하다. 실존주의 철학자 키르케고르는 침묵에 대하여 다음과 같이 말하고 있다. "오늘날의 세계는 병들어 있다. 만일 내가 의사라면, 그리고 누군가 나에게 충고를 부탁한다면 나는 말할 것이다. '침묵을 창조하라'고. 그리하여 사람들이 침묵할 수 있도록."[17]

진정한 깨달음을 얻은 자라면 불필요한 말을 삼갈 것이며, 동시에 말을 할지라도 시끄럽지 않을 것이다. 이제 우리는 고통의 이해에서 출발하여 그 근원이 되는 갈망과 초월의 문제를 비움의 차원에서 논의했다. 그리고 그 비움의 결과는 어린아이처럼 사는 것이라는 것도 알게 되었다. 그렇다면 고통과 슬픔 등의 문제는 브라만의 존재 방식으로서의 '환희'와는 어떤 상관관계가 있을까? 그 관계는 이렇다. 고통과 슬픔, 죽음 등의 문제도 결국은 브라만의 궁극적 상태인 '환희'로 귀결되는 것이다.

우파니샤드에서의 환희, 곧 지복(至福)은 브라만의 속성이나 또는 어떤 상태를 말한다기보다는 오히려 브라만의 독특한 본질 그 자체다. 굳이 속성이라고 말한다면 브라만의 본질적 속성이라고 할 수 있을 것이다. 브라만은 환희를 '지닌 자'(ānandin)라기보다는 환희(ānanda) '그 자체'라는 뜻이다. 이러한 브라만과 환희(아난다)의 동일시는 두 가지 견해에 기인하는 것이다. 첫째는 주관과 객관의 대립적 구별을 넘어선 깊고 꿈 없는 잠의 상태로서 브라만과 일시적인 연합을 이루고 있다는 견해다. 둘째는 모든 고통이 사라진 상태로서의 더없는 기쁨이다.[18] 그렇다면 이제 브라만의 본질이 어떻게 환희와 결부되고 있는지 좀더 자세히 살펴보기로 하자. 『브리하드아라냐카 우파니샤드』에서는 다음과 같이 말하고 있다.

"의식으로서의 이 존재(브라만과 아트만)가 깊은 숙면의 상태에 들면 아무것도 의식하지 않은 채 심장으로부터 온몸에 분포되어 있는 '히타'(hitāh: 선행을 베푼다는 뜻)라 불리는 칠만 이천 개의 정맥 속으로 흘러들어와 심낭 속에 머물게 된다. 어린아이가 그리하듯, 또는 훌륭한 왕이나 훌륭한 사제가 그리하는 것처럼 지극한 환희(atighnīm ānandasya)의 안식을 즐기듯 의식으로서의 브라만과 아트만도 그러한 환희 속에 안식한다." (『브리하드아라냐카 우파니샤드』, Ⅱ.1.19)

위의 본문 속에서 우리는 브라만과 아트만의 '존재'가 어떤 상태로 '의식'하며 어떤 상태로 '환희'를 누리는가 하는 문제를 동시에 보게 된다. 그것은 아트만이 몸의 중심부가 되는 심장에서 생명을 공급하는 혈맥으로 이어진 정맥을 타고 온몸으로 퍼져가서 다시 온몸으로 돌아오는 과정 속에 존재할 뿐 아니라, 깊은 숙면의 상태에서 아무것도 의식하지 않는 의식 그 자체로서 지극한 환희를 즐긴다. 말하자면 주객 도식을 극복한 대상적 의식이 없는 주체적 의식이다(νόησις νοήσεως). 불교적으로 말하면 적멸(寂滅)과 적정(寂靜)의 순수의식이다. 이때의 적멸과 적정은 소승적 차원이 아닌 대승적 차원으로서 상(常), 락(樂), 아(我), 정(淨)과도 통한다.

이와 같이 브라만과 아트만의 환희를 알고 난 사람은 선악의 상념(傷念)들로 인한 괴로움을 받지 않으며, 그리하여 선악의 차별적 구별도 넘어서서 일체의 모든 것을 하나로 알게 된다.[19] 이것은 현상적 세계의 선, 악을 무시한다는 뜻이 아니다. 선과 악의 상대적 지식과 그로 인해 받게 되는 마음의 상처와 괴로움을 더 이상 겪지 않게 된다는 것이다. 이것이 '비밀스런 가르침'으로서의 우파니샤드이다.

『타이티리야 우파니샤드』에서는 브라만과 아트만을 깨닫는(brahma-vid) 기쁨에 대해 언급하는데, 그 기쁨보다 더 큰 다음 열 가지 단계를 말하고 있다. 우선 젊고 잘생기고 건강한 부자 청년이 갖는 인간적인 기쁨(mānusā ānandāh)에 비교한다. 그리고는 그보다 백배나 더 나은 기쁨이 경전(베다)을 잘 공부하고(śrotriyasa) 욕망을 극복한(kāmahatasya) 인간적-천상의 존재인 간다르바(mānusya-gandharvānām ānandāh)로 태어나는 것이며, 그보다 백배나 더 큰 기쁨이 신적-천상의 존재인 간다르바(deva-gandharvānām ānandāh), 그다음이 영원한 세계에서 사는 조상(pitrnām)의 기쁨이며, 그보다 백배 더 큰 기쁨이 본래 태어남이 없는 신들이 갖는 기쁨(ajānajānām devānam ānandāh), 훌륭한 행위(karma)를 통해 신이 된 자(karma-deva)의 기쁨, 천상의 신의 기쁨(devānam ānandāh)과 더 높은 단계의 기쁨이 인드라 신이 갖는 기쁨(indrasyānadāh), 브리하스파티의 기쁨(brhaspater ānandāh), 창조자 프라자파티의 기쁨(prajāpater ānandāh), 마침내 이보다 백배 더 큰 기쁨인 브라만의 기쁨(brahmana ānandāh)이 최종적이고 궁극적인 기쁨이 된다. 이 모든 과정에서 반드시 요구되는 조건이 베다의 '올바른 공부와 욕망의 굴레에서 벗어나는 것'(śrotriyasa cākāmahatasya)이다.[20] 한마디로 마음의 수행 공부와 욕망의 극복(kāma-hatah)이 해탈의 수단이 되는 것이다.

이상에서 우리는 『타이티리야 우파니샤드』에서 말하는바 브라만을 아는 기쁨이 지고의 기쁨이라는 것을 보게 되었지만, 『브리하드아라냐카 우파니샤드』에서도 거의 동일한 진술이 거듭되고 있다. 예컨대 건강하고 재산이 풍족하여 인간이 가질 수 있는 행복의 조건을 다 가졌다 해도 그것보다 더 큰 기쁨은 '지고의 기쁨'인 브라만의 세계를 깨치는 것이라고 말하고 있다. 본문에서 '이것이 올바로 깨닫고 욕망을 극복한 자의 지고의 기쁨이요, 브라만의 세계다(brahma-lokah)'[21]라고 말할 때, 브라만과 기쁨(환희)의 동일시를 보게 된다. 이때 '브라만의 세계'는 '브라만에 속한 세계'(brahmano lokah)가 아니라 '세계 그 자체로서의 브라만'(brahma eva lokah)이다.[22] 그러므로 전체 세계로서의 브라만은 환희로서의 브라만이요, 환희로서의 아트만(ānanda-ātmānah)이 되는 것이다. 환희에 이르지 못한 것은 아직도 브라만 그 자체의 세계를 깨닫지 못하고 있다는 반증이기도 하다.

환희로서의 브라만을 이제 조금 다른 각도에서 살펴보자. 『찬도기야 우파니샤드』에 따르면 "브라만은 생명/호흡(prāna)이며, 기쁨(kam)이고 대공(kham)이다."[23] 이때 산스크리트어로 '캄'(kham)은 대공(ākāsa)이고, '깜'(kam)은 기쁨(ānanda)이다. 그런데 본문에서 브라만에 비유하여 각각 '생명과 기쁨과 대공'을 열거한 것에 주목해보면, 이들 상호간에는 일정한 조화의 관계가 있음을 알게 된다.

『찬도기야 우파니샤드』의 본문에 따르면, "기쁨(sukham)은 무한함(bhūmā)에 있다"[24]고 하여 기쁨이 무한과 동일시된다. 기쁨이 무한에 있다는 것은 '무한은 불멸이요 유한은 죽음'[25]이기 때문이다. 그런데 여기서 다시 어원적 고찰을 해보면 '기쁨'이라는 뜻의 '수캄'(sukham)은 앞서 본 '캄'(kham), 즉 대공(ākāsa)과 어근을 같이하고 있다. 그리하여 기쁨이 무한과 결속되는 것이다. 유한한 것에서 찾는 기쁨이 아니라 무한함 속에 지고의 기쁨, 곧 브라만의 환희가 있다는 것이다.

그런데 더 놀라운 사실 가운데 하나는 『카우시타키-브라흐마나 우파니샤드』에서 말하고 있듯이, 우리가 환희 그 자체를 알아야 하는 것이 아니라 '환희를 누리게 하는 자를 알아야 한다'(vijnāsītānanadasya)[26]는 점이다. '환희를 누리게 하는 자', 그가 곧 불멸의 환희인 것이다. 이어지는 본문에서 '이 생명/호흡(prāna)이 곧 지혜의 아트만(prajnātman)으로 결코 늙지 않는 불멸의 환희(ānanda)'라고 말하고 있기 때문이다. 다시 말해 환희를 누리게 하는 불멸의 환희로서의 브라만을 알아야 한다는 것이다.

지금까지 존재로서의 브라만과 의식으로서의 브라만, 그리고 환희로서의 브라만이라는 세 가지 차원에서 브라만을 살펴보았다. 물론 브라만의 본질적 속성과 존재 방식은 이 세 가지 이외의 다른 방식으로도 얼마든지 설명할 수 있겠지만 우파니샤드 본문이 말하고 있는 대요는 이 세 가지 속성을 언급하는 것으로도 충분히 핵심을 벗어나지 않는 것이라 할 수 있다. 왜냐하면 존재는 진리(satyam)와 어근을 같이하며, 의식(cit)은 지혜(prajnā)와 생명/호흡(prāna), 그리고 환희(ānanda)는 무한한 공간(ākāsa)과 뜻이 결합되기 때문에 이 셋의 의미 연관에 따라 브라만의 존재 방식에 대한 논의는 보다 더 확대될 수 있을 것이다.

이것도 아니고 이것도 아니다

'네티 네티'의 브라만

> "실로 처음에는 우주에 브라만뿐이었다. 그는 하나였으며 무한한 존재였다. 그는 동쪽으로 무한하며 남쪽으로 무한하고 서쪽으로 무한하며 북쪽으로 무한했다. 위로 아래로 모든 방면으로 무한했다."

부정어로만 묘사할 수 있는 절대적 차원

지금까지 우파니샤드 본문에 나타난 브라만의 본질적 존재 방식을 존재-의식-환희(sat-cit-ānanda)라는 세 가지 각도로 대별하여 고찰해보았다. 또 이러한 사상이 초기 우파니샤드에서 맹아를 보인 뒤에 후기 베단타 사상에서 체계화되고 있었던 것도 살펴보았다. 그러나 이 세 가지 본질적 속성에 관해 우파니샤드 본문은 완전히 공식화하거나 단정적으로 정의하지 않고 부분적으로만 묘사해왔을 뿐이다. 더욱이 브라만의 본질적 속성을 말할 때 '존재'의 문제는 우리가 일상적으로 경험하는 차원의 존재가 아니라 오히려 존재를 느낄 수 없는 비경험적 존재였다.

'의식'의 문제를 이야기할 때도 마찬가지다. 우파니샤드가 말하는 것처럼 '의식하는 것을 의식하는 자'(knower of knowing)의 문제에서도 언제나 의식하는 그 자체는 알 수 없는 존재로 남아 있다. 같은 맥락에서 '환희'도 우리가 일상에서 경험하는 그런 환희는 아니다. 오히려 깊은 수면 상태에서의 꿈 없는 잠에서나 경험할 수 있는 주객 도식을 벗어난, 그리하여 의식이 멈춘 고도의 '의식 없는 의식' 속에서 얻어지는 환희다. 이러한 측면에서 보면 브라만의 본질적 속성으로서의 '존재-의식-환희'는 긍정적 진술보다는 부정적 진술 속에서만 묘사될 수 있는 절대적 차원이라고 말할 수 있을 것이다.[1]

존재는 경험적 존재가 아니고, 의식 또한 주관과 객관의 인식적 상호 작용의 대상적 차원을 벗어나 있는 것이고, 환희도 주객 도식의 인식에 따른 것이 아닐진대, 브라만의 세 가지 본질적 속성은 부정적인 방식으로서만 기술될 수밖에 없다. 그런 점에서 브라만은 불가해적 존재이며 절대적 불가지성을 띠고 있다고 말할 수밖에 없다. 이러한 관점을 말해주는 우파니샤드 본문의 진술을 들어보자. 『브리하드아라냐카 우파니샤드』에서는 현자 야즈나발키야가 비데하의 왕 자나카에게 아트만에 대하여 다음과 같이 말하고 있다.

> "모든 방향에 모든 생명이 있다(sarvā diśah, sarve prānāh). 그러나 아트만은 이것도 아니고 이것도 아니다. 이해될 수 없기에 '이해될 수 없는 자'이며, 파멸될 수 없기에 '파멸될 수 없는 자'이고, 집착하지도 않기에 '집착하지 않는 자'이며, 얽매여 있지도 않고 고통을 받지도 않기에 '고통이 없는 자'다."(『브리하드아라냐카 우파니샤드』, IV. 2.4)

여기서 우리가 주목해야 할 대목은 현자 야즈나발키야가 말하고 있는 바와 같이 아트만은 '이것도 아니고 이것도 아니다'라는 부정의 진술이다. 이 진술이야말로 브라만과 아트만 이해의 초석이 되는 선언적 명제다. 앞에서 본 바와 같이 인식론적 또는 경험적 차원에서 브라만과 아트만을 이해하는 데는 한계가 있기 때문이다. 마치 노자의 사상에서 "도를 도라고 하면 영원한 도가 아니고, 이름을 굳이 붙인다 해도 그것이 제대로 된 영원한 이름이 될 수 없다"(道可道非常道 名可名非常名)고 한 것과 같다. 한마디로 브라만과 아트만을 이해하는 것은 도를 이해하는 것과 같은 언어도단의 세계라는 것이다. 그야말로 아무도 그 오묘함을 설명할 수 없다는 '막명기묘'(莫名其妙)다. 브라만을 이해하는 유일한 방편이 있다면 그것은 오히려 '아님'을 거듭 밝힘으로써 부정을 통해 긍정으로 다가가는 '부정의 길'뿐인 것이다.

모든 생명이 사방에서 숨을 쉬고 있지만 그 숨의 근원적 실체를 감각적으로나 인식론적으로 파악할 수 없기에 그는 파악되어지지 않는 자이며, 우주는 끊임없이 생멸을 거듭하면서도 파멸되어지지 않는 것처럼 파멸되어지지 않는 불멸의 존재를 느낄 수 있으나 이해되어지지 않는 불가지한 존재로 남게 된다.

그렇다면 그 불멸의 브라만과 아트만을 어떻게 알 수 있는가? 그것은 다시 말하지만 거듭 '부정의 길'을 통해 더듬어 알 수 있을 뿐이다. 그리스도교의 하느님도 인간이 이해할 수 있는 존재가 아니다. 그러나 어떤 면에서 많은 인간은 하느님을 느끼고 감지한다. 다만 그 하느님은 인간마다 각양각색의 모습으로 다르게 감지될 뿐이다. 그렇다고 하느님이 존재하는가 하는 문제는 또 별개의 논의거리다. 허상과 실상, 존재와 비존재의 문제를 처음부터 다시 논의해야 하기 때문이다.

브라만과 도(道)와 하느님을 같은 선상에서 이해할 것인가, 아니면 각각 별개의 존재로 이해할 것인가 하는 것도 또 다른 문제

제기가 된다. 우리는 지금 우파니샤드의 체계 속에서 브라만과 아트만에 대한 논의를 진행하는 것인 만큼 어디까지나 우파니샤드 현자들의 이야기에 주목할 뿐이다. 그럼 우파니샤드의 다른 본문에서 현자 야즈냐발키야가 말하고 있는 브라만과 아트만 이해의 또 다른 부정적 진술을 살펴보기로 하자.

"오, 가르기여! 브라만을 아는 자는 (변하지 않는) 불멸(aksharam)의 브라만이 대공을 둘러싸고 있다고 말한다. 그것은 거칠지도 않고 미세하지도 않고 짧지도 않고 길지도 않으며 (불같이) 붉지도 않으며 (물같이) 달라붙지도 않는다. 그림자나 어둠도 아니며 공기나 대공도 아니다. 달라붙는 것도 아니고 맛도 아니며, 눈도 귀도 소리도 마음도 아니다. 광휘도 아니고 숨도 아니며 입도 아니고 측량할 수 있는 것도 아니다. 안에 있는 것도 아니고 밖에 있는 것도 아니다. 아무것도 먹지 않으며 누구에게도 먹히지 않는다."(『브리하드아라냐카 우파니샤드』, III.8.8)

현자 야즈냐발키야의 입을 통해 전해지는 이와 같은 브라만과 아트만에 대한 진술에 따르면 그것은 어떤 고정적 실체로 파악될 수 있는 성질이 아니다. 그러나 그러면서도 동시에 브라만은 지혜 있는 자들에게 결코 숨겨지지 않는 그 무엇이다.

『브리하드아라냐카 우파니샤드』의 다른 본문에서는 "숨(생명)

의식의 여러 차원 중에서 고양된 의식의 상태를
형상화한 티베트의 그림.

들의 숨, 눈들의 눈, 귀들의 귀, 마음들의 마음을 아는 자들은 원초적인 브라만을 알게 될 것이다"라고 말한다. 또 "브라만은 오직 마음을 통해서 볼 수 있고 그 외에 어떤 다른 것이 없다"고 한다. 그리고 "논증으로 증명할 수 없는 그 영원한 존재는, 오직 '하나'로 볼 수 있는 지혜로만 깨달을 수 있다"고 한다. 브라만의 불가지성이 오직 '하나'로 보는 마음의 지혜로만 깨달을 수 있게 되는 셈이다. "그 브라만과 아트만은 흠잡을 데 없고 공간을 넘어 있으며 태어남도 없는 거대하고 영원함 그 자체다."[2] 그렇다면 브라만의 불가지성은 어떻게 '가지성'(可知性)으로 변할 수 있을까? 이 점을 좀더 살펴보기로 하자.

위대한 선언 '그것이 바로 너다'

『찬도기야 우파니샤드』에는 어느 현자가 아들 슈베타케투에게 참 존재(sat)로서의 진리(satyam)가 아트만임을 가르쳐주는 길고 긴 대화[3]가 나오는데, 그 가운데 '브라만/아트만이 바로 너다', '그것이 너다'(tat tvam asi)[4]라는 위대한 선언이 등장한다. 이를 보면 브라만/아트만은 불가지성의 존재만은 아닌 것을 알 수 있다. 다음 본문에서 우파니샤드에서 브라만/아트만을 설명하는 여러 가지 비유 가운데 가장 유명한 대목 가운데 하나인 '소금과 물의 비유'를 살펴보자.

"아버지가 아들에게 말했다.

'이 물에 소금을 담그고 내일 아침에 오너라.'

아들은 그대로 했다.

아침이 되자 아버지는 아들 슈베타케투에게 말했다.

'네가 어젯밤에 물에 담근 소금을 꺼내 오거라.'

아들은 완전히 녹아버린 소금물에서 소금을 찾을 수 없었다.

'이 한쪽 끝에 있는 물 표면의 맛을 조금 보거라. 어떠냐?' 하고 아버지는 물었다.

'짭니다.' 아들이 대답했다.

'이제 물 가운데 표면의 맛을 조금 보거라. 어떠냐?'

'짭니다.'

'이제 물 반대쪽 끝 표면의 맛을 조금 보거라. 어떠냐?'

'짭니다.'

'그러면 이제 물을 버리고 내게 오거라.'

아버지의 말씀에 따라 아들은 그대로 했고, 눈에 보이지 않아도 소금은 항상 그대로 있음을 알았다.

아버지가 말했다.

'내 아들아, 실로 순수의 존재가 여기 있어도 너는 알지 못했구나. 실로 그 존재는 여기 있는 것이다. 만물의 근원인 그 미세한 존재를 세상 만물이 아트만으로 삼고 있다. 그 존재가 진리다. 그 존재가 아트만이다. 그것이 바로 너다, 슈베타케투야.'"
(『찬도기야 우파니샤드』, VI.13.1~3)

인도의 불가촉천민들. 네 계급으로 나눈 카스트에서 최하층인 수드라보다 더 낮은 제5의 계층이라 불리는 카스트 밖의 사람들(지정카스트)이다. 사회에서는 접촉도 꺼리는 냉대를 받으며 고된 노동에 시달리고 있다.

위의 본문에서 '그것이 너다'라는 선언이 나오기까지 아버지는 아들에게 소금물의 비유를 통해 아트만의 실상을 가르치고 있다. 이 선언은 우파니샤드의 가장 위대한 진술 가운데 하나다. '그것이 너다'라는 표현은 직설적이기는 하지만, 아트만을 직접 이해시킬 수 없는 언어의 한계로 인해 비유를 통해 설명한 결과로서의 직설적 표현이다. 그러므로 브라만/아트만에 대한 이해가 여전히 '부정의 길'을 통한 방식을 크게 벗어나지 못하고 있는 셈이다.

그렇다면 브라만의 불가지성은 어떤 것을 말하는 것일까? 물론 경험적 차원의 물리적 감각적 불가지성을 말한다고 볼 수 있다. 왜냐하면 브라만/아트만은 시간과 공간을 넘어서 있는 초월적 존재로 묘사되고 있고, 또한 무엇보다 인과성(因果性)에 얽매여 있지 않은 존재이기 때문이다. 그럼에도 브라만/아트만을 인식할 수 있는 유일한 수단은 바로 '나'(atman) 자신의 통로를 거치는 것밖에 없다. 이를 잘 보여주는 우파니샤드의 한 본문을 살펴보자. 『카타 우파니샤드』에서는 존재에 대한 인식의 길을 다음과 같이 말하고 있다.

"아트만, 그는 움직이지도 않으면서 멀리 가 있고 누워 있으면서도 어느 곳이든지 간다.

기뻐하기도 하며 기뻐하지 않기도 하는 신, 그를 나 외에 누가 알 수 있겠는가?"(『카타 우파니샤드』, I.2.21)

지금까지는 브라만을 이해하는 길은 '네티 네티'라는 '부정의 길'밖에 없음을 말해왔다. 그러한 불가지성으로서의 브라만을 이해하는 방식은 부정의 길을 통한 절대 긍정의 참 나(아트만)를 발견하는 길밖에 없다는 논리가 나온다.

『이샤 우파니샤드』의 진술처럼 아트만은 규정할 수 없는 존재로, 움직이지도 않으면서 움직이는, 또는 움직이기도 하면서 움직이지 않는, 그리고 이 세상 안에도, 또는 이 세상 밖에도 존재하는,[5] 논리를 초월한 존재다. 아리스토텔레스가 말한 '부동의 동자'(不動의 動者)와 유사한 개념일 수도 있다.

그러나 아리스토텔레스의 경우는 절대적 존재가 자신은 움직이지 않으면서 남을 움직이는 창조적 존재라는 뜻을 가지고 있다면, 우파니샤드의 존재자인 브라만/아트만은 '자신이 움직이지도 않으면서 움직이는', 또는 '움직이기도 하고 움직이지 않기도 하는' 역설적 초논리적 존재라는 점에서 차이가 있다. 그런 점에서 불가지적 존재라는 것이다.

그러나 그 존재를 알 수 없는 것도 아니다. 오로지 그것은 참 자기 자신만이 알 수 있는 것이다. 여기에 '불가지적 가지성'의 역설이 있다. 말하자면 유한한 존재인 인간의 내면에서 무한성을 발견함으로써 유한이 무한과 결합하는 방식이다. 그 도구는 오직 참 자기의 발견밖에 없는데, 그것이 인간 내면에 존재하는 불멸의 아트만이라는 것이다.

'네티 네티'라는 이 부정의 진술에 대하여 우파니샤드 학자 도이센은 독특한 어원적 분석을 내리고 있는데 주목할 만한 가치가 있다. '네티, 네티'(neti, neti)는 '나이티, 나이티'(na iti, na iti)의 줄임말이다. 이때의 '네티, 네티'는 '그렇지 않다, 그렇지 않다'이지만, '나이티'의 줄임말로 볼 때의 '나'(na)는 부정의 의미가 아니라 '실로'(in truth) 또는 '그렇다'(it is)라는 긍정의 접두사가 된다. 따라서 우파니샤드의 본문을 재구성하여 '나 이티 나 이티'(na iti na iti)라고 읽게 되면, 브라만은 '아닌 것이 아니다'가 되어 이중부정으로 긍정의 의미가 된다.[6]

이런 해석 방식도 의미가 있기는 하지만 본문의 맥락을 고려해 보면 '네티, 네티'의 부정적 진술이 더 적합하다고 볼 수 있을 것 같다. 왜냐하면 브라만은 어떤 형태로든 그 무엇으로 환언하여 단정되어질 수 없는 존재라는 것이 우파니샤드 본문 전체의 맥락이기 때문이다. 다만 브라만을 이해할 수 없는 불가지성의 문제는, 또 다른 이해 방식인 참 나를 깨닫는 '부정의 직관'으로서만 인식이 가능할 수밖에 없다는 역설의 문제만 있을 뿐이다. 여기에 브라만의 불가지적 가지성이 있지 않을까?

우주 공간 안에 있으나 우주를 넘어서다

브라만에 관한 지금까지의 논의만으로도 브라만의 무한한 속성을 이해할 수 있을 것이다. 앞서 환희로서의 브라만을 말할 때의 '환희'(ānanda)라는 개념도 '무한'(ananta)과 어근이 같음을 확인했다. 환희가 무한과 결부되는 방식은 이 양자가 모두 대공에 토대를 두고 있기 때문이라는 것도 살펴보았다. 환희와 무한은 대공처럼 무한히 열려 있는 절대적 초월의 세계이기 때문일 것이다.

환희-무한-대공은 다시 아트만과 결부되어 있다. 『마이트리 우파니샤드』에서는 이 대공을 아트만(ākāśātma, 대공아트만)이라고 부르고 있다.[7] 이 같은 무한자로서의 브라만/아트만을 좀더 체계적으로 세 가지 각도에서 다시 조명해보는 것도 브라만 이해에 도움이 될 것이다. 세 가지 관점이라는 것은 우선 무한한 공간으로서의 브라만을 말할 수 있고, 다음은 시간을 초월한 무시간성으로서의 브라만, 그리고 인과성을 뛰어넘는 무한자로서의 브라만을 말한다.

그렇다면 공간과 시간을 초월한 무한한 존재로서의 브라만에 대해 우파니샤드는 어떻게 말하고 있을까? 여러 본문에서 찾아볼 수 있지만, 『브리하드아라냐카 우파니샤드』에서 가르기가 현자 야즈나발키야에게 무엇이 공간과 시간을 둘러싸고 있는지 묻고 있는 대목을 보자. 현자는 다음과 같이 대답하고 있다.

> "오, 가르기여! 하늘 위에 있고 땅 아래에 있고 하늘과 땅 사이에 있는 것, 그리고 사람들이 말하는 과거, 현재, 미래를 대공이 둘러싸고 있다."(『브리하드아라냐카 우파니샤드』, III. 8.7)

시간과 공간을 포함한 우주 공간을 대공이 둘러싸고 있다는 답변에 가르기는 "그렇다면 대공은 무엇에 둘러싸여 있는가" 하고 다시 묻는다. 이에 대해 야즈냐발키야는 앞에서 살펴본 것처럼 "변하지 않는 불멸(aksharam)의 브라만이 대공을 둘러싸고 있다"고 말한다. 이때의 불멸의 존재가 곧 공간과 시간성을 넘어서는 무한자로서의 브라만이다. 하늘을 넘어서 있는 대공을 불멸의 브라만이 둘러싸고 있다는 말에서 브라만이 공간을 초월한 무한적 존재임을 알게 된다. 브라만은 우주 공간 안에 있지만 우주 공간을 넘어서 있다.

시간적 차원도 마찬가지다. 과거와 현재, 미래까지도 대공이 감싸고 있다. 미래는 확정되지 않고 중단되지 않는다는 의미를 지닌다. 과거 또한 마찬가지다. 그런 점에서 무시간성의 무한성인 대공을 브라만이 둘러싸고 있는 것이다. 그리하여 브라만은 시공을 초월한 무한성의 무한자가 된다.

"변하지 않는 불멸의 브라만이 대공을 둘러싸고 있다." (『브리하드아라냐카 우파니샤드』, III.8.8)

이 말은 무한자와 불멸자의 동일시다. 이 세상에 불멸하는 것은 없다. 그러나 오직 한 가지 불멸의 존재가 있다면 그것은 무한자여야 한다. 시간과 공간의 제약을 받지 않는 무한자, 시공을 초월한 무한자로서의 브라만을 또 다음과 같이 설명하는 부분이 있다.

"이 브라만은 과거나 미래, 안과 밖에서도 독립되어 있다. 이 브라만이 아트만이며, 무소부재(無所不在, sarvānubhūh)한 존재다."(『브리하드아라냐카 우파니샤드』, II.5.19)[8]

시공을 초월하고 시공에 얽매이지 않는 독립된 존재로서의 브라만은 다름 아닌 아트만으로서, 모든 곳에 편만한 무한자이며 무소부재의 존재다. 한마디로 온 우주가 브라만의 세계요 아트만의 세계라는 것이다. 『마이트리 우파니샤드』에서는 무한자로서의 브라만을 다음과 같이 묘사하고 있다.

"실로 처음에는 우주에 브라만뿐이었다. 그는 하나였으며 무한한 존재였다. 그는 동쪽으로 무한하며 남쪽으로 무한하고 서쪽으로 무한하며 북쪽으로 무한했다. 위로 아래로 모든 방면으로 무한했다."(『마이트리 우파니샤드』, VI.17)

브라만의 공간적 무한성과 초월성에 대해서는 여러 곳에서 설명하고 있으나 더 이상의 설명은 필요 없을 것 같다. 이제 브라만의 시간적 무한성과 초월성을 살펴보기로 하자. 물론 이 부분도 앞에서 여러 번 언급되었고, 시간적으로 '과거나 미래에 (얽매이지 않는) 독립된 존재'라는 표현도 이미 보았다. 그러나 우파니샤드 본문의 또 다른 예를 보면, 『브리하드 우파니샤드』에서 아트만은 '과거와 미래의 통치자(主)'[9]로, 시적인 표현을 빌려 대우주의 웅장한 통치자의 모습으로 묘사되기도 한다.

> "그(브라만) 앞에서 해와 날들의 시간이 흐르고, 신들은 빛들 중의 빛이요 불멸의 존재인 그를 숭배한다.
> 그 브라만 안에 다섯 존재(panca-janāḥ)[10]와 대공도 기반을 두고 있으니, 그것이 아트만이요 '불멸 중의 불멸의 브라만'(Brahmā'mṛto'mṛtam)임을 알라." (『브리하드아라냐카 우파니샤드』, IV.4.16~17)

이 본문에서 우리는 브라만에 대한 장중한 표현을 보게 되는데, '빛들 중의 빛', '불멸 중의 불멸'이라는 강조 표현이 그것이다. 빛으로, 또는 불멸로 표방되는 이 브라만 앞에 모든 신들과 시간과 공간이 포섭되어지고 있다. 한마디로 브라만은 이 우주 공간과 시간을 포함한 모든 존재의 통치자요 포섭자로서의 무한자이다. 그런데 바로 그것이 아트만임을 알라고 일깨운다.

이제 불멸이라는 시간성을 넘어서 인과성(因果性)까지 초월하는 무한자로서의 브라만을 살펴볼 차례다. 무한자로서의 브라만은 모든 인과성에서도 초월해야 하기 때문이다. 인과성은 모든 우주의 진행 과정과 변화의 원리이기도 하다. 모든 변화의 근거는 인과성에서 기인하는 것이기 때문이다. 우리는 앞서 '불멸의

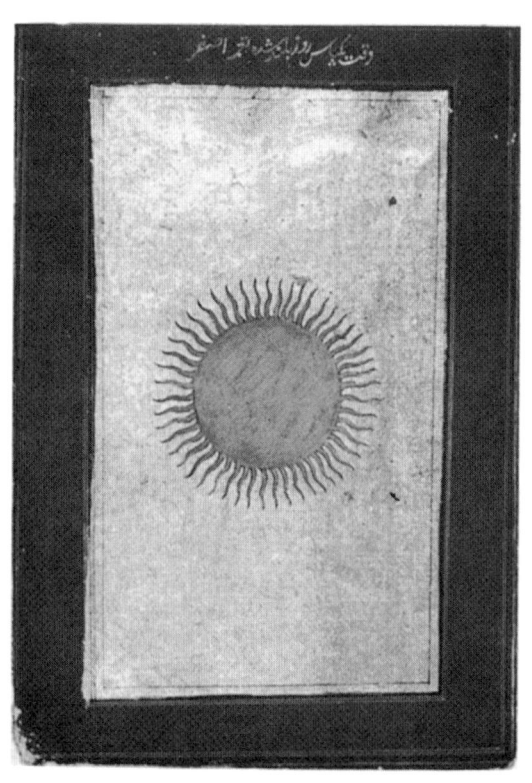

태초의 빛을 형상화한 그림.
브라만은 이 '빛 중의 빛'으로 설명된다.

브라만'을 논했다. 그 불멸은 변화의 회오리에 빠져들지 않는 것을 전제로 한다. 모든 변화하는 것들은 무상(無常)으로서 불멸이 아닌 덧없음뿐이다. 그러므로 변화는 브라만 자체를 부정하는 것이나 마찬가지다.

그렇다면 그 인과성을 초월한 존재로서의 브라만은 어떻게 묘사되고 있을까? 『브리하드아라냐카 우파니샤드』의 본문에서는 '흠이 없고(virajah), 공간을 넘어서 있으며(para-ākāśad), 태어남이 없는(aja), 거대하고(mahān) 영원한(dhruvam) 아트만'으로 묘사된다.[11] 여기서 우리는 '영원한'이라는 말에 주목할 필요가 있다. 이 말은 '지속'의 의미를 지닌다. 영원한 지속으로서의 브라만은 변화의 인과성을 넘어선 존재가 된다. 『카타 우파니샤드』에서는 나키케타(Naciketas)가 현자에게 질문하면서 다음과 같이 말하고 있다.

"다르마(dharmād: 선 또는 옳음)도 다르마 아닌 것(adharmād: 악 또는 그름)도 넘어서며, 이루어진 것도 이루어지지 않은 것도 넘어서며(anyatra), 과거와 미래도 넘어서는 것, 그것을 말해주십시오."(『카타 우파니샤드』, I.2.14)

브라만이 인과성을 초월한다는 것은 옳고 그름 또는 선악을 초월한다는 의미와도 같은 것이다. 동시에 이미 생긴 일이나 앞으로 발생될 어떤 것에도 연루되지 않는다. 본문의 '이루어진 것도 이루어지지 않은 것도(kṛtam kāryam, akṛtaṁ kāraṇam) 넘어선다'는 표현에 대해 우파니샤드 철학자 샹카라는 이를 원인과 결과로 해석한다.[12] 모든 발생되어진 사물이나 사건은 원인의 결과이므로 인과관계로 해석한 것이다. 인과관계를 넘어서는 이러한 브라만의 초월적 특징을 잘 보여주는 예는 『카타 우파니샤드』의 이어지는 본문에서 볼 수 있다.

"의식의 주체(아트만)는 결코 태어남도 없고 죽는 것도 없다. 그는 그 누구에 의해서 생긴 것도 아니며, 그 어떤 것도 생기게 하지 않는다. 그는 태어난 적도 없이 영원하며, 육신이 죽어도 사라지지 않는다."(『카타 우파니샤드』, I.2.18)

이 본문에서도 볼 수 있듯이 브라만은 원인과 결과의 인과성에 얽매이지 않는 존재로 설명되고 있다. 근본이 탄생된 존재도 아니며 다른 것을 탄생시키는 존재도 아니다. 다만 인격화된 창조주로서의 브라만은 또 다른 차원의 논의가 필요하다. 인격신으로서의 창조주 브라만에 대해서는 뒷부분에서 상술하기로 하겠다. 여기서는 브라만이 원인(kāraṇam)과 결과(kāryam)의 인연으로 발생되어진 존재가 아니며, 또한 그러한 인과성에 의해 지배받지도 않는다는 것을 말해주고 있다.

지금까지의 논의를 간략히 요약해보면, 브라만은 본질적으로 인식이 불가능한 존재다. 그러므로 오직 '네티 네티'라는 부정의 형식을 통해, 또는 '옴'이라는 신비한 단어의 명상적 직관을 통해 절대 긍정의 길로 나아갈 뿐이다. 그리하여 브라만/아트만은 주객 도식이 극복된 꿈 없는 깊은 수면 같은 상태에서 '존재하며-의식하며-환희를 누리는' 자로서, 시간과 공간 그리고 인과성마저 초월한 절대적 무한자라는 것을 알게 된다. 그것이 바로 다름 아닌 나 자신의 아트만임도 알아야 한다. 어쩌면 그것은 언어가 끊어진 자리에서 언어를 넘어서는 침묵의 직관적 빛으로만 알 수 있는 것인지도 모른다.

지극히 작으면서 지극히 큰 영적 존재

브라만은 아트만이자 우주 만물의 제1원리이며 둘로 나누어질 수 없는 유일 실재라는 사실을 앞에서 살펴보았다. 그런데 그 아트만은 바로 '나'라는 존재를 떠나서 있는 것이 아니라는 점에서 브라만의 영적 원리를 생각해보게 된다. 브라만/아트만의 영적 속성으로 인해 궁극적 실재를 지칭하는 점에서는 다시 언어적 표현의 한계를 느끼게 된다. 어찌 보면 우파니샤드의 방대한 문헌 전체가 결국은 영적 원리로서의 '참된 나'(Ātman)를 발견하기 위한 과정을 보여주는 것이라고 볼 수도 있다.

현자 야즈나발키야는 그의 아내 마이트레이에게 아트만의 원리를 설명하면서 "모든 것이 사랑스러울 때는 아트만의 사랑스러움 때문이다"고 말했는데, 이는 남편이나 아내가 사랑스러운 까

참된 나를 찾아가기 위한 수행의 단계를 거치고 있는 현대의 인도인.

닭도 바로 그 속에 깃든 불변의 영적 원리인 아트만이 사랑스럽기 때문이라는 것이다. 세속적인 모든 소유와 존재, 그 외적인 것들을 넘어서 존재하는 내면의 영적 원리로서의 아트만이 있기 때문에 사랑이 가능하다는 것이다. 따라서 아트만은 바로 사랑의 원리가 되는 셈이다.

또한 앞서 본 바와 같이 '아트만 외에는 아무것도 없다'고 할 때의 '아트만' 자체가 영적 의식이다. 이는 철저히 관념적 세계관으로, '다자(多者)로서의 세계 실재'를 부정하는 측면이 있다. 다자는 결국 브라만/아트만의 전개에 불과한 '파생적' 또는 환영(幻影)적 실재이기에 참된 실재라고 말하기 어렵다. 참된 실재란 오직 브라만/아트만만이 존재하는 것이기 때문이다. 이것을 『브리하드아라냐카 우파니샤드』에서는 이렇게 표현한다.

> "거미가 거미줄을 따라 움직이고 불로부터 작은 불꽃들이 사방으로 흩어지듯이, 아트만으로부터 모든 호흡과 모든 세계와 모든 신, 그리고 모든 생명체들이 나왔다. 이것이 진리 중의 진리다."(『브리하드아라냐카 우파니샤드』, II.1.20)

여기에 우리가 혼동하지 말아야 할 중요한 원리가 있는데, 바로 참된 실재와 파생적 또는 환영으로서의 실재를 구분해야 한다는 것이다. 브라만이 참된 실재라고 하면서 세계는 실재가 아니라면 세계는 허무하기 짝이 없다. 그러나 세계가 참된 실재에서

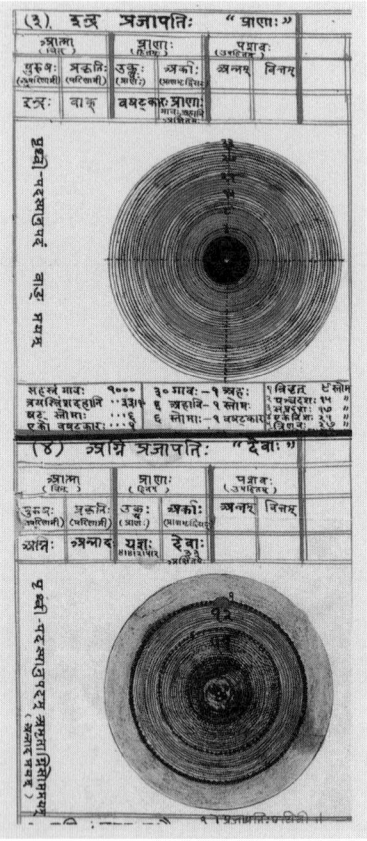

베다 시대의 전통에 따라 우주의 진화 과정을
형상화 한 것. 아트만이라는 지극히 작지만 큰 에너지에서
모든 것이 확산되어 나오는 것에 비유된다.

파생된 실재임을 깨닫는다면 그 파생된 근원으로서의 아트만을 이해하게 됨으로써 허무는 극복되어진다. 이것이 '진리 중의 진리'라는 것이다. 이 모든 세계의 실상이 궁극적 진리인 브라만/아트만에 의해 지탱되기 때문이다.[13]

이리하여 브라만과 세계는 지탱하는 자와 지탱되어지는 자의 관계가 된다. "모든 것 속에 들어 있는 아트만(ātmā sarvāntaraḥ), 아트만 이외의 것은 덧없이 사라진다."[14] 그리하여 세계 모든 것을 지탱하는 자로서의 아트만은 변하지 않는 영적 원리로서 영원한 존재다. 그러나 여전히 존재하는 세계 현실을 무시할 수 없는 까닭에 현실적 실재론을 주장하게 되지만, 그럼에도 영원한 것은 영적 원리로서의 아트만뿐이다. 이런 영적 원리로 인해 브라만/아트만에 대한 긍정적 또는 적극적 진술이 어렵게 된다. 그런데 앞에서 아트만을 무엇이라고 했던가? "그 진리가(tat satyam) 아트만이요(sa ātmā), 바로 너다(tat tvam asi)"[15]라고 했던 것이다.

이 유명한 선언에서 보듯이 아트만은 인간 내부에 있는 '마음'(영적 의식)으로서 존재한다. 이 영적 의식의 존재는 놀라우리만치 작은 것이기도 하지만 동시에 하늘보다 세계보다 더 큰 것이기도 하다. 또 '마음으로 구성된'(mano-mayaḥ) 이 브라만은 그 '미세한 몸체가 생명(호흡)'(prāṇa-śarīro)이요 '형태는 빛'(bhā-rūpaḥ)으로 묘사되고 있다.[16] 실로 아트만의 영적 원리는 이처럼 지극히 작으면서도 지극히 큰 것으로 설명된다. 왜냐하면 마음속에 이미 천지가 내포될 수 있을 뿐만 아니라 아트만은 우주의 본질 그 자체이기 때문이다. 『찬도기야 우파니샤드』의 또 다른 본문에서도 아트만의 영적 원리를 다음과 같이 말하고 있다.

"하늘과 그 모든 것을 넘어서, 모든 것 위에 더없이 높은 세계의 저편에 빛나는 빛이 있나니, 실로 그것은 여기 인간의 내면에서도 빛나는 푸루샤의 빛과 같은 것이다."(『찬도기야 우파니샤드』, Ⅲ.13.7)

모든 우주 위에서, 그리고 가장 높은 곳에서 영원히 빛나는 아트만도 '인간의 내면에서 빛나는'(antah puruṣe jyotih) 존재다. 이는 무엇을 말하는 것인가? 우주적 원리가 곧 인간 내면의 영적 원리이기도 하다는 것이다. 『브리하드아라냐카 우파니샤드』의 진술에 의하면, 이 불멸의 아트만은 땅에 머물면서 그 '속에서 움직이게 하는 자(아트만)'요, 물에 머물면서 그 '속에서 움직이게 하는 자'며, 불에 머물면서 그 '속에서 움직이게 하는 자'다.

이와 같이 공기와 바람과 천상과 태양, 모든 방향과 달과 별, 대공과 어둠과 밝음, 모든 생물과 코, 목소리와 눈과 귀, 마음과 피부와 지성, 그리고 정액에 머물면서 그 '속에서 움직이게 하는 자'다. 이 만물 '속에서 움직이게 하는 자'(ātmāntaryāmy)는 불멸의 존재(amṛtah)요 동시에 인간 자신의 내면의 아트만이다.[17] 왜 그럴까? 우주는 '하나의 세계'이기 때문이다. 그 '하나' 속에 진리도 하나요, 존재도 하나요, 불멸도 하나이기 때문이다. 모든 것을 하나로 포섭하는 영적 원리, 여기에 불가해한 이해 가능성의 역설이 있다.

8

이 세계 모든 것이 브라만이다

브라만과 세계

> "처음에 오직 인간의 모습을 한 아트만이 있었다. 주위를 둘러보았지만 그 외에 아무도 없었다. 그가 처음으로 말했다. '나는 나다'라고. 그러자 '나'라는 명칭이 생겼다."

하나를 알아 모든 것을 깨닫다

 브라만은 세계와 어떤 관계를 맺고 있을까? 지금까지의 논의만으로도 충분히 그 존재 방식을 이해할 수 있겠지만, 여기서는 다만 '단일 실재'로서의 브라만이 어떤 우주적 원리를 지니고 있는지에 대해 좀더 상세히 살펴보고자 한다. 브라만이 아트만이라는 사실은 이미 알게 되었고, 아트만이 인간과 세계 만물 속에 편재한다는 것도 알게 되었다. 심지어 천지 간의 우주에는 '아트만 이외에 다른 존재가 없다'[1]고까지 말한다. 꿈 없는 깊은 잠의 상태에 있는 아트만은 주객 도식을 넘어선 상태이기에 오직 '하나'인 아트만 외에 다른 것이 있을 수 없다. 그런데 이 아트만은 의식의 참된 주체로서의 아트만이다. 따라서 아트만을 알면 모든 것을 아는 것이 된다. 앞서 현자 야즈나발키야가 그의 아내 마이트레이에게 말한 바와 같다.

> "실로 모든 것이 사랑스러울 때는 아트만의 사랑스러움 때문이오. 실로 마이트레이여! 아트만을 보고 듣고 사색하고 명상해야 하오. 실로 아트만을 보고 듣고 생각하고 깨달음으로써 모든 것들을 알게 된다오."(『브리하드아라냐카 우파니샤드』, II.4.5)

이는 하나인 아트만을 앎으로써 모든 것을 알게 된다는 말로,

불교에서 말하는 일심(一心)을 깨달을 때 만법을 알게 된다는 이치와 통한다. 『찬도기야 우파니샤드』에서는 웃달라카가 아들 슈베타케투에게 이 점을 분명히 밝히고 있다. 일자(一者)인 아트만을 알게 됨으로써 "들을 수 없던 것을 듣게 되고, 인식할 수 없던 것을 인식하게 되며, 알 수 없던 것을 알게 된다"[2]는 것이다. 진흙 덩이로 만들어진 모든 것은 진흙의 변형물에 불과하고, 구리로 만든 모든 형상들도 구리의 변형에 이름만 덧붙여진 것처럼 우주의 삼라만상은 아트만의 변형에 불과하다는 것이다. 오직 주관과 객관이 분리된 이중성(dvaitam)이 있을 때만 하나가 다른 하나를 보거나 들음으로써 인식하게 되지만, 모든 것이 아트만임을 알게 된 다음에는 누가 누구를 보거나 듣거나 이야기할 수 없게 되는 것이다. 다시 말해 대상성이 사라지고 없기 때문에 오직 일자만이 존재하고 일자 스스로 주체적인 의식으로 남게 되는 것이다.[3]

이와 같이 브라만/아트만의 세계는 오직 일자로서 존재할 뿐이다. 그러면 현상세계의 대상적/객관적 인식과 주관적 구분의 현실은 어떻게 설명될 것인가 하는 문제가 생긴다. 우파니샤드에서 현상세계는 참된 실재의 아트만을 이해하기까지는 무명(avidyā)에 사로잡혀 있을 뿐이라고 한다. 그렇다면 무명에 대한 새로운 이해가 필요하게 된다. 무명을 깨치는 방식은 다양하지만, 그 가운데서도 브라만/아트만의 궁극적 실재가 일자(一者)라고 할 때 다자(多者)로서의 세계를 어떻게 이해하게 될 것인가 하는 문제로부터 시작해볼 수 있을 것이다. 이를 이해하기 위해서는 다시 브라만의 우주적 원리와 영적 차원, 그리고 인격신 이슈바라(Īśvara)로서의 브라만을 구분하여 고찰해보아야 한다. 먼저 브라만의 우주적 원리를 생각해보자.

우주적 원리로서의 브라만

브라만의 우주적 원리, 즉 브라만이 세계와 어떤 관계를 형성하고 있는가 하는 문제를 과학적으로 설명한다는 것은 사실상 어려운 일이다. 왜냐하면 앞에서도 살펴보았지만 브라만/아트만은 이미 시공과 인과를 초월한 무한자로 설명되기 때문이다. 하지만 우파니샤드 체계 내에서 브라만의 우주적 원리를 무엇이라고 진술하는지는 알 수 있다. 도이센은 이를 네 가지 범주 속에서 체계화하고 있는데, 인도 사상의 핵심적 분류법인 실재론(realism), 유신론(theism), 범신론(pantheism), 관념론(idealism)이 그것이다.[4] 이를 좀더 구체적으로 살펴보기로 하자.

첫째, 실재론적 사고에 입각하면 물질(질료)은 신이나 영원성으로부터 독립적으로 존재한다. 이 이론에 따르면 신은 그리스 신화의 데미우르고스(δημιουργος)처럼 단지 세계를 만든 존재에 지나지 않으며, 창조력이 행사되는 순간 물질 그 자체는 별개의 독립적인 존재가 된다. 상키야 철학이 말하듯이 원형적 인간의 푸루샤와 물질적 세계의 원초적 원리인 프라크리티(prakṛti)가 이원화되어 나오는 것과 같은 것이다.

둘째, 유신론적 세계관에 따른 브라만의 이해다. 이는 신이 무(無)에서 세계를 창조했다는 사상으로 구약성서의 하느님과 유사한 개념이다. 이 유신론은 점차 범신론적으로 기울어간다. 신이 세계와 관계 맺는 방식에서 신 자신이 세계 속으로 스며들어 세계의 실체가 신이 되어가기 때문이다.

셋째, 유신론적 세계관에서 변형된 범신론이다. 신이 세계를 창조한 것은 그 자신을 세계로 변형시킨 결과일 뿐이라는 관점이다. 일단 창조된 물질이 신으로 자리매김하는 것이다. 왜냐하면 창조된 세계 그 자체가 실재이며 무한할 뿐 아니라 신이 세계를 떠나 따로 독립할 여지가 없기 때문이며, 동시에 창조된 세계 그 자체 속에서 존재하기 때문이다. 그리하여 신이라는 용어와 세계라는 용어는 동의어가 된다.

넷째, 관념론이다. 신만이 실재이며 그 외에는 아무것도 실재일 수 없다. 우주는 오직 공간적으로 신의 연장에 불과하며, 구성된 몸체는 실로 비실재적인 것이다. 그것은 오직 환영에 불과할 뿐이다. 외형적으로 드러난 모든 요소들은 신이 될 수 없고 오직 신의 반영물일 뿐이며 신적인 본질에서 벗어난 것이다.[5]

브라만에 대한 이 같은 네 가지 설명 방식은 우파니샤드에서 부분적으로 모두 언급되고 있으며, 그 결과 우파니샤드의 브라만을 해석하는 학자와 학파가 각각 다르게 형성되기도 한다. 그러나 이 같은 관념적, 유신론적, 범신론적 차원의 이야기들은 모두가 서로 모순됨이 없이 일원론적 경향으로 발전해간다. 심지어 이원론적 전개를 보이는 상키야 철학적 실재론도 궁극적으로는 브라만/아트만과의 합일을 주장한다는 점에서 역시 일원론적 맥락을 지니고 있다. 이것은 모두가 브라만/아트만의 단일 실재에 대한 확신과 신념을 지니고 있기 때문이다.

여기서 중요한 것은 브라만/아트만의 유신론적 일원론이 어떻게 범신론적으로 전개해갔는가 하는 문제인데, 유신론적 관념론은 우주를 경험적으로 설명하기 위해 우주의 실재성을 주장하게 되면서 범신론적 경향을 전개하게 되었다고 본다.[6] 다시 말해 관념적으로만 존재하던 의식이 우주의 경험적 차원의 물질적 세계로 의식화한 것이다.

우파니샤드의 관념론적 체계는 '아트만을 알면 모든 것을 알게 된다'[7]는 표현에서 잘 알 수 있었듯, 아트만에 대한 깨달음으로 주객 도식의 이중성이 부정되는 철저한 관념론이라고도 볼 수 있다. 물론 깨달음이라는 수행의 차원에서는 단순히 관념론이라 말할 수 없을지 모르지만 인식론적 깨달음의 원리를 말하자면 관념론의 범주에 속한다는 것이다.

이제 브라만의 세계가 이 같은 철저한 관념론적 원리를 바탕으로 하면서도 세계의 다원적 실재를 인정하며, 동시에 다원적 세계는 브라만이라는 실재 가운데 있음을 알게 되었다. 『찬도기야 우파니샤드』의 다음과 같은 진술이 이를 단적으로 표현해준다.

"이 세계 모든 것이 브라만이다(sarvam khalu idaṁbrahma).

세계가 그로부터 생겨나고, 그가 없이는 모든 것이 끝나며, 그 안에서 세계가 숨 쉰다(tajjalān)."(『찬도기야 우파니샤드』, III. 14.1)

이제 세계 모든 것이 브라만이라고 선언함으로써 관념론은 실재론으로 바뀌고 동시에 범신론으로도 흐르게 된다. 이는 앞서 본 대로 브라만을 '실재 중의 실재'[8]라고 언급한 대목에서도 명백해진다. 세계가 실재(satyam: 진리)이기는 하지만 그 가운데서도 결정적(최고의 궁극적)인 실재는 브라만뿐이라는 것이다. 이 근원적 실재인 브라만을 통해서 발생하는 모든 변화는 사실 '그 이름에 불과할 뿐'(nāma-dheyam)[9]이다. 그리하여 브라만은 온 세계에서 근원적 진리의 실재로서 움직이는 원리가 된다. 오직 브라만으로부터 모든 것이 생기며, 그 안에서 숨 쉬게 된다. 브라만은 모든 발생과 유지의 근본이다.

위의 본문에서 '세계가 생성되고 해체되며 유지되는' 원리로서의 브라만의 모습을 산스크리트어 원문은 '타잘란'(tajjalān)이라고 표현하고 있는데, 이 짧은 단어 속에 브라만의 모든 비밀이 다 들어 있는 셈이다. 샹카라는 이 단어 안에서 세 음절을 뽑아내, '자'(ja)는 '시작'이고 '라'(la)는 '마침'이며 '안'(an)은 '지속'[10]이라고 설명한다. 이른바 브라만은 알파요 오메가인 동시에 모든 지속의 근원이 된다. 한마디로 감각적인 것을 포함하여 모든 운동의 시작이요 마침이며 지속이라는 것이다.

갠지스 강의 태양도 오직 브라만에 의해 끊임없이 뜨고 진다.
태양은 브라만의 눈에 비유된다.

타잘란의 의미를 삼위일체적 관점에서 살펴보는 것도 흥미롭다. 타자란의 '타'(ta)는 힌두교의 세 신 가운데 브라만을 상징하며, '자'는 창조자 브라흐마, '라'는 파괴의 신 시바, '안'은 유지의 신 비슈누에 비유된다고 볼 수도 있는데, 그렇게 되면 창조-유지-파괴의 '잘란'이 하나의 우주적 실재인 '브라만' 속으로 유입되고 있다는 뜻으로도 해석이 가능할 것이다.

태양도 그것(브라만)으로부터 뜨고 다시 그것으로 질 뿐 아니라[11] 천지와 우주의 모든 공간도 그(브라만/아트만)에게 근거하여 존재하지만, 아트만은 그 어느 것으로도 규정되지 않는 '네티 네티'로서의 유일한 귀속자다.[12] 『문다카 우파니샤드』에서는 우주를 브라만의 인체의 여러 가지 형상으로 비유하여 다음과 같이 표현하고 있다.

"불은 그의 머리요, 그의 눈은 태양과 달이다. 그의 귀는 하늘 공간이며, 그의 음성은 베다로 계시되는 것이다. 바람은 그의 호흡이며, 우주는 그의 심장이다. 그의 발에서 땅이 나왔고, 그는 만물 속에 내재하는 지고의 아트만이다." (『문다카 우파니샤드』, II.1.4)

하나의 유일 실재인 브라만/아트만이 인체에 비유되어 여러 가지의 형상으로 설명되고 있다. 그뿐 아니라 앞서 여러 곳에서 본 대로 아트만은 우주의 다양한 형상으로도 비유되고 있다. 이러한 비유는 단순한 비유에서 그치는 것이 아니라 일자가 다자로 어떻게 변형되어가는지를 보여주는 방식이기도 하다. 비록 브라만/아트만은 일자이지만 다자를 발생시키는 근원이고 추동력이며 다자의 세계를 유지시키는 힘이기도 하다. 이 같은 브라만의 창조력과 세계 보존의 힘으로서의 우주적 원리는 앞서 언급한 네 가지 원리 속에 모두 포섭될 수도 있다.

다시 말해서 물질적 우주의 이원적 실재론이 일원적, 유신론적 관념론과 일면 상치되는 부분이 있을 수 있으나 근원적으로는 모두 브라만과의 합일을 지향한다는 점에서 일맥상통하고 있는 것이다. 브라만/아트만을 이해하는 것이 중요한 이유 가운데 하나는 우선 이 '일자'를 체험하는 데 있고, '일자'를 깨달음으로써 '다자'를 알 수 있다는 역설에 있다. 이 역설은 바로 자타불이(自他不二)의 인식이니 원수가 따로 없어지는 세계다. 증오와 불신을 넘어 사랑과 평화로 하나 된 세계를 내다볼 수 있는 것이다.

인격신 이슈바라

앞에서 브라만/아트만을 이해하는 네 가지 철학적 원리, 즉 관념론과 실재론, 그리고 유신론과 범신론이라는 다양한 이해 방식을 살펴보았다. 이러한 우주적 실재로서의 브라만은 후기 우파니샤드의 시대로 갈수록 관념론적 차원이나 실재론적 차원에서 유일신(唯一神)적 차원으로 점점 발전해가고 있다. 고대의 베다 사상에서는 다신론(polytheism)적 경향이 지배적이었던 데 비해 후기에는 브라만/아트만의 단일 실재론적 사상이 강하게 부각되었고, 이 브라만/아트만 이론이 점차 고조되면서 다시 인격신 사상으로 발전해갔다.

고대 베다 사상에서는 아트만이 단순한 '신'(deva)이 아니라 '주'(主, Īśvara)로서의 우주적 통치자였다.[13] 고대의 다원적 신들은 우리가 『리그베다』의 사상에서 보았듯이, 천신 인드라, 불의 신 아그니, 바람의 신 바유와 같은 신들이 후기 베다, 곧 우파니샤드의 시대에 와서 궁극적 실재인 브라만/아트만에게 의존하거나 종속되는 파생적 존재에 지나지 않게 되었다. 후기 베다에 속하면서 초기 우파니샤드로 이어지는 『아이타레야 우파니샤드』에서는 세상과 인간의 창조에 대해 다음과 같이 말하고 있다.

"실로 이 아트만은 처음에 홀로 있었다. 그 외에는 움직이는 것이 아무것도 없었다. 아트만은 '이제 세계를 창조해볼까' 하고 생각했다.

그리하여 그는 세계를 창조했는데, 물, 빛, 죽음 그리고 바다였다. 물은 하늘 위에 있게 했고, 하늘은 그것을 지탱하게 했다. 빛들이 대공 속에 빛나며, 땅은 죽음이다. 이 땅 아래에 바다가 있다.

그는 생각했다. '이제 세계가 만들어졌으니 세계를 보호할 존재를 만들어야겠다.'

그리하여 그는 물로 사람을 만들고 형태를 부여했다."(『아이타레야 우파니샤드』, I.1.1~3)

마치 그리스도교의 성서 창세기에 나오는 천지 창조의 기사를 읽는 것 같은 느낌을 준다. 태초에 하느님이 홀로 있었고, 그 하느님이 천지를 창조할까 하는 의도를 지닌 후에 '빛이 있으라' 하니 빛이 있었다. 천지를 창조한 후에 사람을 만든 순서까지 흡사하다. 다만 창세기에서는 흙으로 사람을 만들었지만 아트만은 물로 사람을 만들어 형태를 부여했다는 것만 다르다.

중요한 것은 아트만이 천지와 인간을 창조할 '의도'를 가지고 창조했다는 것이다. 여기서 인격신 아트만의 창조론을 보게 되는데, '실로 이 아트만은 처음에 홀로 있었다'(ātmā vā idam eka evāgra āsīt)는 말 속에서 아트만으로부터 만물이 생겨남을 알게 되고, 동시에 아트만 이외의 또 다른 이원적 실재를 찾기 어려운 일원론적 세계관도 보게 된다. 이것은 인도 철학의 한 학파인 상키야의 이원론을 거부하는 이유도 된다.

브라만/아트만이 천지와 우주를 창조하는 내용의 기사는 우파니샤드 곳곳에 다양한 형태로 기록되어 있다. 아트만은 천지와 인간뿐 아니라 수많은 신들도 창조했다. 『브리하드아라냐카 우파니샤드』에서는 아트만의 천지 창조 당시의 모습을 이렇게 기록하고 있다.

"처음에 오직 인간의 모습을 한 아트만이 있었다.(ātmaivedam agra āsīt puruṣavidhah).

그 주위를 둘러보았지만 그 외에 아무도 없었다. 그가 처음으로 말했다. '아함 아스미'(aham asmi, 나는 나다)라고. 그러자 '나'(아함)라는 명칭이 생겼다. 그리하여 오늘날까지 자신을 지칭할 때 먼저 '이것은 나다'(aham ayam)라고 하고 나서 다른 명칭들에 관해 말하게 된다."(『브리하드아라냐카 우파니샤드』, I.4.1)

아트만이 처음 자신을 지칭하는 명칭으로 '나'라는 뜻의 '아함'을 말하고 있는 장면이다. 이 '나는 나다'라는 표현 속에서 우리는 다시 한 번 구약성서의 모세가 하느님(야훼)의 존재를 물었을 때 하느님이 '나는 스스로 있는 존재니라'(I am who I am)라고 표현했던 것과 유사한 면을 보게 된다. '아함'(aham)이라는 말의 어근은 '아스'(as)인데, '아스'는 '존재'(to be)라는 말로 '나'의 존재를 뜻한다.[14]

구약성서에서는 하느님이 '말씀'으로 천지를 창조했는데, 우파니샤드에서는 아트만이 자신을 일컬어 '아함'으로 규정하면서 '언어'가 모든 행위의 시작이 되고 있다. 그리고 이 언어의 출발은 또한 '존재'의 인식의 출발이기도 했다. 또 아트만은 자신을 출발점으로 하여 천지와 인간을 만들면서 불의 신 아그니나 술의 신이자 약초(藥草)의 신 소마 같은 여러 신들을 만들고 있다.

이 세상 모든 것은 먹고 먹히는 관계인데, 불의 신 아그니는 먹는 자요 술(약초)의 신 소마는 먹히는 자다. 소마는 술의 신으로 불리기도 하지만 약초에서 나오는 즙으로 인해 신성한 음료수(甘露)로 여겨지기도 한다. 따라서 소마는 먹혀지는 모든 것을 상징하고 있다. 소마는 또 정액에서 나온 습기로 표현되는데, 이 또한 생명의 원천으로서의 물에 비유되는 것이다.[15] 소마는 또 달(月)에 비유되기도 하는데, 이와 관련하여 구약성서의 신명기(33: 13~14)에 흥미로운 대목이 있다.

성서는 "하늘의 보물인 이슬과 땅 아래 저장한 물과 태양이 결실케 하는 보물과 태음이 자라게 하는 보물"이라고 표현하고 있는데, 개역한글판 구약성서 신명기의 이러한 표현보다 중국어 성서는 더욱 구체적으로 묘사하고 있다. "태양이 햇볕을 쪼여 자라게 하는 아름다운 과실[美果]과 달이 자라게 하는 결실로서의 보물"[16] 이라는 번역이 그것이다.

불의 상징인 태양과 달의 상징인 소마가 등장하면서 음양(陰陽)의 조화를 이루고 있다. 이는 불과 물로 상징되기도 한다. 불과 물, 또는 태양과 달이라는 음양의 두 원리도 결국은 하나의 아트만에서 나온 것이다. 고대 중국의 사상에서 "무극(無極)으로서의 태극(太極)이 음과 양이라는 두 가지 원리를 탄생케 했다[太極是生兩儀]"는 것과 이 음양이 거듭되는 만물 생성의 원리가 된다는 것이 흡사하다.

생멸을 넘어서는 초월의 창조자

브라만/아트만이 창조한 모든 피조물들은 특히 이 땅에서 생멸을 거듭한다. 그런 점에서 땅은 죽음이다. 그러나 아트만은 불멸의 존재를 창조했으니, 바로 신들이었다. 이 신이라는 존재는 단순한 피조물과 차이가 있다. 이들은 이른바 '창조의 여분'(ati sṛsti), 또는 '초월의 창조자'라고 불린다. 브라만/아트만이 자신 스스로 물질적 세계에서 죽을 수밖에 없는 상황(물질적 브라만)에서 죽음을 넘어서는 초월적 존재를 만들었다는 것이다. 브라만은 이처럼 세계 모든 피조물과 신 들 가운데서 그들을 움직이는 '내적 통치자'(antaryāmin)로서의 역할을 하게 된다.[17]

이렇게 창조된 신들은 아트만을 명상함으로써 모든 세상과 즐거움을 얻게 된다.[18] 그러므로 신들은 이 브라만/아트만에게 절대 의존적인 관계를 이루게 된다. 그러나 이들은 신이라고 해서 인간보다 월등한 위치에 있는 것이 아니다. 인간 또한 '내가 브라만/아트만이다'라는 사실을 깨닫게 되면 바로 브라만이 될 수 있기 때문이다.

이처럼 고대 우파니샤드에서 후기 우파니샤드로 갈수록 신관이 변해 가는데, 수많은 다양한 신들이 출현하는 다신론에서 점차 브라만/아트만을 중심으로 하는 유일신으로 변해가는 것이 그 특징이었다. 그러면서 다양한 신의 명칭을 대신하여 그 신들 모두가 다만 일자인 브라만/아트만에게서 발생되고 있는 것도 앞에서 살펴본 것과 같다.

그런데 한 가지 새로운 변화는 다양한 신들의 이면에서 이를 출현시키는 브라만/아트만이 주(主)라는 뜻을 지닌 '이샤'(Īśa) 또는 '이슈바라'(Īśvara)라는 명칭으로 불리고 있다는 것이다. 바로 인격신으로서의 브라만의 통치를 뜻하는 것이다. 이러한 '주'로서의 이슈바라는 좀더 나아가 '최고의 주'라는 뜻을 지닌 '파람이슈바라'(Parameśvara)로 불리게 된다. 먼저 『슈베타슈바타라 우파니샤드』에서 아트만을 '주'로 언급하는 장면을 보자.

"주(Īśa)는 변하는 것과 변하지 않는 것, 드러나는 것과 드러나지 않는 것이 결합되어 있는 모든 만물을 지탱하고 있다. 주가 아닌(anīśas) 개체 아트만(cātmā, 또는 개체 영혼)은 그 자신의 기쁨(향락)으로 얽매이게 되지만, 신(devam, 아트만)을 알게 됨으로써 모든 족쇄에서 해탈을 얻게 된다(mucyate sarva-pāśaih)."(『슈베타슈바타라 우파니샤드』, I.8)

모든 만물을 지탱하는 자로서의 아트만이 이제 '주'라는 인격신으로 불리고 있다. 동시에 '주'가 아닌 개체 영혼은 자신이 추구한 향락으로 인해 세속적인 것들에 얽매이게 된다. 그러나 개체성에서 벗어나 신적인 우주적 통치자로서의 아트만을 깨닫게 됨으로써 모든 억압과 굴레에서 벗어나 참된 해방을 맛보게 된다는 뜻이다. 이어지는 『슈베타슈바타라 우파니샤드』의 본문에 의하면,

8 이 세계 모든 것이 브라만이다

이 불멸의 아트만은 지고(至高)의 아트만으로서 또 다른 이름 '하라'(Hara)로도 불린다.

> "멸망할 성질 프라드하나(Pradhāna, 性質), 멸망하지 않는 불멸(amṛtākṣaraṁ)의 하라(主). 멸망할 것과 멸망하지 않을 영혼(아트만) 이 두 가지를 오직 이 유일한 신(하라)이 통치한다. 이 하라를 명상(abhidhyāna)하고, 그와 연합하여 그를 점점 더 깊이 숙고함으로써 모든 세상의 환영(viśva-māyā)으로부터 완전히 벗어나게 된다."(『슈베타슈바타라 우파니샤드』, I.10)

여기서 우리는 새로운 아트만의 신명(神名)인 '하라'를 접하게 된다. 하라는 세계의 파괴와 재생의 역할을 담당하는 시바(Śiva)[19]의 여러 이름 가운데 하나인데, 샹카라에 의하면 하라는 '무지(無知)를 제거한 자'라는 뜻을 지닌다.[20] 이 불멸의 신 하라는 멸하는 것과 멸하지 않는 것을 모두 통치한다는 점에서 지고의 신, 곧 파람 이슈바라로서의 브라만/아트만이다.

이 지고의 신과의 합일은, '그에 대해 명상'함으로써 그와 연합을 이루게 되어 결국은 모든 속박에서 벗어나는 해탈을 누리게 되는 것을 말한다. 브라만과의 합일은 근본적 실재와의 합일이며 내적 실재와의 참된 연합이기에 '스스로 존재함'에 이르는 해탈과 다르지 않다. 그 해탈은 동시에 모든 '세상의 환영'(viśva-

브라만 또는 아트만과의 합일을 상징적으로 형상화한 그림.
명상을 통해 지고의 실재와의 합일을 이룸으로써 얻게 되는
영원한 해탈과 기쁨을 표현하고 있다.

māyā)에서 벗어나는 길이다. 이것은 일종의 브라만의 열반, 곧 '브라마-니르바나'(brahma-nirvāna)이다.

우파니샤드에서 이와 같은 브라만/아트만의 유신론적 개념 또는 인격신 이슈바라로서의 통치자 개념은 아트만을 우주와 인간 내면의 '내적 안내자'로 규정하는 데서부터 출발한다. 그것은 그의 통치력(prasāsanam)이 우주에 미치고 있음을 말하는 것이다. 『브리하드아라냐카 우파니샤드』에서는 통치자로서의 아트만을 다음과 같이 묘사하고 있다.

"실로 이 위대한 태어남이 없는 아트만(mahān aja ātmā)은 숨들의 빛이며 지성(vijnāna) 그 자체다. 그는 마음속(antar-hṛdaya) 공간(ākāśah)에 쉬는 자이며, 만물을 조절하고 만물을 통치하며 만물의 주(sarvasyādhipatih)가 된다."(『브리하드아라냐카 우파니샤드』, IV.4.22)

브라만/아트만의 우주적 통치력에 대한 언급은 여기서 끝나지 않는다. 초기 우파니샤드에 속하는 『이샤 우파니샤드』는 이름 자체가 보여주는 것처럼 아예 '신'(神, Īśa)의 우파니샤드다. 이 우파니샤드에서는 본문 서두에서부터 움직이고 변화하는 모든 것들이 이샤라는 인격신에 둘러싸여 있다고 말한다.

"움직이는(jagat: 변화하는) 이 세계의 모든 것은 신(Īśa: 주님)에 둘러싸여 있다. 그러므로 비움으로 그대의 즐거움을 찾고 다른 어떤 것에도 집착하지 말라(mā gṛdhah)."(『이샤 우파니샤드』, 1)

신에게 둘러싸여 있는(Īśavāsyam) 세계라는 말은 이 세계가 신에게서 분리되어 있지 않음을 뜻한다. 오히려 신의 통치 속에 있음을 보여준다. 구약성서 시편(24:1)에서 "땅과 거기 충만한 것과 세계와 그 중에 거하는 자가 다 여호와의 것이로다"라고 표현하고 있는 것과 흡사하다. 이 본문을 보면 지고의 존재가 '절대적 브라만'이라기보다는 '우주적 주님'으로 묘사되고 있는 것처럼 보인다. 그만큼 인격신에 대한 찬양이 돋보이는 대목이다. 본문에서 '이샤'(Īśa)라고 표현되고 있는 신은 '이시타 파람 이슈바라'(Īśitā parameśvarah)의 의미로, '지고의 신 이슈바라'라는 뜻이다.[21] 세계는 이 지고의 신에게 깊이 싸여 있으며, 또한 신들의 거처로 표현되고 있다.

이 세계는 '변화하는 것'(jagat)이다. 그러므로 '비움으로써 즐거움을 찾으라'(tyaktena bhuñjīthāh)고 말한다. 우주는 고정된 실체가 아니고 변화를 근본으로 하고 있다. 그러니 무상(無常)을 알고 집착에서 벗어나는 '비움'(tyāga)은 아집(我執)을 버린다는 것을 의미한다.

기쁨, 곧 환희가 비움에서 온다는 주장은 동서의 주요 경전들이 이미 한목소리로 말하고 있는 바다. 우리가 살고 있는 이 세계

이 세계가 신들에 둘러싸여 있음을 보여주는
대표적인 힌두 사원으로 함피의 스리 비루파크샤 사원을 들 수 있다.
이 사원의 외벽에는 시바를 포함한 수많은 신들이 조각되어 있다.

모든 것이 나의 '소유'가 아님을 알진대, '집착하지 말고'(mā gṛdhaḥ) 다만 '즐기는 것'이 현명한 일일 것이다. 들에 핀 개나리와 산수유가 내 것이 될 수 없음을 알 때 진정으로 그 꽃을 즐길 수 있듯이 말이다.

『카타 우파니샤드』의 말처럼, 천지 간에 있는 모든 대상세계의 '집착에서 자유로운 자'(akratuḥ), 그는 "슬픔으로부터도 자유로울 것이며, 마음과 감각의 평정을 통하여 아트만의 위대함을 보게 될 것이다."[22]

그런데 흥미로운 사실은 '마음과 감각의 평정을 통하여'(dhātu-prasādāt)라는 표현은 접미사 'ḥ'가 하나 더 첨가되면서 '창조자의 은총을 통하여'(dhātuḥ-prasādāt)라는 뜻으로 달리 쓰인다. 여기서 감각 기관(dhātu)의 수련을 통해 스스로 얻게 되는 해탈과 신의 은총을 통한 해탈이라는 두 가지 방식을 생각해볼 수 있는데, 이 둘의 경계에 접미사 'ḥ'가 있다. 이 접미사는 무신론과 유신론을 가르는 경계이자 다리처럼 보인다.

그러나 사실 우파니샤드 전체에 흐르는 맥락을 보면 유신과 무신의 구별은 큰 의미가 없다. 왜냐하면 브라만/아트만 자체가 이미 창조적 불멸의 신성(神性)으로 수많은 곳에서 묘사되고 있기 때문이다. 다만 우파니샤드의 각기 다른 본문에 따라 브라만/아트만을 묘사하는 방법이 다를 뿐이다. 『슈베타슈바타라 우파니샤드』의 본문에서는 '창조자의 은총으로' 위대한 신 이샤를 보게 되는 것에 대해 다음과 같이 말하고 있다.

"그 아트만은 미세한 것보다 더욱 미세하며, 커다란 것보다 더욱 커다랗고, 모든 것들의 깊은 동굴에 거하는 자이니, 누구든지 '창조자의 은총으로'(dhātuḥ-prasādāt) 아무것도 행하지 않지만(akratum, 無爲) 위대한 권능을 지닌 주(Īśa)를 보게 되면 모든 슬픔에서 벗어나게 되리라."(『슈베타슈바타라 우파니샤드』, III.20)

단순한 마음 기관의 감각적 차원(dhātu)을 넘어서, 신의 은총을 통해 위대한 주 이샤를 만남으로 모든 근심과 고통을 여의는 해탈을 경험하게 된다는 것이다. 사실 잘 생각해보면 이 세상의 모든 삶 자체가 은총이 아닌 것은 하나도 없다. 나를 둘러싼 모든 주변 세계의 존재 자체가 은총이다. 공기와 물, 꽃과 온갖 동식물의 세계, 하물며 세계의 창조자인 신이야 더 말해서 무엇하겠는가? 그것이 비록 인간 내면에 존재하는 아트만이라 하더라도 말이다. 그런 점에서 깨달음과 은총은 동전의 양면이라고 볼 수 있을 것이다. 『슈베타슈바타라 우파니샤드』에서 개체적 자아로서의 아트만과 신적인 아트만의 모습을 '새의 비유'를 통해 묘사하고 있는 장면을 보자.

"항상 같이 있는 한 쌍의 새가 한 그루의 나무에 앉아 있다. 그중에 한 마리는 달콤한 과일을 쪼아 먹고 있고 다른 하나는 먹지 않고 그것을 바라보고 있다.

영원한 합일의 상태를 형상화한 목재 조각상.
이 단계는 '꿈 없는 깊은 숙면의 깨어 있는 의식'의 상태에
비유될 수 있다.

같은 나무에서 세상의 슬픔에 젖어 있는 한 사람(puruṣo)은 그의 무기력함으로 인해 미혹에 빠지고 슬퍼한다. 그러나 그가 자신의 또 다른 모습인 위대한 주로서 존중받는 모습을 보게 되면 슬픔에서 벗어나게 된다."(『슈베타슈바타라 우파니샤드』, Ⅳ.6~7)

'항상 같이 있는 한 쌍의 새'는 인간 내면에 있는 '감각적 기관'에 사로잡힌 개체적 자아와 그 모습을 바라보고 있는 원형적 자아로서의 아트만의 두 측면을 보여주고 있는 것이다. 전자는 슬픔으로 상징되고, 후자는 슬픔을 극복한 자이며 동시에 신적 존재다. 인간의 무기력함이 감각적 기관의 한계에서 오는 것임을 여기서 알게 된다. 그 한계를 벗어나 슬픔을 극복하는 것이 바로 자신의 원래의 모습, 곧 신적 위상을 되찾는 길이다. 이러한 신적 위상의 모습이 때로는 범신론적으로 보일 수도 있고, 때로는 유일신론적으로 규정되기도 하며, 때로는 관념론적으로 해석되기도 한다. 이 여러 가지의 해석은 해석자의 몫이 될 만큼 우파니샤드의 방대한 진술은 다양한 상상력을 불어넣어주고 있다.

그러나 그렇게 다양하게 해석할 수 있는 여지가 있음에도 브라만/아트만의 일원론적 경향은 모두 통일성을 보인다. 예컨대 세계의 시작은 일자(一者)로서의 브라만/아트만의 출발이며, 세계의 다양성은 이들 지고의 신의 환영(māyā)인 동시에, 그 환영의 그림자를 벗어나면 바로 그 순간이 참된 실재로서의 브라만/아트만의 본 모습이기도 하다. 이것은 바로 '분별'이 사라진 영원한 합일의 깊은 심연인 '꿈 없는 깊은 숙면의 깨어 있는 의식'에서만 가능한 일이기도 하다. 이때는 인격신 이슈바라 자체도 마지막 심연의 의식인 투리아(turīya)에 흡수되고, 오직 '존재와 의식과 환희'만 남게 될 것이다.

모든 것에서 모든 것을 얻다

해탈

"이 세계는 브라만에서 생겨나와 다시 브라만으로 돌아가고 브라만 안에서 움직인다."

브라만으로부터 세상이 생겨나다

해탈(解脫, moksha)에 이르는 길, 그것은 브라만/아트만의 본질을 깨닫는 데 있다. 깨달음은 단순히 오는 것이 아니라 꾸준한 깨우침의 과정이 필요하다. 그 과정은 일차적으로 우파니샤드에 대한 기본적 지식을 습득하는 데서부터 출발한다. 스승의 '무릎 가까이에 앉아서' 일정 기간 베다를 학습하며 깨우침을 얻는 것이 우파니샤드가 전하는 해탈의 길이었다.

그렇다면 그 가르침의 내용은 무엇인가? 그것이 지금까지 길게 논의해온 이야기의 핵심이다. 그 핵심적인 내용을 이제 해탈이라는 각도에서 다시 조명해본다면, 브라만의 또 다른 속성인 창조와 보존, 그리고 파괴와 융합의 과정을 이해하는 것과도 밀접한 관계가 있다. 그것은 인간 내면의 아트만이 우주적 실재로서의 브라만과 어떻게 합일될 수 있느냐 하는 문제와 직결되기 때문이다. 이제 해탈에 이르는 좀더 선명한 길을 찾기 위해서 먼저 브라만이 세계와 관계 맺는 방식과 그 과정을 좀더 분석해보기로 하자.

브라만의 우주 창조설은 이미 『리그베다』에서, 그리고 대부분의 우파니샤드 본문에서 찾아볼 수 있는 내용이다. 이는 제1원리로서의 브라만/아트만을 말할 때도 본 바 있지만 그밖에 『찬도기야 우파니샤드』의 다음 본문에서도 역시 같은 진술을 보게 된다.

"이 세계는 브라만에서 생겨나와 다시 브라만으로 돌아가고 브라만 안에서 움직인다."(『찬도기야 우파니샤드』, III.14)

이것은 '타잘란'(tajjalān)이라는 산스크리트어에 함축되어 있는 의미를 통해서도 살펴본 바 있다. 타잘란(tad-ja-la-an)은 '시작'을 의미하는 'ja'와 '끝'을 의미하는 'la', 그리고 '지속'을 의미하는 'an'의 합성어이다. 그러므로 브라만(tad, 그것)은 우주의 시작이요 마침이며 동시에 지속이다. 알파요 오메가이며 또한 영원이라는 말이 된다. 그런 점에서 초월이요 불멸이며 또한 신적이다.

앞에서 본 "아트만 외에는 아무것도 없다"는 진술을 놓고 볼 때, '창조의 힘을 가진 브라만/아트만'의 '창조'라는 개념은 사실 어쩌면 모순이다. 세계가 브라만이요 아트만인데 어떻게 창조가 있을 수 있겠는가 하는 질문을 던질 수 있는 것이다.

그러나 본질 그 자체의 관점에서보다는 경험적 세계의 관점에서 바라볼 때, 그리고 아트만과 우주의 인과관계라는 점에서 볼 때 제1원인으로서의 아트만과 아트만의 창조적 활동에 따른 그 결과로서의 창조 이론이 성립될 수 있다.

산스크리트어의 '창조'(sṛiṣṭi)라는 말을 어원으로 고찰해보면 '브라만으로부터의 방출, 내보냄, 출현' 등의 뜻을 지닌다. 그런 점에서 무에서 유를 만든 것이기도 하지만 그보다는 '방출'의 의미가 더 강하다고 할 수 있다.[1]

『브리하드아라냐카 우파니샤드』에서도 아트만의 창조 행위를 말하면서 "우주가 처음에 전개되지 않은 상태로 있다가 각각의 이름(nama)과 형태(rupa)로 드러나게 되었는데, 아트만이 그 모든 것 속에 들어 있다"라고 했다. 이 또한 아트만의 창조적 편재성을 말해주는 것이다.[2] 이들 모든 존재 속에 깃든 아트만으로서의 '존재'(sat)는 그냥 저절로 드러난 것이 아니라 '의도'를 지니고 스스로 창조 행위를 했다는 것이다. 『찬도기야 우파니샤드』가 이를 잘 보여주고 있다.

"그 존재가 생각했다.
'내가 여럿이 되어볼까, 내가 태어나볼까' 하고.
그리하여 불이 생겨났고, 불이 생각하기를 '내가 여럿이 되어 태어나볼까' 했다.
그리하여 물이 생겨났다. 그러므로 언제든지 원하면 물은 불에서 생겨나는 것이다.
물이 생각하기를 '내가 여럿이 되어 태어나볼까' 했다.
그리하여 음식이 생겨났다.(『찬도기야 우파니샤드』, VI.2.3)

여기서 중요시되는 것은 이들 모든 존재 가운데 '유일한 존재'가 '이들 각각의 존재'로 되기를 원했다는 점이다. 일(一)이 다(多)로 변해가는 과정의 의인화되고 인격화된 설명이다. 창조의 순서에 관한 흥미로운 사실 하나가 『타이티리야 우파니샤드』에 나오는데, "아트만으로부터 처음에 대공이 나오고, 그 후 바람, 열기, 물, 땅, 풀, 음식, 정자, 사람의 순서로 만들어졌다"고 말한다. 사람은 '음식과 즙'으로 만들어졌다는 것이다.[3] 이 같은 창조 순서의 소박한 묘사는 『타이티리야 우파니샤드』가 『야주르베다』 계열에 속하는 초기 우파니샤드의 전승이기 때문이다.

이보다 앞선 『리그베다』 계열에 속한 『아이타레야 우파니샤드』에도 "태초에 이 우주에는 아트만 홀로 있었다.〔……〕아트만이 세계를 창조해볼까 하고 생각했다"[4]라는 대목이 나오는데, 여기서도 아트만에게 먼저 '창조의 의도'가 있었음을 보여준다. 이러한 의도 속에서 브라만/아트만은 우주와 하나가 되며 그 속에 깃들어 있는 근본적 실재가 된다. 이제 이러한 창조자로서의 아트만은 더 이상 자기 홀로 존재하지 않고 온 세계 속에 깃들게 된다. 『브리하드아라냐카 우파니샤드』에서는 다음과 같이 말하고 있다.

> "그(아트만)는 두 발 달린 몸(purah)을 만들었고, 네 발 달린 몸을 만들었다. 먼저 새가 된 그 푸루샤는 여러 몸속으로 들어갔다. 실로 이 푸루샤는 모든 몸속으로 들어갔으니, 푸루샤에 의해 덮이지 않은 몸이 없고 푸루샤가 스며들지 않은 것이 없다."(『브리하드아라냐카 우파니샤드』, II.5.18)

아트만은 '푸루샤(원형적 신인〔神人〕)가 되어 모든 만물 속에

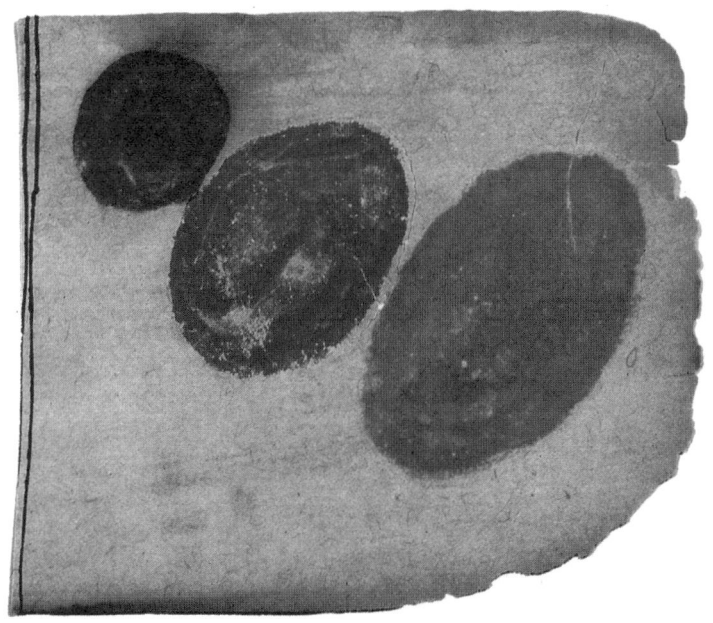

창조의 진행 과정을 형상화한 그림. 상키야 철학에 따르면 우주의 창조가 진행되는 과정에서 세 가지 속성, 즉 사트바(지성·밝음·흰색), 라자스(운동·힘·빨간색), 타마스(질량·무거움·검은색)의 불균형에 따라 다양한 현상이 전개된다고 한다.

스며들어 있다. 이 말은 만물이 지고의 통치자인 브라만/아트만으로 온통 가득 차 있다는 것을 뜻한다. 여기서 산스크리트어 원문의 '몸'(purah)은 '푸르'(pur)와 같은 말로, '세계'를 의미한다. 이 말은 현대적 의미에서 '도시'나 '성채'의 뜻을 지니기도 하며 현대 인도의 도시나 지명을 가리킬 때도 사용된다. 예컨대 나그푸르(Nagpur)나 자이푸르(Jaipur) 같은 것이 그것이다. 이처럼 '세계'를 의미하는 '푸르'가 우주 창조 시에 '하나의 세계로서의 몸'을 뜻하기도 한 것이다. 이렇게 보면 '신인-원형(神人-原形)'적 존재로서의 '푸루샤'(puruṣah) 또한 '몸'으로서의 '세계'에 거하는 시민(市民)이다.[5]

푸루샤는 이른바 '세계시민'이다. 우주의 몸체에 깃들면서 세계시민이자 세계정신으로 존재하는 아트만은 푸루샤의 형태로 존재한다. 그런데 이 푸루샤는 아트만의 다른 이름이기도 하지만 『카타 우파니샤드』에서는 아트만보다 더 앞선 존재로 설명되고 있다. 우주적 원형으로서 푸루샤를 더 깊은 차원으로 설명하고 있는 것이다.

"감각 기관(indrya)보다 대상이 그 이면에 있었고, 대상보다 인식(意根, manasaś)이 그 이면에 있었으며, 인식보다 깨달음(buddhir)이 그 이면에 있었고, 깨달음보다 위대한 아트만(ātmā mahān)이 그 이면에 있었다.

위대한 아트만보다 그 이면에 미현현(未顯現, avyakta)의 존재가 있었으며, 미현현의 존재 이면에 푸루샤가 있었다. 그 전에는 아무것도 없었다. 이것이 여행의 끝이며 최종 목적지다."(『카타 우파니샤드』, I.3.10~11)

『카타 우파니샤드』의 본문에서 언급하는 '위대한 아트만'을 샹카라는 '미현현의 존재'가 탄생시킨 첫 번째 결과물로 보고 있다. 『리그베다』(X.121)에서 보여주고 있듯이, 태초에 혼돈의 물 가운데서 출현한 우주정신으로서의 '황금알'(Hiraṇya-garbha)에서 만물이 탄생되고 있음을 말하는 것과 같다는 것이다.[6] '미현현의 존재'가 아트만보다 앞서고 있다는 셈인데, 이는 『리그베다』의 정신을 계승하고 있음을 보여준다.

『리그베다』에서 푸루샤는 '천 개의 머리와 천 개의 눈, 천 개의 다리를 가지고 있는, 과거와 현재와 미래의 모든 것'으로 묘사되고 있다(『리그베다』, X.129.2). 그러나 위의 본문대로 아트만보다 '미현현'이 더 앞선 존재라면 과연 아트만을 궁극적 실재라고 할 수 있겠는가 하는 의문이 생긴다. 이 점에 대해서는 학자들의 의견과 해석이 분분하다.

첫 번째의 경우는 인도 사상가 랑가라마누자(Raṅgarāmānuja)가 주장하는 바와 같이 '위대한 아트만'을 '개별적 자아(kartṛ)'로 해석하는 경우다. 이 개별적 자아가 '지고의 자아' 속에 깃들고 있다는 뜻이다.[7] 반면 독일 학자 도이센은 '위대한 아트만'을 개별적 자아로 보지 않고 글자 그대로 위대한 아트만으로 해석한다.

푸루샤처럼 천수천안을 가진 것은 아니지만 수많은 팔을 가지고
악마를 퇴치하는 분노한 신의 모습이다. 인도 남부의 힌두 사원에는
이처럼 신들의 위용을 보여주는 조각상이 많다.
많은 팔은 우주의 힘과 내적 에너지를 상징한다.

『슈베타슈바타라 우파니샤드』에서 말하는바 눈이 없어도 보고 귀가 없어도 듣는 '위대한 푸루샤'(mahān puruṣha)에 상응하는 우주의 정신, 곧 '만유-의식'(Hiraṇyagarbha: 우주를 품은 황금알)으로 보는 것이다.[8]

『카타 우파니샤드』가 말하는 이 같은 의식의 층차(層次), 곧 감각-인식-깨달음-아트만-미현현-푸루샤로 이어지며 점점 깊어지는 의식의 세계는 마지막에 푸루샤에 도달하게 된다. 이때의 푸루샤는 『슈베타슈바타라 우파니샤드』에서 말하는 '만유의 주' 이샤와 동일시된다. 그런 점에서 푸루샤는 이샤이자 위대한 브라만/아트만이기도 하다. 이렇게 볼 때 문제시되는 의식의 층차는 현현의 의식(아트만)과 미현현의 의식(푸루샤)으로 구분하여 설명될 수 있는데, 경우에 따라서는 아트만 자신도 현현이자 동시에 미현현일 수 있기 때문에 이러한 양자의 진술이 가능할 수 있지 않을까 생각해본다. 이제 우주의 보존자로서의 브라만/아트만을 살펴보자.

볼 수 없는 것 가운데서 세상을 존속시키다

브라만/아트만은 창조자뿐 아니라 우주의 보존자로서의 역할도 하고 있다. 창조는 보존을 전제로 하며 보존은 창조의 필연적 결과다. 그러나 한시적 보존으로 인해 생명이 다하면 또 파멸하게 된다. 창조와 파멸 사이에 보존이 있는 것이다.

앞에서 언급한 "아트만 홀로 우주에 존재한다"는 대전제에서 보면, 우주는 일자인 아트만에서 파생 또는 출현된 것일 뿐이다. 그런 점에서 우주는 여전히 하나요, 그 하나인 아트만의 변형 또는 연장에 지나지 않는다. 다만 경험적으로나 현상적으로 다자의 세계를 인식할 뿐으로, 그 모든 현상적 다자의 이면에 근본 실재인 아트만이 깃들어 있음도 보았다. '불에서 불꽃이 파생된다'는 비유에서 본 바와 같다.

또한 『찬도기야 우파니샤드』에서는 니야그로다(nyagrodha) 나무의 비유를 통해 말하고 있는데, 이 나무열매의 씨앗을 쪼개고 또 쪼개었을 때 '미세한 것' 외에는 볼 수 없지만 그 볼 수 없는 것 가운데서도 이 나무를 존속시키는 것이야말로 아트만이며, 그 아트만이 바로 세계를 존속시키는 존재에 비유되고 있다. 그리고 '그 존재가 바로 너'라는 대선언도 보았다.[9]

특히 나무의 비유에서는, 나뭇가지 전체가 살아 있는 것은 아트만이 들어 있기 때문이고 가지를 잘라 죽게 되는 것은 아트만이 떠난 결과라고 했다. 나뭇가지는 말라 죽어도 아트만은 죽지 않는다. 뿌리가 죽지 않는 한 나무가 죽지 않듯이 아트만이 떠나지 않는 한 나무도 죽지 않는다. 마찬가지로 인간도 육체는 죽어 흙으로 돌아가지만 불멸의 아트만은 남는다. 아트만은 우주 속에 확산되어 있으면서 무소부재(omni-presence)한 형태로 존재하고 있다. 이러한 무소부재의 형태는 푸루샤의 비유를 통해서도 잘 나타난다. 『찬도기야 우파니샤드』의 다음 본문에서는 이 세계를 지키고 보존하는 다리 역할을 하고 있는 아트만에 대해 언급하고 있다.

> "그 아트만은 이 세상을 각각 유지하기 위한 경계로서의 다리(setur)다. 이 다리 위로는 낮과 밤이 지나갈 수 없으며, 늙음도, 죽음도, 슬픔도, 선행도, 악행도 이 다리 위를 지나갈 수 없다. 모든 악한 것들도 그에게서는 돌아가야 하느니, 브라만의 세계는 악으로부터 자유롭기 때문이다."(『찬도기야 우파니샤드』, VIII.4.1)

이 본문에서 우리는 아트만이 세계를 유지하는 '다리' 역할을 하고 있음을 보게 된다. 그 다리 위로는 낮이나 밤 같은 시간 개념이 무색해지고, 시간성에 따르는 생로병사도 없어진다. 또한 인간 행위의 도덕성을 초월하여 선악마저도 넘어서는, 그리하여 모든 악행이 멀어지는 대자유의 품인 브라만의 세계만 남게 된다. 오직 이 세계를 지탱하고 유지하는 근원적 실재인 아트만의 세계, 세계를 지탱하는 보존자로서의 아트만의 세계에는 오직 초월적 자유만 있을 뿐이다.

여기서 중요한 또 한 가지 사실은 세계 보존자로서의 다리인 아트만은, 분리된 각각의 세계를 분리된 상태에서 공간적으로 연결시켜줄 뿐 아니라 과거와 현재와 미래를 시간적으로도 연결시켜주는 역할을 하고 있다. 물론 아트만 자체의 다리는 시공간성

시간과 공간을 초월한 우주의식을 형상화한 그림.
순수의식으로서 오직 텅 빈 공허를 보여주는데,
바로 없음(비움)으로 존재(충만)하는 역설이다.

을 초월하기 때문에 영원함 그 자체이지만, 현상적 세계에서 볼 때는 다리의 역할이 그렇다는 것이다. 중요한 것은 '연결점으로서의 다리'라는 뜻이다. 이 다리의 힘이 세계를 유지하고 보존하는 아트만의 힘이다. 그 힘은 또한 '통치력'과도 다르지 않다. 그리하여 창조와 보존과 통치가 하나로 연결된다.

이와 관련하여 『카우시타키 우파니샤드』에서는 창조자요 보존자인 아트만이 "세계의 보호자요(lokapāla) 통치자(lokādhipatih)며 주(主, lokeśah)다"고 했다.[10] 아트만의 이러한 세계 보존과 통치의 기능은 '내적 안내자'로서의 역할을 하는 것으로 설명되고 있음도 앞에서 보았다.[11] 바로 이 '내적 안내자'는 주권자로서의 신 이슈바라와도 동일시된다.[12] '내적 안내자'로서의 아트만은 후기 우파니샤드로 갈수록 점차 인격화되어 신적인 통치와 섭리(攝理)의 기능을 하는 것으로 나타나는 것이다. 『아이타레야 우파니샤드』에서 이 점을 잘 보여준 바 있다. 그러면 이러한 우주적 통치와 관련하여 파괴와 대융합으로서의 브라만/아트만을 살펴보기로 하자.

창조와 파멸 후에 브라만의 대융합이 있다

브라만/아트만에 의해 창조된 세계가 그에 의해 보존되면서 어떻게 파멸되게 되는가? 보존이라는 측면에서 이 점은 얼핏 모순으로 들릴 수도 있다. 그러나 베단타 철학의 이론에 따르면, 각각의 인생과 유한한 생명들이 죽음을 경험하고 다시 또 새로운 재생의 거대한 수레바퀴를 돈다는 이른바 '윤회' 이론으로 생멸현상에 대한 설명이 뒷받침된다. 인간의 모든 행위는 이전에 이루어진 행위에 따라 현재의 모습을 지니게 된다는 것이며, 현재의 행위는 미래의 결과를 낳는다는 주장이다. 그리하여 인간의 영혼은 영원히 윤회하게 되는데, 이 윤회의 굴레를 벗어나 브라만/아트만으로 회귀하는 것이 해탈이다. 그러나 브라만과의 합일이라는 해탈이 이루어지기 전까지는 영원 속에서 윤회할 뿐이다.

인간의 영혼의 윤회는 그렇다고 해도, 창조된 우주의 파멸은 언제인가? 그에 대해 우파니샤드에서는 거듭 반복되는 '전체 우주의 기간'을 '칼파'(kalpa, 劫)라는 개념으로 설명하고 있다. 이 '칼파'는 시간 개념이지만 사실상 인간의 두뇌로 상상하기 어려운 무한대의 시간을 말하고 있다. 그런 점에서 우파니샤드가 우주의 파멸을 말하고 있다 해도 그 기간은 측정할 수 없는 것이며, 또한 한 우주적 주기로서의 칼파가 지나면 모든 것을 '삼키는 자'(ad)인 이 브라만으로 흡수 융합된 후에[13] 다시 브라만으로부터 모든 것이 새롭게 생성되어 나온다고 설명하고 있기 때문에, 우주는 영원의 주기적 재생이라고 말할 수 있을 것이다.[14] 『슈베타슈바타라 우파니샤드』에서 인생과 우주의 근원적 질문이 시작된다.

"세계의 원인은 무엇인가? 그것이 브라만인가? 우리는 어디에서 태어났으며 무엇으로 살고 있고 무엇에 근거하여 살아가는가? 오, 브라만을 아는 이여! 누구에 의해서 우리가 살고 저마다의 기쁨과 슬픔을 느끼는지 말해보세."(『슈베타슈바타라 우파니샤드』, I.1)

이러한 근원적 질문에 대해 이 우파니샤드는 계속해서 다음과 같이 토로하고 있다.

"어떤 색깔(결정된 것, varṇah)도 없는[15] 유일자(eka)가 요가의 다양한 창조력(śakti-yogād)을 통해[16] 그의 숨은(비밀스런) 목적(nihitārthah) 속에서 다양한 색깔을 내놓았다. 그 속에 우주의 시작과 종말(ante)[17]이 들어 있다. 그가 우리를 분명한 깨달음으로 이끌기 원하노라."(『슈베타슈바타라 우파니샤드』, IV.1)

이같이 우주의 시작과 종말의 근거가 되고 있는 브라만은 동시에 만유의 귀속점이 되고 평화의 안식처가 된다. 이것이 창조와 파멸을 거친 브라만의 대융합이다. 이어지는 본문을 살펴보자.

"각각의 모든 근원들을 다스리는 유일자, 그 속에 만물이 융합되도다. 그러므로 함께 나아가 찬양해야 마땅할 축복을 내리는 주권자, 그 신을 깨달음으로써 영원한 평화 속으로 나아가

리라."(『슈베타슈바타라 우파니샤드』, Ⅳ.11)

이 본문은 브라만의 창조와 보존, 그리고 파멸과 재생의 순환을 거치는 가운데 우주의 주권적 통치자를 깨달음으로써 브라만과의 대융합에 이르게 되어 영원한 평화를 얻게 된다고 말한다. 무엇보다 중요한 문제는 이러한 창조와 파멸 그리고 재생이라는 영원 속의 주기적 재생에서 브라만/아트만의 실체를 파악하는 일이다. 그것이 해탈에 이르는 길이기 때문이다. 이제부터는 우파니샤드가 말하는 해탈에 이르는 길을 좀더 구체적으로 탐구해보기로 하자.

깨달음이 곧 해탈이다

앞에서 우리는 브라만의 창조와 보존, 그리고 파괴를 넘어선 대융합의 길을 고찰했다. 해탈에 이르는 '깨달음' 이전에 '아트만'(자아)이 있었고, 그 이전에 우주적 원형으로서의 푸루샤가 드러나지 않은 상태로 존재하고 있었다. 드러나지 않은 상태로 인간과 우주에 편만해 있는 그 원형의 푸루샤를 회복하는 것이 길고 긴 여행의 끝이며 최종 목적지이기도 하다.

그 여행의 도중에 브라만/아트만은 우주의 보존자로서 '다리' 역할을 해주기도 하고, 파괴자로서 파멸을 가져다주기도 한다. 그러나 동시에 브라만/아트만은 결국 윤회와 죽음을 넘어선 대융

윤회를 넘어 해탈을 기원하는 갠지스 강의 수많은 사람들.
이들은 정화를 통해 윤회를 끝내고 해탈에 이르고자 한다.

합의 길, 곧 해탈 그 자체이기도 하다. 이같이 브라만/아트만이 펼치는 인생과 우주의 파노라마에 대한 근원적 질문을 던지면서, 역사적 실존으로서의 '나'라는 존재는 무엇이며 영원한 평화에 이르는 길은 무엇인지 자문하는 데서부터 해탈에 이르는 길은 시작되는 것이 아닐까?

해탈에 이르는 길에 대해 우파니샤드는 범아일여(梵我一如)라는 일원론적 차원에서 공통된 견해를 피력하고 있지만, 이원론을 전개하는 상키야 철학에서는 해탈의 방식이 조금 다르다. 그러나 해탈이 '지식'(깨달음)을 통해 가능하다는 기본적 전제는 두 학파에서 일치하고 있다.

지식을 통한 해탈이라는 전제는 우파니샤드 전체의 내용을 관통하고 있다. 그러나 푸루샤(영혼의 원형적 존재)와 프라크리티(prakṛiti: 물질의 원형적 존재)라는 이원론적 입장을 전개하고 있는 상키야 철학에서는 약간 차이를 보이고 있다. 그것은 아트만에 대한 이해의 차이에서 비롯되는 것인데, 우파니샤드의 주장에서 아트만은 유일한 일자로서의 참된 실재이지만, 다자로서의 세계는 환영의 세계다. 그러므로 이 '환영'으로 구성된 다자의 세계를 꿰뚫어 볼 수 있는 통찰력이 요구된다. 이 통찰력으로서의 지혜(깨달음으로서의 지식)가 곧 해탈에 이르는 필수적 수단이라는 것이 우파니샤드의 기본적 가르침이다.

그러나 상키야 철학에 의하면, 물질적 원리로서의 프라크리티가 아트만과 같은 영혼의 원리만큼 참된 실재라는 것이다. 이른바 영혼과 물질 모두가 참된 실재라는 주장이다.[18] 그러므로 베단타 철학에서와 같이 물질세계가 환영의 세계로 이해되지 않는다는 것이다. 이것이 인도 이원론의 특징이며 전통이 되고 있다. 그런데 중요한 것은 상키야 철학도 이들 두 가지 원리가 궁극적으로 하나가 되는 연합 속에서 해탈이 있다는 주장을 하게 됨으로써, 그 연합 속에서는 이원론이 극복된다. 하지만 상키야 철학에서 프라크리티가 하나의 독립된 별개의 실재라고 주장하는 한, 푸루샤가 프라크리티를 '각성시키고', 프라크리티는 푸루샤 속에서 '조명을 받는다'는 주장은 더 이상 설득력을 잃게 된다. 이런 이유로 상키야 철학의 이원론적 사유는 우파니샤드 철학에서 주된 흐름이 되지 못하고 있다.

모든 것은 이미 그 속에 들어 있다

이제 우파니샤드가 말하는 해탈의 길에 대해 좀더 구체적으로 논의해보기로 하자. 사실상 해탈의 길은 지금까지 고찰했던 브라만을 이해하는 여러 가지 논의 속에서 이미 조금씩 반영되고 있었다. 이 점을 염두에 두면서 지금부터 우리가 살펴볼 해탈에 이르는 수단으로 가장 우선되는 요건은 무엇일까? 앞서 본 대로 하나인 아트만의 세계가 여럿으로 분류되어 나온 다자의 현상세계는 어디까지나 '환영'의 세계이므로, 이 환영의 세계의 실상을 모르는 무지(avidyā)에서 벗어나는 일이 해탈에 이르는 가장 우선적 요건이 된다. 그 무지에서 벗어나는 것은 바로 아트만에 대한 이해로부터 가능해진다. 무지가 존재하는 한 고통이나 족쇄(bandha), 또는 집착(graha)에서 자유로울 수 없다. 고통의 실존에서의 해방이야말로 모든 종교가 궁극적으로 추구하는 바이기도 하다.

그런 점에서 해탈의 길은 곧 구원의 길이다. 그것은 물론 죽음의 극복이자 불멸을 얻는 길이다. 그래서 해방, 곧 해탈의 교리가 모든 종교에서 가장 중요하고도 최종적인 가르침이 된다. 인간은 누구나 자기의 삶을 사랑하고 주어진 생애가 행복하길 바란다. 그뿐 아니라 영생의 길이 있다면 그것을 추구해 마지않는다. 그것을 얻기 위해 온갖 희생도 감수한다. 이것이 인도 사상에서 제의(祭儀)의 기원이었다.

앞서 언급한 대로 해탈의 길은 또한 윤회의 사슬에서 벗어나는 길이기도 하다. '환영'으로 빚어진 세계의 실상을 모르는 '무지'로 인해 거듭되는 '윤회'의 굴레를 벗어나지 못하는 것이다. 그러므로 우리는 '환영-무지-윤회'라는 삼중적 세계의 실상을 동시에 고찰해야 한다. 한마디로 이 삼중적 사슬에 연계된 족쇄를 끊는 것, 그것이 문제가 된다.

족쇄를 끊는 것은 궁극적으로 '모든 욕망의 비움'(yatra kāmāh parāgathāh)이라는 형식에서 성취되는 것이기도 하다. 그렇다면 해탈을 위한 '욕망의 비움'과 아트만은 어떤 관계가 있을까? 아트만 자체가 모든 욕망으로부터 자유롭기 때문에 아트만을 이해하지 못하는 한 자유, 곧 해탈은 없다. 그렇기 때문에 아트만을 이해하기 위해서는 근본 자체가 '욕망에서 자유로운' 아트만을 이해해야 한다는 역설이 성립된다.

그러나 욕망의 비움은 단순한 금욕이 아니다. 희생적 제의를 바치는 행위도 아니다. 오히려 금욕적 수행보다는 브라만/아트만에 대한 근본적 통찰로서의 지혜와 지식이 필요한 것이다. 그 지혜와 지식은 '비움'의 형태로 나타날 뿐이다. 그 어느 것에도 집착이 남아 있는 한 참된 해방은 없기 때문이다. 그리고 그 해방의 주체도 외형적인 것이 아니라 바로 내면의 '참 나 자신'으로서의 아트만이기 때문이다. 다시 말해 '내가 곧 브라만이다'는 사실을 깨닫는 데 비로소 참된 해방이 있다는 것이다.[19]

이처럼 우파니샤드에서는 『바가바드 기타』나 다른 문헌과 달리 '지혜'의 길을 무엇보다 강조하고 있다. 종교학의 대가이자 인도 사상가인 엘리아데도 그의 저서 『요가』에서 인도 사상 가운데 해탈의 길을 세 가지 차원으로 제시했는데, 우파니샤드의 해탈론을 '지식'(깨달음)이라는 측면에서 강조하면서 요가의 '기술적' 측면과 더불어 신앙과 헌신의 길로서의 '박티'(bhakti)를 말하고 있다.[20] 이제 아트만에 대한 바른 지식이 무지를 떨치게 함으로써 해탈을 얻게 하는 길임을 알게 되었는데, 그렇다면 그 지식은 과연 어떻게 얻을 수 있을까?

우선 아트만은 '존재'(being)이지 '되어가는 존재'(becoming)가 아님을 기억할 필요가 있다. 이 점은 앞에서 브라만/아트만의 존재 방식을 '존재-의식-환희'의 세 가지 차원에서 고찰할 때 살펴본 바와 같다. 아트만이 '되어감의 존재'가 아니라는 것은 새로운 형태로의 변형이 아니라 본래적 자아(아트만)로서의 존재를 발견할 뿐이라는 것이다. 그것이 깨달음이다. '되어감'이라는 것은 변화를 의미하는 것으로 모든 유한한 존재들의 실상이다. 아트만은 생멸을 거듭하면서 변화되어가는 무상(無常)한 그 무엇이 아니라 근본부터, 처음부터 '존재' 그 자체로 항구여일(恒久如一)할 뿐이다. 변화하는 모든 것은 무상하다. 무상함이 없는 아트만, 곧 인간 내면의 아트만이자 동시에 모든 만유의 총합이며 실재가 되는, 그리하여 만유를 창조하고 지탱하고 보존하는 아트만을 깨닫는 것, 그것이 중요한 것이다. 『문다카 우파니샤드』에서는 이를 다음과 같이 말하고 있다.

"지고의 브라만을 깨닫는 자(paramam brahma veda), 그가 브라만이 될 것이다. 그의 가문에는 브라만을 알지 못하는 자가 없을 것이다. 그는 고통을 넘어서며 죄악을 넘어선다. 그는 얽힌 속박의 매듭을 풀고 불멸의 존재로 해탈을 얻게 된다(vimukto'mṛto bhabati)."(『문다카 우파니샤드』, Ⅲ.2.9)

해탈의 방법은 스스로 지고의 브라만을 깨닫는 데 있고, 그 결과는 자신이 스스로 브라만이 되는 것이며 불멸의 존재가 되어 해탈을 얻게 되는 것이다. 결국 문제는 '깨달음'(veda)에 있다.

생존을 위해 채소를 팔면서도 해탈을 얻고자 하는
박티 신앙의 사두를 저잣거리에서도 만날 수 있다.

그런데 그 해탈이란 '깨달음으로 얻어지는 결과'라기보다는 '깨달음 그 자체 속에 이미 해탈이 있다'는 점을 간과해서는 안 된다.[21]

물론 브라만/아트만을 깨닫는 과정에서 수행이 필요하고, 그리하여 그 결과로서 해탈이 얻어지는 것이기는 하지만, 이미 깨달음 그 자체 속에 해탈이 내재하고 있다는 점에서 결과적 측면이기보다는 '이미' 내재하고 있는 바가 '드러난 것'일 뿐이라는 의미다. 경험적으로는 과정과 결과가 주목되는 것이기는 해도, 본질적으로는 이미 내재적이라는 점에서 '돈오(頓悟)적이고 돈수(頓修)적'인 측면이 있다. 아트만 그 자체 속에 이미 모든 것이 들어 있고, 선악에도 영향을 받지 않을 뿐 아니라 과거와 미래의 시간성에도 영향을 받지 않는 그 자체가 아트만임을 깨닫는 것, 그 깨달음 자체가 곧 존재의 회복이라는 것이다. 그 존재가 바로 '아트만으로서의 내적 통치자인 불멸의 존재'다.[22] 이제 해탈로서의 아트만에 관한 깨달음의 문제를 『브리하드아라냐카 우파니샤드』는 어떻게 진술하고 있는지 살펴보자.

"만일 '내가 푸루샤(아트만)다'(ayam asmīti pūruṣaḥ)라는 것을 안다면 사람이 무엇을 욕망하고 무엇 때문에 육신의 고통을 겪겠는가? 누구든지 이 위험스럽고(saṃdehye) 지혜를 얻기 힘든(gahane) 육신에 들어온 아트만을 깨달으면, 그는 곧 세계를 만든 자다. 그는 모든 것을 만든 자이기 때문이다. 그는 세계(loka)이며, 실로 그는 세계 그 자체다(loka eva)."(『브리

하드아라냐카 우파니샤드』, IV.4.12~13)

'내가 곧 푸루샤요 내가 곧 브라만/아트만이다'라는 사실을 알면 욕망도 사라지고 고통도 없어지며, 수많은 위험에 처해질 필요도 없으며, 해탈을 방해하는 수많은 분별지의 장애를 극복하지 못하는 어리석음도 없을 것이고, 아트만이 곧 세계 그 자체임을 알게 될 것이라는 이야기다. 『찬도기야 우파니샤드』에서는 '깨달은 자'의 모습을 다음과 같이 말한다.

"깨달은 자는 죽음을 보지 않고, 질병도 슬픔도 없다. 그는 모든 것을 보고, 모든 것에서 모든 것을 얻는다."(『찬도기야 우파니샤드』, VII.26.2)

깨달음을 얻은 자는 이미 세계 그 자체가 되기 때문에 더 이상 얻을 것도 없어지면서 동시에 모든 것을 얻은 자가 되는 셈이다. 이 같은 상황을 『슈베타슈바타라 우파니샤드』에서는 "흑암도 없고 밤낮도 없고 존재와 비존재의 구별도 없는 오직 그 불멸의 유일한 존재만 있을 뿐이다"라고 진술하고 있다.[23]

이상의 진술을 토대로 우리는 다음과 같은 결론, 즉 '깨달음은 곧 해탈'이라는 방정식을 얻게 된다. 또한 아트만에 대한 지식은 해탈에 영향을 준다기보다는 '깨달음 그 자체'라는 성격을 띠고 있음도 알게 된다. 깨달음을 얻은 자는 '모든 욕망을 벗어난 자'

(akāmayamāna)가 된다. 그리하여 고통을 초극하고 '비움'을 통해 어린아이처럼 살게 된다.[24]

초월자이자 내재자인 브라만을 깨닫게 되면 마음의 매듭이 풀리게 되며, 선악 간의 모든 '행위도 종식된다(karmāni kṣīyante).'[25] 행위(karma)의 종식은 행위의 결과의 종식이기도 하다. 모든 욕망에서 자유로우므로 모든 악에서도 떠나게 된다. 깨달은 자, 그는 그야말로 더 이상 '업보'(karma)에 얽매이지 않게 될 것이다. 깨달은 자, 그는 또한 우주적 자아이자 참된 자신의 자아가 바로 브라만/아트만임을 의심 없이 믿고 자기의 길을 확고히 가는 자이다. 그것은 이성적 추리(tarka)로도 아니며,[26] 오직 직관(anubhava)으로 가능한 것이고,[27] 지혜로운 스승에게서 전해질 수 있는 것이다.[28]

경험적 측면에서 볼 때 아트만은 이해될 수 없는 존재다. 그리고 아트만은 유일 실재이다. 그러나 그 아트만은 오직 인간이 지닌 비범한 '직관'의 통찰로 '각성'될 것이다. 그 각성은 '아트만의 자기발견'이 될 것이고, 자아를 발견한 아트만은 자신이 세계임을 다시 확인하게 될 것이다. 이것이 우파니샤드가 가르치는 해탈의 방정식이다.

모든 인간은 내면에 아트만을 간직하고 있으니, 직관의 힘으로 이를 발견하는 자, 그는 곧 해탈을 얻게 될 것이다. 살아서 해탈을 얻게 되면 생해탈로서(jīvanmukti) 유여열반(有餘涅槃)에 들 것이고, 죽을 때 해탈을 얻게 되면(videhamukti) 무여열반(無餘

涅槃)에 들 것이다. 『이샤 우파니샤드』는 우리 앞에, 아니 우리 자신 안에 있는 아트만을 찾아 살아서 백 년의 천수(天壽)를 다하라고 권한다.

"인간이여! 항상 자신의 직무를 다하면서 마땅히 백 년을 살아갈 소망을 가져라. 인간으로서 그렇게 살고 싶으면 업보에 얽매이지 않고(na karma) 사는 길 외에 다른 길이 없도다."
(『이샤 우파니샤드』, I.2)

'직무를 다한다'(kurvann eva)는 말의 원뜻은 '행위의 결과와 공덕에 얽매이지 않는다'는 뜻이다.[29] 노자가 말하는바 '위이불시'(爲而不恃)의 차원이다. 천수를 누리며 살되 얽매임 없는 바람 같은 삶, 응당 그 마음 가는 대로 살되 욕심내어 머물지 말고(應無所住而生其心), 그저 풍류객처럼 살면서 집착이 없는(無住處涅槃) 비움의 삶을 살 때 마침내 생해탈의 삶을 살게 되지 않을까? 그것이 또한 공자가 말하는 '마음대로 살아도 어긋남이 없는'(從心所欲不踰矩) 삶의 차원일 것이다.

10

비움으로 소유하다

우파니샤드 사상의 요약과 결론

"지고의 브라만을 깨닫는 자, 그가 브라만이 될 것이다."

스승의 가까이에 앉아 비밀스런 가르침을 듣다

아래로 스승의 가까이에 앉아서 비밀스런 가르침을 전해 들었다는 데서 이름 지어진 우파니샤드는 무지를 없애고 브라만/아트만으로 나아가는 것에 대한 과정적 진술이다. 스승과 제자 사이의 전통적인 가르침은 숲에서 은밀하게 진행되었다. 그 숲속의 가르침이 아라냐카(密林書)였다. 아라냐카는 숲속의 은자들에게 제사의 중요성과 인간과 우주에 대한 신비적 사색을 하게 해줌으로써 베다 사상의 결정판이자 최종적 철학 체계인 우파니샤드의 세계로 안내해주었던 것이다.

아라냐카는 원래 제의 문서인 브라흐마나의 보충적 주석서로 출발했지만, 제의를 비유와 상징적 방식으로 해석하면서 점차 브라흐마나와는 결별하게 되었다. 하지만 완전한 결별은 아니었고, 다만 아라냐카는 제의를 신비적, 사색적으로 해석했다는 뜻이다. 이러한 아라냐카를 더 깊게 사색한 결과로서의 작품이 베다의 끝을 차지하는 베단타 철학, 곧 우파니샤드로 탄생하게 된 것이다.

우파니샤드는 우주와 인간의 근원적 자아인 아트만 또는 브라만의 본성에 대한 진술이 그 중심 내용을 이루고 있다. 그 진술의 기본 방식은 부정적 방식의 가르침인 '이것도 아니고 이것도 아니다'라는 뜻의 '네티 네티' 형식이다. 부정을 통해 긍정을 부각시키는 것인데, 긍정적 언어의 형태로는 근원적 실재를 단정하거나 파악하기 어렵다는 이유 때문이다. 인간이 언어라는 매체를 통해 신을 이해할 수 없는 것과 같다.

아라냐카가 '숲속에서의 교육'에 중점을 두었다면, 우파니샤드는 점차 깊은 신비적 사색의 결과물인 '텍스트로서의 가치'로 드러나게 되었다. 그러나 이 사색의 결과는 제사 중심적 바라문 계급에서가 아니라 오히려 제의 계급을 어느 정도 부정하고 나선 크샤트리아 계급에서 나타났다. 우파니샤드의 등장인물들인 전사(戰士)나 지혜로운 임금, 왕자, 그리고 귀족 들이 지혜로운 가르침을 전수하는 주체가 되고 있는 것을 보면 알 수 있다. 대표적인 예로,『찬도기야 우파니샤드』에는 웃달라카 아루니가 다섯 명의 학식 있는 바라문들에게 '깨어 있는 상태의 아트만'에 대한 가르침을 주려고 하지만 자신도 한계를 느끼고, 이들 여섯 명 모두가 아슈바파티 카이케야 왕에게 가서 참된 가르침을 받는 장면이 나온다. 바라문에서 크샤트리아로의 이러한 사유 체계의 이동은 제사 중심의 사고에서 벗어나고 있음을 보여주는 반증이다. 특히 윤회의 이론은 바라문의 사고이기보다 왕들을 중심으로 한 크샤트리아들이 제기한 사상이었다.

우파니샤드의 철학과 저작은 순수 아리아인들의 것이라기보다 인도의 원주민이었던 드라비다인의 영향이 더욱 컸으리라는 주장도 설득력 있게 제기되었다. 시간이 경과하면서 드라비다인의 혈통이 아리아인들 사이에 더욱 확산되어갔고, 아리아인들의 전투적인 기질보다는 드라비다족의 사색적인 분위기가 우파니샤드의 내용과 더 가깝다는 주장이다. 하지만 아리아인과 드라비다인 어느 한쪽만의 유산으로 설명할 수는 없고 모두의 영향이 함께 배태되어 있다고 보는 쪽이 옳을 것이다. 우파니샤드의 범신론(汎神論)적 경향은 고대의 정령론(精靈論)적 견해에서 출발하여 아리아인들의 신인동형론(神人同形論)적 자연신들과 대조를 보이면서 점차 하나의 철학적 결과물로 발전해갔다.

문학적 형태로 된 우파니샤드는 모두 200개를 넘지만 인도 전통에서 대개 108개로 제한을 두고 있다. 이들 가운데 초기의 문헌으로는 『아이타레야 우파니샤드』 『카우시타키 우파니샤드』 『찬도기야 우파니샤드』 『케나 우파니샤드』 『타이티리야 우파니샤드』 『브리하드아라냐카 우파니샤드』 『이샤 우파니샤드』 『카타 우파니샤드』를 들 수 있는데, 대개 기원전 7, 8세기의 고전적 초기 문헌으로 인정되고 있다.

우파니샤드의 저자는 분명하지 않고 대부분 익명으로 되어 있으나 일부는 아루니, 야즈나발키야, 발라키, 스베타케투, 산딜리야 같은 현자들의 작품으로 여겨지고 있다. 이들 현자와 제자들 사이의 대화가 우파니샤드의 주 내용을 이루고 있기 때문이다. 우파니샤드의 내용은 짜임새 있는 철학적 성찰이라기보다는 정신적 각성의 수단으로서, 고도의 영적 경험의 세계로 우리를 이끌어간다. 그러나 내면의 명상에만 치우치는 것이 아니라 자유를 향한 실천적 수행의 차원을 담고 있는 구원의 철학 체계라고 말할 수 있다.

앞서 본 것처럼 베다의 본집인 상히타와 제의 중심의 브라흐마나가 '의례의 부분'을 다루고 있다면 우파니샤드는 '지혜의 부분'을 담당하고 있다. 우파니샤드는 바라문 중심의 제사 행위와 그 효능에 대해 직접적으로 공격하기보다는 우회적인 방식으로 비판하고 있다. 이는 우파니샤드의 현인들이 주로 크샤트리아 계층의 사람들이었고, 그들의 기본적인 관심이 제사에 있지 않고 만유의 시작이자 궁극적 정점인 아트만과 브라만에 대한 추구를 더욱 중요하다고 보았기 때문이었다. 우파니샤드 가운데서도『브리하드아라냐카 우파니샤드』와 함께 가장 긴 본문을 구성하고 있는『찬도기야 우파니샤드』에 이를 잘 보여주는 사례가 있다. 문답식 대화 가운데 개들의 찬양이라는 비유를 통해 우파니샤드의 가르침의 핵심을 풍자적으로 그리고 있는데, 내용은 신에게 음식을 빌고 있는 사제들의 모습을, 주인의 밥상에서 떨어지는 음식을 기다리는 개들에 빗댄 것이다. 이는 정녕 빌고 구할 것은 음식이 아니라 영혼의 자유, 곧 해탈이었어야 한다는 것을 보여 준 것이다.

우파니샤드의 세계관에 대한 다양한 해석들은 크게 몇 가지 주장으로 요약될 수 있는데, 샹카라의 불이론, 라마누자의 제한적 불이론, 마드흐바의 이원론, 그리고 님바르카의 불일불이론과 그 밖의 불가사의론 등이 그것이다. 이 가운데 샹카라의 불이론이 인도 사상의 주류를 이루고 있고, 라마누자의 제한적 불이론은 신의 창조를 말한다는 점에서 서양의 그리스도교와 비교되는 바가 많다. 마드흐바의 이원론은 다섯 가지 요소에 의해 양자가 영

제자들이 스승을 중심으로 가까이 둘러앉아 우주와 인생에 관한
비밀스런 가르침을 전수받고 있다.

원히 구별된다고 한다. 다섯 가지 요소는 첫째, 신과 개별적 영혼, 둘째, 신과 물질, 셋째, 영혼과 물질, 넷째, 하나의 영혼과 다른 영혼, 다섯째, 하나의 물질과 다른 물질로 구분된다. 마드흐바는 신과 영혼과 세계의 실체는 각각 독립적으로 영원히 존재한다고 주장한다. 이에 비해 님바르카파(派)는 크리슈나와 라다를 숭배하는데, 그런 점에서 님바르카 또한 마드흐바와 같이 신에 대한 박티(信愛) 신앙을 주장하고 있다고 할 수 있다.

우파니샤드가 이같이 다양한 세계관의 해석을 낳고 있는 이유는 그 내용이 오랜 세월에 걸쳐 다양한 저자와 전승을 거치면서 형성되었기 때문이다. 그러나 이러한 다양성에도 불구하고 공통된 철학적 흐름이 있었는데, 그것은 '참 나'인 아트만이 우주의 궁극적 실재인 브라만이라는 '범아일여'(梵我一如)의 핵심적 가르침으로 집중되고 있다. 우파니샤드의 철학적 중요성 또한 이 점에 초점이 맞추어지고 있다. 이것은 우파니샤드의 철학적 관심이, 객관적 대상의 세계에 대한 탐구에서 주관적 내면세계로 이동되는 사고의 대전환을 보여주는 것이기도 하다.

우파니샤드는 지혜, 곧 깨달음으로서의 지식을 중시한다. 그것은 세속적인 지식이 아닌 궁극적 실재를 아는 지식이다. 그러므로 이성적 지식이라기보다는 직관적 또는 계시적 통찰력이라고도 할 수 있을 것이다. 우파니샤드의 현자들은 전통적 사회제도인 카스트(Caste)의 굴레에서 벗어나, 영적 우주의 세계로 인간의 영역을 확대시킨다. 그리하여 '그것이 바로 너다'라고 선언하기에 이르렀다. 인간은 어떤 제도에 얽매이는 존재가 아니라 우주의 본질인 브라만, 즉 '그것'과 다르지 않다는 혁명적 선언을 함으로써 인간은 자신의 존재를 다시 발견하게 되었던 것이다. 그리하여 인간의 최종 목적은 더 좋은 하늘에서 다시 태어나는 것이 아니고, 카르마의 우주적 법칙에서 벗어나 참된 영혼의 자유를 얻는 것이다. 우파니샤드의 중심 개념으로는 여러 가지를 들 수 있겠으나 그 가운데 무엇보다 중요한 것은 브라만과 아트만이라는 개념이다. 수많은 우파니샤드의 텍스트 가운데서 공통적인 중심 내용이 모두 브라만과 아트만에 집중되기 때문이다.

우파니샤드의 철학을 연구하는 수많은 대가들이 나왔으나 서양의 학자 가운데는 도이센과 키스가 대표적이고 인도에서는 라다크리슈난이 유명하다. 그 가운데 브라만과 아트만에 대한 가장 방대하고 체계적인 진술을 하고 있는 학자는 도이센이다. 필자 또한 이들의 사상을 중점적으로 검토하면서 그 중요한 내용들을 소개했다. 특히 도이센은 브라만의 사상적 체계를 크게 네 범주로 구분하여 설명하고 있다. 만물의 첫 번째 원리로서의 브라만에 대한 신학적 설명, 우주를 형성하게 된 원리로서의 진화적 우주론, 자신으로부터 전개된 우주 속으로 침투하게 되는 영혼으로서의 브라만의 출현에 대한 심리학적 설명, 그리고 죽음 이후의 영혼의 운명에 대한 교리로서의 종말론과 그에 따라 요청되는 삶의 윤리적 차원 등으로 도이센의 논지는 정리된다.

이렇게 방대하고 체계적인 진술 가운데서도 우파니샤드의 가

우파니샤드에 기록되었던 산스크리트어는 오늘날에도 여전히 사용되고 있지만 문법과 내용은 확연히 달라졌다.
산스크리트어가 현대적 의미로 사원의 외벽에 기록되어 있다.

장 중요한 내용은 역시 브라만을 어떻게 이해할 수 있을 것인가 하는 문제다. 브라만을 알면 모든 것을 아는 것이 되기 때문이다. 초자연적 브라만을 어떻게 이해할 수 있을까 하는 것은 그리스도교에서 하느님을 어떻게 이해할 수 있을 것인가 하는 문제와도 같은 신학적 질문이기도 하다. 이러한 문제에 대하여 최근 하버드 대학교의 가톨릭 신학자인 클루니는 『힌두 신, 그리스도교의 신』이라는 저술을 통해, 이성(理性)이 어떻게 종교들 사이의 벽을 허물 수 있을 것인가를 논하면서 '언어'의 한계와 '상징성'을 두고 브라만과 하느님의 유사성과 차이점을 논했는데, 비교신학자들에게 유익한 지침을 주고 있다.

초기 우파니샤드의 하나인 『브리하드아라냐카 우파니샤드』의 진술에 의하면, 세상의 모든 지식과 지혜는 '위대한 실재'인 브라만의 숨에서 비롯되었다고 한다. '브라만의 숨'이라는 표현 또한 상징이라고 말할 수 있겠지만, 그것을 실재로 이해하고 받아들이는 자도 있다. 여기서 '위대한 실재'란 만물의 근원으로서 그보다 더 큰 실재가 없는 존재를 말하는 것이다. 샹카라에 의하면 이 위대한 존재의 숨은 인간이 노력하지 않아도 숨을 쉬는 것과 같이 자연스럽게 지고자로부터 흘러나오는 것으로, 이것은 일자에서 다자로 지식이 전개되어나감을 의미하는 것이기도 하다.

그러나 생명의 숨(호흡)은 여전히 브라만의 한 속성일 뿐이다. 그리하여 좀더 근원적인 본질을 찾아나서는데, 『브리하드아라냐카 우파니샤드』는 이 문제에 집중한다. 그 하나의 설명 방식이 현자 야즈냐발키야와 비데하의 왕 자나카와의 대화 속에서 잘 드러난다.

'소리'가 실로 브라만이다. 그리고 계속해서 '눈', '귀', '마음', '심장'이 브라만이라고 말하지만 그 어느 것도 완전한 정의가 아니라고 야즈냐발키야는 대답한다. 호흡이 머무는 자리는 호흡일 뿐이며 호흡을 지탱하는 자는 대공일 뿐 브라만을 정의하는 본질이 되지 못한다는 것이다. 더 나아가 '정신작용'(意根)이 브라만이라고 한 것도 마찬가지다. 정신작용은 단지 브라만이 머무는 자리일 뿐이다. 정신작용 다음으로 '마음'을 언급하지만, 그것 또한 절름발이식의 한쪽 견해에 불과하다. 브라만이 머무는 자리가 마음일 뿐, 그 기반은 대공이라고 하면서 '안정성(평정심)을 존중해야 한다'고 말한다. 이렇게 길게 이어지던 대화는 '마음'이라는 대답에서 일단락된다. 그러면서 다른 본문에서는 '마음'이 브라만이라는 설명이 나오기도 한다. 예컨대 『브리하드아라냐카 우파니샤드』의 본문에는 '마음이 브라만이요 창조주'라는 언급이 나오는데, 불교 유식학(唯識學)과 화엄사상에서 말하는 일체유심조(一切唯心造)와 상통하는 바가 있다. 샹카라는 이 본문에서 '마음'을 뜻하는 '흐리다얌'은 깨달음을 얻게 하는 지성(智性)의 자리라고 말한다.

이같이 브라만의 본질을 이해하려는 대화 가운데 우선적으로 다루어진 내용이 '호흡'이었고, 그 호흡은 모든 존재의 근원이었다. 그런데 호흡보다 더 중요한 것은 '진리를 아는 것'에 있고, 진리를 아는 것은 마음으로 성찰하는 것인데, 그것은 바로 '신앙과 사색'에 기초하고 있다. 이를 위해서 스승을 공경하고 수행에서 절제하고 집중하는 것이 요구된다. 그 수행은 다시 무한을 의식하는 기쁨 속에서 가능하다. 그 무한의식이 바로 자아의식과 결부되며 궁극적으로 브라만과 하나 되는 길이다. 브라만의 영원한 자유에 이르는 과정에서 수많은 일과 학문과 언어와 노래 등은 부차적인 것일 뿐이다. 무한한 기쁨의 자의식을 얻을 때 비로소 '나는 실로 이 모든 것(세상)이다'라고 생각할 수 있게 된다.

인도의 정통 바라문들은 궁극적 진리인 브라만을 이해하고 브라만과 하나 되기 위해서 해탈에 이르게 하는 네 가지 길, 아쉬라마를 제시했다. 이는 인생의 네 가지 주기인 학습기, 가주기, 은둔기, 방랑걸식기로 구분된다. 이 마지막 산야신의 단계에서 진정한 아트만, 곧 지고의 아트만을 깨닫고 해탈을 얻게 되는 것으로 설명되고 있다. 이 같은 네 단계의 삶을 보여주는 『브리하드아라냐카 우파니샤드』의 본문에서는 '거대한 태어남이 없는 아트만'을 말하고 있다. 아트만의 불생불멸성을 말하고 있는 것이다.

또한 『찬도기야 우파니샤드』에서는 '브라만에 이르는 세 가지 수행덕목의 길'을 말하고 있는데, "제사, 베다의 연구, 그리고 비움-나눔이 첫 번째요, 스승의 집에 머물면서 거룩한 지혜를 추구하는 것이 두 번째의 길이고, 스승의 집에서 금욕적으로 자기 자신의 육체를 엄격히 통제하는 것이 세 번째의 길이다"고 한다. 이것은 베다의 연구와 스승의 지도를 통한 수행의 과정을 말하는 것이지만, 결국은 산야신으로서 불생불멸의 아트만을 증득(證得)하는 길을 수행자의 모범으로 보고 있다.

초기 우파니샤드에서는 창조주 브라흐마 또는 궁극적 존재인 브라만 같은 우주의 비밀을 이해하기 위해서는 고행과 제사와 베다를 공부하는 것 외에도 필요한 조건이 있었는데, 맏아들이거나 자격을 갖춘 제자가 되는 것이 그것이었다. 그러나 브라만에 대한 우파니샤드의 가르침이 맏아들과 제자에게 제한적으로 전수되기는 했지만 그것이 절대적인 것은 아니었고, 제자들을 받아들이는 입문식도 없이 왕이나 현자가 자신을 찾아온 성실한 베다의 학습자들에게 아트만에 대한 가르침을 주는 것이 일반적인 경우였다.

그러나 브라만을 이해하기 위해 무엇보다 중요한 것은, 그 자신이 바로 브라만임을 깨달은 제대로 된 스승의 바른 지도이다. 그렇지만 이러한 것들은 어디까지나 브라만을 알기 위한 외부적인 수단에 불과한 것이고, 후기 우파니샤드에 가서는 좀더 내면의 직접적인 수단이 요청되고 있다. 다시 말해 마음의 평정, 자기억제, 비움, 인내, 의식의 집중 등이 더 중요한 수단이 되고 있다.

우파니샤드 본문에 의하면, 브라만을 이해하기 위해서는 초월적 지식 외의 방법은 없다. "오직 아트만을 사색하고 명상함으로써 모든 것을 알게 된다"고 하는 것이나 "아트만을 알면 모든 것을 알게 된다"고 말하는 데서 알 수 있다. 경험적 실재의 지식은 우리로 하여금 다원성의 세계를 이해하게 해주지만 그것은 환영으로 오직 '명칭'에 불과할 뿐이며, 실제로는 오직 브라만만이 실재한다는 것이다. 세계의 모든 것이 아트만의 소산이라면 이는 불교의 유심(唯心)철학에서 말하는바 '삼계허망 단지일심작'(三界虛妄 但之一心作)이라는 내용과도 비교될 수 있다.

『브리하드아라냐카 우파니샤드』에서 아트만은 북과 북소리의 비유를 통해 상징적으로 설명되고 있다. 아트만이 북과 같은 악기라면 우주의 현상은 그 악기의 연주 소리에 비유될 수 있다는 것이다. 악기를 잘 알면 연주 소리도 잘 이해할 수 있듯이, 우주의 다양한 현상도 아트만을 이해함으로써만 제대로 파악할 수 있다는 것이다. 그러므로 오직 아트만에 대한 지식만이 '참 지식'이 되고 그 밖의 것은 참 지식이라 보기 어렵다는 논리다. 이러한 '참 지식'으로서의 초월적 지식은, 무지(avidyā)의 세계가 안내하는 감각적 쾌락의 세계와 다른 '참된 지식'의 근원 아트만(브라만)을 아는 구원과 해탈의 세계에 이르게 한다.

비존재였던 존재가 존재가 되다

브라만과 아트만은 우주의 궁극적 실재이자 동시에 우주의 존재를 구성하는 제1원리로서 기능한다. 이는 『브리하드아라냐카 우파니샤드』에서 말하는 것처럼 '아트만으로부터 모든 생명체가 나왔다'는 표현을 보아도 알 수 있다. 우파니샤드 곳곳에서 브라만은 아트만과 동의어처럼 나타나고 있다. 그것은 만물의 근저에 있는 '실재 중의 실재'로서, 궁극적 진리로서의 제1원리를 지칭한다는 점에서 그렇다. 그러나 브라만/아트만의 본질에 대해서는 여전히 다양하게 설명하면서도 침묵한다. 그것은 앞서 말했듯이 '부정의 진술'(neti neti) 속에서 드러나는 그 무엇이기 때문이 아닐까? 그럼에도 아트만은 세 가지 다른 이름으로 불리기도 한다. 말하자면 인간의 '자아'(아트만)를 구분한 것인데, 육체상의 자아, 개별 영혼의 인식 주체로서의 자아, 주객 구분을 넘어선 초월적 인식의 자아가 그것이다. 이 가운데 지고의 아트만은 초월적 인식의 자아를 말한다.

아트만은 또 다섯 가지 종류로 분류되기도 하는데, 안나마야(음식에 의존하는 아트만), 프라나마야(생명의 호흡에 의존하는 아트만), 마노마야(마음작용[의지]에 의존하는 아트만), 비즈나마야(지식에 의존하는 아트만) 그리고 아난다마야(환희에 근거한 아트만)가 그것이다. 이들은 인간에게 공통되는 현상으로서의 아트만으로, 앞의 넷은 다섯 번째의 아난다마야 아트만을 둘러싸고 있는 외형적 아트만에 불과하다. 다섯 번째 단계의 아트만이야말로 인간의 근원적 본질을 이루고 있다.

이 외에도 브라만/아트만에 대한 상징적 표현들과 그 해석은 다양하다. 우선 『찬도기야 우파니샤드』에는 감각적, 심리적으로 포착될 수 있는 다양한 브라만/아트만이 열거되고 있는데, 사물의 이름에서부터 소리(언어), 마음, 의지, 의식, 선정(禪定), 지혜, 힘, 음식, 물, 열기, 대공, 기억력, 희망 그리고 호흡이 그것이

깨달음에 이른 해탈의 기쁨을 형상화한 조각상.
남성적 원리와 여성적 원리가 합일되어 있다.

다. 이처럼 브라만의 상징은 인체에 비유되기도 하고 우주 공간에 비유되기도 하는 등 그 표현이 다양하다.

브라만은 또 '옴'으로 상징되고 있다. '옴'을 소리 내어 명상하는 것은 마음을 집중한다는 의미다. 또한 '옴'이라는 소리 자체로 초월적 존재와의 교감을 얻을 수 있어 신성시되며, 아트만의 최고의 상징으로 꼽힌다. 이 밖에도 다양한 신들과 관련된 브라만의 상징들이 있는데, 이들은 모두 속성을 지닌 브라만, 즉 '사구나 브라만'이라고 일컫는다. 반면에 아무런 형상이나 속성을 지니지 않는 브라만을 '니르구나 브라만'이라고 부른다.

이처럼 브라만/아트만의 다양한 속성과 상징이 있지만 이를 대별하여 브라만의 본질은 크게 세 가지 차원으로 설명된다. 그 세 가지 본질적 특성은 존재(sat), 의식(cit), 환희(ānanda)로, 이를 '사트-지트-아난다'라는 공식으로 부르기도 한다. 존재로서의 브라만은 『리그베다』에서 '비존재'와 함께 언급된다. 비존재(asat)는 아직 드러나지 않은 미현현이고, 존재는 현현이다. 이른바 비존재로서 드러나지 않고 있던 '무'가 '존재'로의 발동을 시작했는데, 그 발동은 '무'의 내적인 에너지와 열기(타파스)로서의 희망에 근거한 것이다. 따라서 비존재는 아무것도 없다는 의미의 '무'는 아니었다.

우파니샤드에서는 이러한 창조의 과정에서 브라만이 존재의 실체로 개입하고 있다. 이는 노자가 도(道)의 창조적 기능으로 말하는 '유생어무'(有生於無)와도 비교된다. 『찬도기야 우파니샤드』에서는 비존재에서 존재로 이어질 수 없다고 함으로써 기존의 설명을 정면으로 반박하고 있다. 그러나 그 '비존재'는 앞에서도 언급한 것처럼 단순히 아무것도 없는 '무'가 아니라 다만 '드러나지 않은 것'일 뿐이라는 점에서 모순은 해결된다.『찬도기야 우파니샤드』에서는 '이 존재가 진리이자 아트만으로, 바로 너 자신'이라고 말한다. "만물의 근원인 그 미세한 존재를 세상 만물이 아트만으로 삼고 있다. 그 존재가 진리다. 그 존재가 아트만이다. 그것이 바로 너다."

의식으로서의 브라만/아트만은 어떤 모습인가? 제1원리로서의 브라만/아트만은 인간 내면의 '의식'과 직접적인 관련이 있다. 브라만이 우주의 원형적 본질이라면 아트만은 인간 내면의 원형적 의식이다. 이른바 인간의 육체적 영역을 넘어선 우주적 의식과의 연합이다. 의식의 차원에서 중요한 것은 감각과 인식을 주관하는 자, 곧 내면의 존재인 아트만을 깨닫는 것이 요청된다. 이 아트만이 바로 의식의 주체, 또는 의식 그 자체로서, 보는 자를 보고 듣는 자를 듣고 생각하는 자를 생각하고 깨닫는 자를 깨닫는 자다. 이 아트만은 불멸의 의식이다. 이 불멸의 의식이 브라만이자 불멸 그 자체를 '아는' 자다. 이 불멸의 존재는 "보이지 않지만 보는 자요, 들리지 않지만 듣는 자며, 생각할 수 없지만 생각하는 자요, 알 수 없지만 아는 자다."

환희로서의 브라만은 어떤 모습인가? 환희는 고통을 넘어서 있다. 고통의 문제가 브라만의 존재 방식으로서의 '환희'와는 어떤 상관관계가 있는가? 아트만을 알게 되면 고통과 죽음의 문제도 극복되고 브라만의 궁극적 상태인 '환희'에 이른다. 우파니샤드에서의 환희(bliss, 至福)는 브라만의 속성이나 상태를 말한다기보다는 오히려 브라만의 독특한 본질 그 자체로, 환희를 '지닌 자'라기보다는 환희 '그 자체'다. 이러한 환희의 상태는 꿈 없는 깊은 숙면의 상태에서 이루어지는 결과다. 주관과 객관의 대립적 구별을 넘어선 깊고 꿈 없는 잠의 상태로서, 브라만과 일시적인 연합을 이루고 있거나 모든 고통이 사라진 상태의 더없는 기쁨이다. 이러한 상태는 주객 구분 없는 주체적 의식이요, '적멸(寂滅)과 적정(寂靜)'의 순수의식이며, 대승적 차원의 상(常), 락(樂), 아(我), 정(淨)이다. 환희로서의 아트만의 기쁨(sukham)은 무한함에 있다. 기쁨을 뜻하는 '수캄'(sukham)은 '캄'(kham), 즉 대공(ākāsa)과 어근이 같기 때문에 기쁨은 무한과 결속된다. '환희'(ānanda)와 '무한'(ananta)의 어근이 같기 때문이다. 그리하여 아트만은 불멸의 환희가 된다.

스스로 지고의 브라만임을 깨닫는 것이 곧 해탈이다

브라만/아트만의 본질적 속성을 이렇게 말하지만 브라만은 여전히 불가지성(不可知性)의 존재로 남아 있다. 다만 알 수 있는 길(可知性)이 있다면 그것은 '부정의 길'을 통해 더듬어 알 수 있을 뿐이다. 그 '부정의 길'을 통한 길고 긴 대화 속에서 마침내 얻게 되는 것이 '브라만/아트만이 바로 너다', '그것이 너다'라는 지고한 명제라는 것이다.

그렇다면 존재-의식-환희로서의 브라만은 세계와 어떤 관계를 지니는가? 브라만/아트만은 제1원리로서의 우주적 원리임을 앞에서 보았다. 이 제1원리가 세계 속에 나타날 때는 실재론(realism), 유신론(theism), 범신론(pantheism), 관념론(idealism)이라는 네 가지 범주의 형태로 드러난다. 물론 다른 각도에서 이해할 수도 있을 것이다. 이는 브라만의 세계를 실재론적 입장에서 볼 것인가, 아니면 유신론이나 관념론적 입장에서 바라볼 것인가 하는 세계관의 차이를 말하는 것이다. 이러한 관점의 차이에 따라서 인도 철학, 특히 우파니샤드의 철학이 다양한 방식으로 전개되거나 해석될 수 있다는 것이다.

브라만과 세계에 대한 이 같은 네 가지 설명 방식은 우파니샤드에서 모두 부분적으로 언급되고 있기 때문에, 우파니샤드의 브라만을 해석하는 학파가 각각 다르게 형성되기 마련이다. 그러나 이 같은 차이점들은 점차 서로 모순됨이 없이 하나의 일원론적 경향으로 발전해갔다. 심지어 이원론적 전개를 보이는 상키야 철학적 실재론도 궁극적으로는 브라만/아트만과의 합일을 주장한다는 점에서 일원론적 맥락을 지니고 있다고 볼 수 있다.

브라만/아트만은 우주 만물의 제1원리로서 유일 실재이지만, 그 아트만은 바로 '나'라는 존재를 떠나서 있는 것이 아니라는 점에서 브라만의 영적 원리를 생각해보게 된다. 우파니샤드의 방대한 문헌 전체가 결국은 영적 원리로서의 '참된 나'를 발견하기 위한 과정이라고 볼 수 있기 때문이다. 『찬도기야 우파니샤드』에서 '그 진리가 아트만이요 바로 너다'라고 말하는 것도 진리는 '나' 속에 있는 내면의 영적 원리임을 말하는 것이다.

브라만/아트만의 영적 원리는 우주의 인격신으로 발전한다. 우주적 실재로서의 브라만은 후기 우파니샤드의 시대로 갈수록 관념론적 차원이나 실재론적 차원에서 유일신적 차원으로 점점 발전해가면서 인격신 이슈바라로서의 브라만으로 나타나고 있다. 이는 고대 우파니샤드에서 후기 우파니샤드로 갈수록 신관이 변화하고 있음을 보여주는 것인데, 다양한 신들이 출현하는 다신론에서 점차 브라만/아트만을 중심으로 하는 유일신으로 변해갔던 것이다. 그런데 한 가지 새로운 변화는 브라만/아트만이 '주'(主)라는 뜻을 지닌 '이샤'(Īśa) 또는 '이슈바라'(Īśvara)라는 명칭으로 불리고 있다는 것이다. 인격신으로서의 브라만의 통치를 뜻하는 것이다. 이러한 '주'로서의 이슈바라도 점차 '최고의 주'라는 '파람 이슈바라'로 불리게 된다.

만물을 지탱하는 자로서의 아트만이 이제 '주'라는 인격신으로 불리고 있고, '주'가 아닌 개체 영혼은 자신이 추구한 향락으로 인해 세속적인 것들에 얽매이게 된다. 그러나 개체성에서 벗어나 우주적 통치자로서의 아트만을 깨닫게 되면 모든 굴레에서 벗어나 해방을 맛보게 된다. 이것을 깨닫는 즉시 '파람 이슈바라'로서의 브라만/아트만이 된다. 이 지고신과의 합일 후에는 '그에 대한

힌두인들은 해탈에 이르고자 수많은 인격신을 마음 또는
거대한 바위에 새기고 수천 년의 역사 속에 간직해왔다.
하나의 바위에 백 년 동안 새긴 카일라사 사원의 조각이
박티 신앙에 활력을 불어넣어주고 있다.
그 모든 신들 위에 브라만이 있고 아트만이 있다.

네 개의 팔을 가진 춤추는 시바의 모습. 바깥 오른손에는 세계의 창조를
상징하는 북을 들고 있고, 바깥 왼손에는 파괴의 상징인 불을 들고 있다.
안쪽 오른손 손바닥을 내밀어 보이는 것은 세계의 보호와 유지를 상징한다.
이 세 개의 손은 각각 창조의 신 브라흐마, 파괴의 신 시바,
유지의 신 비슈누를 뜻한다.
나머지 왼손은 공중에 치켜든 발을 가리키는데, 이 발은 휴식을 상징한다.
그리고 한쪽 발은 무지를 상징하는 난쟁이를 밟고 있다.
시바를 둘러싼 횃불은 무지를 짓밟고 깨우친 광명을 의미한다.

명상'을 통해 그와의 연합을 이룸으로써 속박을 벗어나 해탈을 누리게 된다. 브라만과의 합일은 근원적인 내적 실재와의 참된 연합이기 때문에 '스스로 존재함'에 이르는 해탈과 다를 것이 없다. 그리고 그 해탈은 동시에 모든 '세상의 환영'에서 벗어나는 길이다. 이것이 일종의 브라만의 열반(涅槃), 곧 '브라마-니르바나'다.

아트만은 우주와 인간 내면의 '내적인 안내자'로서 통치력을 지니고 우주의 창조와 보존, 그리고 파괴와 대융합의 전체 과정을 이끈다. 『찬도기야 우파니샤드』에서 언급했듯이 "이 세계는 브라만에서 생겨나와 다시 브라만으로 돌아가고 브라만 안에서 움직인다." 이는 브라만의 창조와 파괴, 융합의 전 과정을 단적으로 설명해주는 표현이다. 이러한 브라만의 역할은 '타잘란'(tajjalān)이라는 산스크리트어에 그대로 함축되어 있다. '타잘란'(tad-ja-la-an)은 '시작'을 의미하는 'ja'와 '끝'을 의미하는 'la', 그리고 '지속'을 의미하는 'an'의 합성어로, 브라만(tad, 그것)이 우주의 시작이요 끝이며 지속이라는 뜻, 알파요 오메가며 영원이라는 의미를 담고 있다. 그런 점에서 브라만/아트만은 초월이요 불멸이며 또한 신적이다.

이 불멸의 신적 아트만에 이르는 해탈의 길에 대하여 우파니샤드는 범아일여(梵我一如)라는 일원론적 차원에서 공통적인 견해를 피력하고 있다. 비록 이원론을 전개하는 상키야 철학에서는 해탈의 방식이 조금 다르기는 해도 해탈의 기본적 전제를 '지식'(깨달음)에 두고 있다는 점에서는 일치를 보인다. '지식'(지혜)

을 통한 해탈이라는 이러한 전제는 우파니샤드의 전체 내용을 관통하고 있다. 그렇다면 지혜로서의 깨달음의 내용은 무엇인가? 우선적으로 아트만이 유일한 일자로서의 참된 실재라는 것과 다자로서의 세계는 환영의 세계라는 것을 알아야 한다. 이 '환영'으로 구성된 다자의 세계를 꿰뚫어 보는 통찰력으로서의 지혜(깨달음으로서의 지식)가 곧 해탈에 이르는 필수적 수단이라는 것이다.

이 환영적 세계의 실상을 모르는 무지에서 벗어나는 것은 바로 아트만에 대한 이해에서 가능하다. 무지는 고통이나 족쇄, 또는 집착의 근원이다. 그러므로 우리는 '환영-무지-윤회'라는 삼중적 세계의 실상을 동시에 통찰해야 한다. 족쇄를 끊는 검으로서의 통찰은 궁극적으로 '모든 욕망의 비움'이라는 형식에서 성취된다. 윤회의 사슬에서 벗어나는 고통스러운 실존으로부터의 해방, 그것이 모든 종교가 궁극적으로 추구하는 것이기도 한 것처럼, 우파니샤드가 말하는 해탈의 길도 고통과 죽음의 극복으로 맞게 되는 구원의 길이요 불멸의 길이다. 환영에서 벗어나 '내가 곧 푸루샤요 내가 곧 브라만/아트만이다'라는 실재의 실상을 깨닫는 것, 그것이 우파니샤드가 말하는 비밀스런 가르침으로서의 해방의 길, 곧 해탈의 최종적인 가르침이다. 그 궁극의 가르침은 다음과 같은 네 개의 위대한 진술, 즉 마하바키야(Mahavakyas)로 압축된다. 이것이 우파니샤드의 결론 중의 결론이다.

"의식이 브라만이다."(『아이타레야 우파니샤드』)

"내가 브라만이다."(『브리하드아라냐카 우파니샤드』)

"그것이 바로 너다."(『찬도기야 우파니샤드』)

"이 아트만이 브라만이다."(『만두키야 우파니샤드』)

주 註

우주와 세계를 이해하기 위한 가르침

1 『리그베다』는 신에 대한 찬가(讚歌)를 모은 것으로, 신들을 제의의 장소로 불러들이기 위해 노래를 부를 때 사용된다. 이 『리그베다』의 본집(本集)을 중심으로 일정한 선율(sāman)에 맞추어 노래하도록 편집한 『사마베다』(Sāma Veda)와 신들에게 공물(供物)을 바칠 때 부르는 제의의 노래인 제사(祭詞, yajus)를 편집한 『야주르베다』(Yajur Veda), 그리고 축복과 저주의 주문(呪文)인 주사(呪詞)를 편집한 『아타르바베다』(Atharva Veda)를 포함하여 네 가지 형태의 베다가 전해지고 있다. veda는 '알다' '지식'이라는 의미의 vid에서 파생되었다. 하야시마 쿄쇼 외, 『인도사상의 역사』, 정호영 옮김, 민족사, 1989, 21~22쪽.

2 브라만(brahman)에는 사제 신분 계층으로서의 브라만과 우파니샤드에서 말하는 우주 원리로서의 브라만이라는 두 가지 개념이 있는데, 여기서는 신분을 뜻한다. 이 개념의 구분에 대해서는 다음에 상술할 것이다.

3 아리아인은 서양인과 동일한 종족에서 유래한 인종이지만 그들의 원 주거지가 어디인지는 아직 밝혀지지 않고 있다. 근래의 주장에 따르면 남러시아의 카스피 해 북쪽에 있는 코카서스 산맥 북방에 거주하던 유목민이었을 것으로 추정된다. 그들 중 일부는 서쪽으로 향하여 유럽의 여러 민족을 이루었고, 동쪽으로는 아시아에 유입되어 인도-이란인으로 유목과

농경 생활을 겸했던 것으로 알려진다. 그중 일부는 다시 이란으로 들어가 아리아 계통의 이란인이 되어 조로아스터교의 성전(聖典)인 『아베스타』(Avestā)를 성립시켰다. 인도-이란인의 일부가 펀자브에서 『리그베다』를 성립시켰는데, 신명(神名)이나 제의에 관한 용어가 『아베스타』와 유사한 점이 많은 것으로 보아 종교 문화를 서로 공유하고 있었던 것으로 보인다. 하야시마 쿄쇼 외, 앞의 책, 1989, 20쪽.

4 Richard Waterstone, *India*, London: Duncan Baird Publishers, 1995, p. 13.

5 Thomas J. Hopkins, *Hindu Religious Tradition*, California: Wadsworth Publishing Company, 1971, p. 10.

6 Richard Waterstone, 앞의 책, 12쪽.

7 같은 책, 14쪽.

8 『야주르베다』의 계열에 속해 있는 『슈베타슈바타라 우파니샤드』(Śvetāśvatara Upanishad)에서 그 사상적 맹아의 계보를 분명히 읽을 수 있다. Yakub Masih, *The Hindu Religious Thought(3000 B.C.~200 A.D.)*, Delhi: Motilal Banarsidass, 1983, pp. 47~48.

9 『리그베다』 10편 90장, 121장, 129장의 종교적 진술은 『브리하드아라냐카 우파니샤드』(Brhadāranyaka Upanishad)와 『찬도기야 우파니샤드』(Chāndogya Upanishad) 등에 잘 나타나 있다.

10 *Muktikā Upanishads*, I.9.

11 Vedānta-vijñāna-suniācitārthāh samnyāsa-yogād yatayah śuddhhasattvāh; te brahma-lokesu parāntakāle parāmrtāh parimucyanti sarve. 여기서 '베다의 지식'(Vedānta-vijñāna)을 잘 이해한(suniācitārthāh) 요가 수행자(samnyāsa-yogād)는 죽음의 때에(parāntakāle) 지고한 불멸의 존재와 하나가 됨으로써(parāmrtāh) 브라흐마의 세계(brahma-lokesu)에 들어가는 것으로 설명되고 있다. 그는 일체의 모든 것(sarve)에서 자유, 곧 해탈을 얻는다(parimucyanti). 『타이티레야 우파니샤드』 X.12.3과 『슈베타슈바타라 우파니샤드』 VI.22에도 베

다에 대한 지식의 중요성이 언급되고 있다.

12 Radhakrishnan, ed., *The Principal Upanishads*, London: George Allen & Unwin Ltd., 1968. p. 24.

13 같은 책, 25쪽.

14 같은 책, 19쪽.

15 인도의 학자들은 '우파니샤드'라는 단어의 뜻을 '비밀(rahasyam)스러운 가르침'으로 해석하고 있다. '우파니샤드'의 뜻에 대한 자세한 설명은 P. Deussen, *The Philosophy of the Upanishads*, New York: Dover Pub., 1966, pp. 10~15 참조.

16 Arthur Berriedale Keith, The Religion and Philosophy of Veda and Upanishads, Delhi: Motilal Banarsidass Publishers, 1989, p. 489.

17 Stephan Schuhmacher & Gert Woerner, ed., *The Encylopedia of Eastern Philosophy and Religion*, Boston: Shambhala, 1994, p. 17.

18 아쉬라마(Āshrama)는 아쉬람(Āshram)이라고도 하는데, 종교적 가르침과 명상을 위한 센터라는 뜻도 있고 베다의 교훈을 따라 사는 인생의 4단계라는 의미도 있다.

19 *Chāndogya Upanishad*, III.14. 1.

20 *Brhadāranyaka Upanishad*, II.1.20, II.3.6.

21 *Kena Upanishad*, 3.1~2.

22 바이쉬바나라(Vaishvānara)는 개별 인간의 몸과 마음, 그리고 감각 기관을 깨어 있는 상태에서 통제하는 것을 뜻한다. 라다크리슈난은 이를 '우주적 자아'(Universal Self)로 번역한다. 『리그베다』에서는 종종 태양과 불을 의미하여 아그니(Agni)와 같은 이름으로 불리기도 했다. 『찬도기야 우파니샤드』, V.11~24 참조.

23 그 의식의 첫 단계는 자그라트(jāgrat 또는 avasthās: 깨어 있는 상태), 두 번째 단계는 스바프나(svapna 또는 taijasa: 꿈꾸는 상태), 세 번째 단계는 수슙티(sushupti 또는 prajna: 깊은 잠의 상태), 네 번째 단계는 가장 깊은 의식인 투리야(turīya: 문자적으로는 '네 번째'라는 의미)의 상태다.

Stephan Schuhmacher & Gert Woerner, 앞의 책, 158쪽, 397쪽 참조.
24 *Chāndogya Upanishad*, V.11~24.
25 이러한 예는 『브리하드아라냐카 우파니샤드』와 『카우시타키 우파니샤드』에서도 잘 나타나고 있다.
26 『우파니샤드 I』, 이재숙 옮김, 한길사, 1997, 343~344쪽; Radhakrishnan, 앞의 책, 434~435쪽.
27 Arthur Berriedale Keith, 앞의 책, 494쪽.
28 같은 책, 495쪽.
29 제사를 집행하는 사제 바라문과 그것을 후원하는 왕과 전사 계급의 후원관계에서 논란의 문제를 찾을 수 있다. 첫째는 제사를 지내는 바라문 사제와 그 후원자인 왕과의 관계에서 왕의 입김과 주장이 더욱 커져가는 과정을 볼 수 있다는 것이고, 둘째는 제사보다 철학적 사색이 더 중요하다고 주장하는 현자들이 왕과 크샤트리아 계급에서 더욱 많아지고 있다는 것이다. 셋째는 이러한 사색적 분위기로의 변화에도 불구하고 바라문들이 그들의 제사 중심적 의례를 고집하면서 부분적으로 사색적 경향을 수용하고 있다는 것이다.
30 *Muktikā Upanishad*, I.30~39.
31 우파니샤드가 4개의 베다에 대한 각각의 최종적 해설서라는 점은 앞에서 밝힌 바 있다. 초기 우파니샤드 중 3개의 베다에 속한 우파니샤드를 분류해보면 다음과 같다. 『리그베다』에 속한 우파니샤드는 『아이타레야 우파니샤드』, 『카우시타키 우파니샤드』이고, 『사마베다』에 속한 것은 『찬도기야 우파니샤드』, 『케나 우파니샤드』이며, 『야주르베다』에 속한 것은 『타이티리야 우파니샤드』, 『마하나라야나 우파니샤드』, 『카타카 우파니샤드』, 『스베타스바타라 우파니샤드』, 『마이트라야니아 우파니샤드』(이상 흑파黑派), 『브리하드아라냐카 우파니샤드』, 『이샤 우파니샤드』(이상 백파白派)가 있다. 이상 3개의 베다보다 후기에 형성된 『아타르바베다』에 속한 우파니샤드는 초기 3개의 베다와 내용이 다르며 수량도 엄청나게 많다. 이들 후기의 『아타르바 우파니샤드』 가운데서는 베다학파의 교리적 가르침

을 주는 텍스트를 기대할 수 없다. Paul Deussen, *The Philosophy of the Upanishads*, New York: Dover Pub., 1966, pp. 6~7.
32 Radhakrishnan, ed., 앞의 책, 22쪽.
33 *Śvetāśvatara Upanishad*, VI.21.
34 Radhakrishnan, 앞의 책, 24쪽.
35 같은 책, 168쪽 참조.
36 *Bṛhadāraṇyaka Upanishad*, III.9.6.
37 베다의 주석서로 제사의 지침이 되는 바라문들의 경전 가운데 하나다. 쿠루와 판찰라(Kuru-Pancālas)국의 사제들이 사용하던 문서.
38 제사에서 찬양할 때 부르는 『사마베다』의 만트라를 말한다.
39 바루나 신의 바루나는 문자적인 의미로 '공간' 또는 '넓이'를 뜻하는 '바라스'(varas)를 어근으로 하여 파생된 말로, 산스크리트어로는 '모든 것을 감싸는'이라는 뜻을 가진다. 또 '바다'와 '태양'이라는 뜻도 있다. 바루나 신은 모든 하늘을 감싸는 신으로 초기 베다의 신들 가운데 하나다. 그리고 다시 우주와 신들, 인간의 왕으로 군림하며 하늘과 땅의 창조자와 보존자가 된다. 후대에 가서는 태양신들의 주(主)가 된다. 후대에 가서는 또 강과 바다의 신이 되며, 아직도 그러한 신의 위치는 지속된다. 프라자파티는 창조자다. 사비트리 신은 『리그베다』에 언급되고 있는 바와 같이 만물을 생장시키는 신으로 태양신 수리아의 다른 이름이다. Stephan Schuhmacher & Gert Woerner, 앞의 책, 309쪽, 400쪽 참조.
40 Radhakrishnan, 앞의 책, 358쪽 참조.
41 『우파니샤드 I』, 이재숙 옮김, 한길사, 1997, 252쪽.
42 Paul Deussen, 앞의 책, 1966, 62쪽.
43 *Chāndogya Upanishad*, I.11.
44 같은 책, I.10.1~5.

1 둘이 아닌 하나의 세계

1 일원론, 즉 '아드바이타'의 입장에서 베단타 사상을 잘 정리한 책으로는 도이치(Eliot Deutsch)의 저서가 있다. *Advaita Vedānta: A Philosophical Reconstruction*, Honolulu: The University Press of Hawaii, 1980.
2 샹카라는 『브리하드아라냐카 우파니샤드』 『찬도기야 우파니샤드』 『타이티리야 우파니샤드』 『아이타레야 우파니샤드』 『스베타스바타라 우파니샤드』 『이샤 우파니샤드』 『케나 우파니샤드』 『카타 우파니샤드』 『프라스나 우파니샤드』 『문다카 우파니샤드』 『만두키야 우파니샤드』 등 11개 우파니샤드의 주석을 썼다. 그러나 오늘날의 학자들은, 전체 주석들 사이에 일관성을 보이지 못하는 부분이 있다 하여 이들 11개의 주석을 모두 샹카라가 직접 쓴 것은 아니고 일부는 그의 학파가 쓴 후 그의 이름만 빌린 것이라 주장하고 있다. Paul Deussen, 앞의 책, 29~30쪽 참조.
3 Radhakrishnan, 앞의 책, 25~26쪽.
4 같은 책, 458쪽.
5 Paul Deussen, 앞의 책, 1966, 27쪽. 바다라야나는 우파니샤드의 본문 가운데 브라만을 28개 항목(adhikaranas)으로 나누어 체계적으로 구분, 설명하고 있다. 28개 항목은 『찬도기야 우파니샤드』에서 12개, 『브리하드아라냐카 우파니샤드』에서 4개, 『카타 우파니샤드』에서 4개, 『타이티리야 우파니샤드』와 『카우시타키 우파니샤드』에서 각각 2개, 그리고 마지막 4개는 『아타르바 우파니샤드』에 속한 『문다카 우파니샤드』(3개)와 『프라스나 우파니샤드』(1개)에서 취한 것이다. 더 자세한 내용은 Paul Deussen, 앞의 책, 28쪽 이후 참조.
6 Eliot Deutsch, *Advaita Vedānta: A Philosophical Reconstruction*, Honolulu: The University Press of Hawaii, 1980, p. 3.
7 비슈누파의 철학자 라마누자는 베단타학파의 근본 성전인 『브라흐마 수트라』를 주석하면서 비슈누를 유일 절대신으로 찬탄하는 『비슈누 푸라나』(purāna는 '옛이야기'라는 뜻)를 자주 언급하고 있다. 스가누마 아키

라, 『힌두교 입문』, 문을식 옮김, 여래, 1993, 82쪽 참조.
8 Nārāyana는 nāra(원초적 인간 또는 신과 관련이 있는 인간)와 ayana(길, 귀의처)가 결합된 복합어로, 인간 속에 현현된 신성(神性)을 뜻한다. 특히 힌두교에서 다양한 형태로 거듭 육화(肉化, avatāra)되는 비슈누 신과 관련되기도 한다. 그러나 일반적으로는 신에게 관련된다. 인도에서 사두(Sadhus)와 성자들은 서로에게 "옴 나모 나라야나"(Om Namo Nārāyanāya: 그대 신에게 경배합니다)라고 인사한다. Nārāyana라는 명칭은 『사타파타 브라흐마나』(*Shatapatha Brāhmana*)에서 처음 나타난다. Stephan Schuhmacher & Gert Woerrner, ed., 앞의 책, 242쪽 참조.
9 Radhakrishnan, 앞의 책, 26쪽.
10 John Braisted Carman, *Theology of Rāmānuja*, New Haven and London: Yale University Press, 1974. '종교 간의 이해에 대한 논평'(An Essay in Interreligious Understanding)이라는 부제를 달고 있다. 라마누자에 관한 또 다른 신학적 논의로 훌륭한 안내서는 맨체스터 대학교에서 팔리어와 산스크리트어를 가르치는 바틀리(J.C. Bartley) 교수의 작품이 있다. *Theology of Rāmānuja: Realism and Religion*, London: Routledge, 2002.
11 마드흐바는 남인도 우디피(Udipi) 부근의 마을에서 태어났다. 어렸을 때 베다를 알아 일찍이 산야신(sannyāsin: 방랑 고행자)이 되었다. 학문과 토론, 기도와 명상으로 몇 년을 보낸 후에 사람들을 가르치기 시작했고, 우디피에 크리슈나의 사원을 세우고 죽을 때까지 그곳에서 강론하며 설교했다. 주요 작품으로는 『베단타 수트라』와 『바가바드 기타』, 그리고 몇몇 우파니샤드에 대한 주석이 있다.
12 Stephan Schuhmacher & Gert Woerner, ed., 앞의 책, 209쪽.
13 Radhakrishnan, 앞의 책, 26~27쪽.
14 스가누마 아키라, 앞의 책, 1993, 156쪽.
15 같은 책, 158쪽.
16 Arvind Sharma, *A Guide to Hindu Spirituality*, Delhi: Vision Books,

2006.

17 Radhakrishnan, 앞의 책, 48~49쪽.

18 같은 책, 49쪽.

19 *Atharva Veda*, XI.8.18.

20 Stephan Schuhmacher & Gert Woerner, ed., 앞의 책, 282쪽.

21 『타이티리야 아라냐카』, X.38.1; 『슈베타슈바타라 우파니샤드』, III.13, V.8; 『마이트리 우파니샤드』, VI.38에도 'angustha-mātrah puruso'라는 표현이 나온다.

22 Radhakrishnan, 앞의 책, 635쪽.

23 *Brihad-Āranyaka Upanishad*, V.6.1.

24 특히 『마이트리 우파니샤드』, VI.38에는 영혼의 크기에 대한 다양한 진술이 나오는데, 작은 영혼의 위대한 통찰을 보여주는 역설이다.

25 Radhakrishnan, 앞의 책, 635쪽.

26 같은 책, 49쪽.

27 *Chāndogya Upanishad*, III.16.1~6.

28 Radhakrishnan, 앞의 책, 149쪽.

29 *Śatapatha Brāhmana*, XIII.1~5.

2 위대한 실재, 만물의 근원

1 Hans Torwesten, *Vedanta: Heart of Hinduism*, New York: Grove Press, 1985, p. 36.

2 Paul Deussen, 앞의 책, 1966, 51~225쪽. 도이센은 이 책에서 무려 170쪽 분량을 브라만과 아트만에 대해 서술하고 있다.

3 Arthur Berriedale Keith, 앞의 책, 1989.

4 Radhakrishnan, 앞의 책, 1968.

5 Paul Deussen, 앞의 책, 1966.

6 Francis X. Clooney, *Hindu God, Christian God*, New York: Oxford,

2001. 클루니의 신학적 방법론에 대한 필자의 논문 「베단타 신학과 그리스도교 신학」은 『한국 조직신학 논총』, 2009년 가을호 참조.

7 Radhakrishnan, 앞의 책, 199쪽.

8 *Brihad-Āranyaka Upanishad*, IV.1~7.

9 바크(vāk)는 산스크리트어로 '말, 소리, 언어'를 뜻한다. 베다에서 Vāk는 계시의 내용을 지니고 있는 것이다. 『리그베다』에서는 모든 신들을 지탱하는 창조적인 힘을 지닌 거룩한 언어의 신 Vāk에게 찬가를 부른다. 고대의 힌두 경전들 속에는 신의 목소리인 바크를 통하여 브라흐마의 신적 사고가 어떻게 도출되었는지를 시의 형식으로 잘 설명하고 있다. Stephan Schuhmacher & Gert Woerner, ed., 앞의 책, 399쪽 참조. Vāk를 헬라적 사고에 비교하면 로고스(Logos)나 지혜에 해당하며, Vijnāna는 직관적인 지혜인 Prajnā를 위한 논리적 지식으로서의 분별력을 의미한다. Radhakrishnan, 앞의 책, 247쪽 참조.

10 ākāśa는 '모든 곳에 편만(遍滿)한' '공간' 등의 의미를 지닌다. 힌두 사상에서는 특히 우주의 5대 원소(地, 水, 火, 風, 空) 가운데 하나인 공(空, ether)에 해당한다. 이것은 모든 우주 공간에 스며들어 생명과 소리의 매개 역할을 한다. Stephan Schuhmacher & Gert Woerner, ed., 앞의 책, 6쪽 참조.

11 기원전 2세기부터 서기 2세기 무렵까지 발달한 인도 중부 지방의 언어. 남방불교의 경전이 이 언어로 쓰여 있다.

12 Stephan Schuhmacher & Gert Woerner, ed., 앞의 책, 218쪽.

13 Radhakrishnan, 앞의 책, 246~252쪽.

14 같은 책, 292쪽.

15 사나타쿠마라(Sanatakumāra)는 인도 전통에서 '영원한 아이'로 불린다. 신(神)의 생도라는 특출함 때문에 일반적인 의지작용(samakāra)이 가진 제한적 구속을 넘어서 있다. 따라서 윤회의 고통을 받지는 않는다. 나라다(Nārada)는 지고의 자아에 대한 지식을 전달해주는 자로 묘사된다. 같은 책, 468쪽.

16 *Chāndogya Upanishad*, VII.1~26; Radhakrishnan, 앞의 책, 468~489쪽 참조.
17 Radhakrishnan, 앞의 책, 374쪽 참조.
18 atha yad yajna ity ācaksate brahmacaryam.
19 atha yan maunam ity ācaksate brahmacaryam.
20 단식의 수행 과정을 뜻하는 'anāśakāyanam'은 불멸(不滅)에 들어간다는 의미인 'a-nāśaka-ayana'의 뜻이기도 하다.
21 atha yad anāśakāyanam ity ācaksate brahmacaryam.
22 샹카라의 해석에 따르면 아파라지타(Aparājita)는 도시가 아니고 휴식처(āyatana)다. Aparājita의 문자적 의미가 '정복되지 않는 자'임을 생각하면, 샹카라의 견해와 같이 (정복되지 않는) 휴양처라는 의미도 가능하다고 본다. Radhakrishnan, 앞의 책, 499쪽 참조.
23 같은 책, 498~499쪽 참조.
24 같은 책, 499쪽.
25 같은 책, 592쪽.
26 『리그베다』(X.109)나 『아타르바베다』(XI.5)에 따르면, 베다의 지식을 공부하여 그것을 터득하고자 하는 생도는 보통 12년 동안 스승의 집에서 공부하게 된다. 현자 스베타케투도 열두 살부터 스물네 살까지 스승 밑에서 브라흐마차린의 학습기를 보냈다.
27 Radhakrishnan, 앞의 책, 615쪽.
28 『야주르베다』에는 흑(黑)야주르베다와 백(白)야주르베다가 있다. 전자는 제의에서 사용되는 만트라와 제의의 신학적 해설서인 브라흐마나가 정돈되지 않은 상태로 섞여 있는 것을 말하고, 후자는 만트라만 있는 것을 말한다. 흑야주르베다는 기원전 1000년 무렵에 네 개의 학파에 의해 다양한 본집(Samhitās)과 함께 다섯 권의 책으로 형성되었다. 만트라만이 실려 있는 백야주르베다는 그 후대에 형성되었다. 현자 야즈나발키야에 의해 광범위한 내용이 수록되었다고 알려져 있다. Stephan Schuhmacher & Gert Woerner, ed., 앞의 책, 422쪽 참조. 여기서는 브라흐마나가 함께

실려 있는 흑야주르베다를 말한다. 같은 책, 615쪽 참조.
29 아드바르유는 희생 제의에서 제의를 집행하는 네 종류의 사제 가운데 하나다.
30 *Mundaka Upanishad*, II.1.1.
31 *Chāndogya Upanishad*, VIII.11.3.
32 같은 책, IV.9.3.
33 같은 책, V.11.7.
34 *Brhadāranyaka Upanishad*, II.4.
35 같은 책, IV.1~4.
36 마음의 평정이 브라만에 이르기 위한 전제가 되고 있음을 말하는 후기 우파니샤드의 본문은 『슈베타슈바타라 우파니샤드』, VI.22와 『마이트리 우파니샤드』, VI.29에서도 언급되고 있다. 여기서는 특히 '마음의 평정'이 중시되고 있다.
37 Radhakrishnan, 앞의 책, 688쪽.

3 아트만을 알면 모든 것을 알게 되리니

1 Paul Deussen, 앞의 책, 74쪽.
2 Radhakrishnan, 앞의 책, 485쪽.
3 『브리하드아라냐카 우파니샤드』의 다른 본문에서 야즈나발키야는 사칼리야에게 신들의 숫자를 말해주는데, 각각 303, 3003, 33, 6, 3, 2, 1.5, 1개의 신을 언급한다. 303과 3003개의 신은 신들이 밖으로 표출된 모습을 말하는 것이고, 33은 8바수(地, 水, 火, 風, 大空, 日, 月, 星)와 11루드라(사람 몸속의 열 가지 숨과 마음), 12아디티야(12개월)에 인드라와 프라자파티를 합친 것이며, 6은 火, 地, 空, 大空, 日, 天을 말한다. 3은 세 개의 세상을, 2는 음식과 호흡을 말하다. 1.5의 신에서 1은 바람이며, 반은 바람으로 인해 형성되는 것을 말한다. 그리고 1은 숨(prāna)으로서의 브라만이다. 이 브라만을 '티야드'(tyad), 곧 '그것'이라 부른다. *Brhadāranyaka*

Upanishad, III.9.1~9.
4 Paul Deussen, 앞의 책, 76쪽.
5 Radhakrishnan, 앞의 책, 446쪽.
6 같은 책, 630쪽. 자기원인을 지니는 브라만과 관련해서는 『사타파타 브라흐마나』, I.9.3.10과 『브리하드아라냐카 우파니샤드』, II.6.3.에서 언급하고 있다.

4 만물의 근저에 실재 중의 실재로 내재하다

1 *Brhadāranyaka Upanishad*, II.1.20.
2 *Chāndogya Upanishad*, V.11.1.
3 'Vaishvānara'는 문자적인 의미로 '모든 존재에 관여하는'이라는 뜻이다. 대체로 이 말은 베단타 철학에서 깨어 있는 인간의 각성 상태를 말한다. '바이쉬바나라'는 깨어 있는 인간의 몸과 마음, 그리고 감각 기관을 통제한다. 『문다카 우파니샤드』에서는 이러한 의식의 상태에 대해서 잘 설명하고 있다. Stephan Schuhmacher & Gert Woerner, ed., 앞의 책, 397쪽 참조.
4 *Chāndogya Upanishad*, V.11.1~7.
5 Hans Torwesten, 앞의 책, 53쪽.
6 Radhakrishnan, 앞의 책, 440쪽.
7 Paul Deussen, 앞의 책, 94쪽.
8 *Chāndogya Upanishad*, VIII.7~12.
9 바이로차나는 산스크리트어의 문자적 의미로는 '태양과 같은 자'라는 뜻이다. 여기서는 인드라 신과 함께 아트만을 찾아나서는 신으로 묘사되고 있는데, 이 본문에서는 악신으로 등장해 인드라 신과 대조적인 모습을 보이고 있다. 아트만을 찾아가는 두 신들의 태도를 비교하여 보여주기 위한 것이다. 그러나 바이로차나는 불교에서 초월적 붓다의 하나로 여겨진다. 한역(漢譯)으로는 비로자나불이라 불리는데, 광명을 상징한다. Stephan Schuhmacher & Gert Woerner, ed., 앞의 책, 396쪽 참조.

10 Paul Deussen, 앞의 책, 98쪽.

5 상징 안에서만 존재하는 존재

1 Radhakrishnan, 앞의 책, 398쪽.
2 샹카라에 따르면, '드러나지 않은 존재'로서의 'asat'는 절대적 비존재를 의미하는 것이 아니다. 다만 이름과 형태가 드러나지 않은 미개전(未開展)의 상태를 의미한다(avyākrta-nāma-rūpam). Radhakrishnan, 앞의 책, 399쪽 참조.
3 같은 책, 399쪽.
4 여덟 번째라 함은 앞서 언급한 일곱 가지 기반, 즉 땅, 물, 식물, 사람, 언어, 『리그베다』『사마베다』에 이은 마지막 핵심 기반을 말한다. 그것이 지고자로서의 아트만이요 '옴'이라는 뜻이다.
5 Paul Deussen, 앞의 책, 101쪽.
6 *Brhadāranyaka Upanishad*, II.3.
7 Radhakrishnan, 앞의 책, 198쪽.

6 존재와 의식과 환희의 브라만

1 Paul Deussen, 앞의 책, 127쪽.
2 같은 책, 127쪽.
3 Stephan Schuhmacher & Gert Woerner, ed., 앞의 책, 307쪽.
4 Radhakrishnan, 앞의 책, 549쪽.
5 *Śatapatha Brāhmana*, VI.1.1.1.
6 *Taittiriya Brāhmana*, II.2.9.1.
7 Radhakrishnan, 앞의 책, 449쪽.
8 *Brhadāranyaka Upanishad*, V.4.
9 *Kausītaki-Brāhmana Upanishad*, I.6.

10 *Śvetāśvatara Upanishad*, IV.18.

11 *Mundaka Upanishad*, II.2.1.

12 *Śvetāśvatara Upanishad*, V.1.

13 *Brhadāranyaka Upanishad*, II.4.11.

14 같은 책, IV.3.7.

15 *Chāndogya Upanishad*, VIII.12.6.

16 Radhakrishnan, 앞의 책, 222쪽.

17 같은 책.

18 Paul Deussen, 앞의 책, 141쪽.

19 *Taittirīya Upanishad*, II.9.1.

20 같은 책, II.8.1~5.

21 *Brhadāranyaka Upanishad*, IV.3.33.

22 Paul Deussen, 앞의 책, 143쪽.

23 *Chāndogya Upanishad*, IV.10.5.

24 같은 책, VII.23.

25 같은 책, VII.24.

26 *Kauśītaki-Brāhmana Upanashad*, III.8.

7 이것도 아니고 이것도 아니다

1 Paul Deussen, 앞의 책, 146~147쪽.

2 *Brhadāranyaka Upanishad*, IV.4.18.

3 *Chāndogya Upanishad*, VI.8~16. 제8장에서는 수면과 갈망 그리고 죽음에 대해 논하고, 제9~11장에서는 내면에 존재하는 영혼으로서의 의식에 대해 말하면서 개체적 의식은 죽어도 전체로서의 의식은 살아 있음을 말한다. 그것이 곧 아트만이라는 것도 말한다. 제12장은 보리수나무(nyagrodha tree) 열매의 씨앗의 비유를 들어 미세한 존재, 곧 아트만이 세상 모든 것들을 지탱하는 존재임을 밝힌다. 제13장은 소금과 물의 비유

를 들어 소금은 눈에 보이지 않지만 소금이 물속의 어느 부분에서도 그 맛을 내는 것처럼 보이지 않는 미세한 존재가 곧 아트만임을 밝힌다. 제14장은 지혜를 줄 수 있는 스승의 비유가 나온다. 제15장은 죽음의 순간부터 신적인 지고자(至高者)와의 합일(parasyām devatāyām)에 이르기까지의 순간을 묘사한다. 제16장은 불로 시험하는 죄인 판별법의 비유를 든다. 진실한 자는 윤회를 극복한다는 것으로 진실한 지혜를 가진 자의 비유를 말하고 있다.

4 같은 책, VI.8.7.
5 *Īśā Upanishad*, I.4~5.
6 Paul Deussen, 앞의 책, 149쪽.
7 *Maitrī Upanishad*, IV.17.
8 '과거나 미래에 얽매이지 않는 독립된 존재'라는 표현은 『카타 우파니샤드』에도 등장한다. *Katha Upanishad*, II.14.
9 *Bṛhadāraṇyaka Upanishad*, IV.4.15.
10 여기서 다섯 존재는 반인반신의 간다르바(Gandharvas), 곧 천상의 악사(Celestial singers), 조상신, 신들, 악마(아수라), 괴물(Rākṣasas, Titans) 등을 말한다. Radhakrishnan, 앞의 책, 277쪽 참조.
11 *Bṛhadāraṇyaka Upanishad*, IV.4.20.
12 Radhakrishnan, 앞의 책, 614쪽.
13 같은 책, 190쪽.
14 *Bṛhadāraṇyaka Upanishad*, III.4.2.
15 *Chāndogya Upanishad*, VI.8.7.
16 같은 책, III.14.2.
17 *Bṛhadāraṇyaka Upanishad*, III.7.3~23.

8 이 세계 모든 것이 브라만이다

1 *Bṛhadāraṇyaka Upanishad*, IV.3.23.

2 *Chāndogya Upanishad*, IV.1.3.

3 *Brhadāranyaka Upanishad*, II.4.14.

4 Paul Deussen, 앞의 책, 159쪽.

5 같은 책, 160~161쪽.

6 같은 책, 162쪽.

7 *Brhadāranyaka Upanishad*, II.4.5; *Chāndogya Upanishad*, VI.1.3.

8 *Brhadāranyaka Upanishad*, II.1.20.

9 *Chāndogya Upanishad*, VI.1.4~6.

10 Radhakrishnan, 앞의 책, 391쪽.

11 *Brhadāranyaka Upanishad*, I.5.23.

12 같은 책, VI.2.4.

13 Paul Deussen, 앞의 책, 173쪽.

14 Radhakrishnan, 앞의 책, 163쪽.

15 *Brhadāranyaka Upanishad*, I.4.6.

16 得天上的寶物, 甘露, 以及地理所藏的泉水. 太陽所晒熟的美果, 月亮所養成的寶物.

17 *Brhadāranyaka Upanishad*, III.7.1.

18 *Chāndogya Upanishad*, VIII.12.6.

19 창조자 브라흐마, 파괴와 재생의 신 시바, 유지와 보존의 신 비슈누를 인도의 3신이라 한다. 시바는 이 삼위일체적 신 가운데 하나다.

20 Radhakrishnan, 앞의 책, 715쪽.

21 같은 책, 567쪽.

22 *Katha Upanishad*, I.2.20.

9 모든 것에서 모든 것을 얻다

1 Paul Deussen, 앞의 책, 195쪽.

2 *Brhadāranyaka Upanishad*, I.4.7.

3 *Taittirīya Upanishad*, II.1.1.
4 *Aitareya Upanishad*, I.1.
5 Radhakrishnan, 앞의 책, 207쪽.
6 같은 책, 625쪽.
7 같은 책.
8 Paul Deussen, 앞의 책, 201쪽.
9 *Chāndogya Upanishad*, VI.11.1~3, 12.1~3.
10 *Kausītaki-Brāhmana Upanishad*, III.8.
11 *Brhadāranyaka Upanishad*, III.7.1.
12 Paul Deussen, 앞의 책, 207쪽.
13 브라만은 모든 것을 '삼키는 자'(ad)이기 때문에 '무한자'(aditi)라 불린다. 같은 책, 222쪽.
14 같은 책, 220쪽.
15 '어떤 색깔도 없는'(avarṇah) 이것을 샹카라는 '비결정적인 것'(nirviśesah)으로 설명한다. Radhakrishnan, 앞의 책, 731쪽 참조.
16 Śakti와 Īśvara는 우주의 양친(부모)으로 묘사되기도 한다. 같은 책, 734쪽.
17 어떤 학자는 이 '종말'(ante)을 'śānte'라고 해석하면서 우주의 비활동적 상태, 곧 창조 이전의 미현현의 상태로 해석하기도 한다. 같은 책, 731쪽.
18 Paul Deussen, 앞의 책, 254쪽.
19 이 점은 우파니샤드의 해탈론을 다루는 대다수 학자들의 공통적인 견해다. Muni Shiv Kumar, *The Doctrine of Liberation Indian Religion: with Special reference to Jainism*, New Delihi: Munshiram Manoharlal Pub., 2000, 142쪽 참조.
20 Mircea Eliade, *Yoga: Immorality and Freedom*, New York: Princeton University, 1969, p. 120.
21 Paul Deussen, 앞의 책, 346쪽.
22 *Brhadāranyaka Upanishad*, III.7.3.
23 *Śvetāśvatara Upanishad*, IV.18.

24 *Brhadāranyaka Upanishad*, III.5.1.
25 *Mundaka Upanishad*, II.2.8~9.
26 *Katha Upanishad*, I.2.9.
27 Paul Deussen, 앞의 책, 355쪽.
28 *Katha Upanishad*, I.2.9.
29 Radhakrishnan, 앞의 책, 569쪽.

우파니샤드 연구 동향

우파니샤드는 기원전 약 1500년 무렵에 탄생하기 시작한 『리그베다』의 본문과 그 해설집들을 사제들 계층에서 꾸준히 연구하고 논의하면서부터 등장하게 된다. 이후 기원전 800년 무렵부터 기원전 300년 사이에 브라만 계층을 포함한 왕과 크샤트리아 출신의 무사들도 제의적 차원의 가르침을 넘어 우주와 인생의 근원적 사상을 탐색하기 시작하면서 본격적으로 텍스트 형식의 본문이 형성되기 시작했다. 베다와 그 해설서인 브라흐마나, 더 나아가 숲에서 깊은 철학적 사색을 하기 시작한 아라냐카에 이어서 베다 사상의 최종판인 베단타 철학으로서의 우파니샤드는 이렇게 장구한 세월에 걸쳐서 형성된 것이었다.

이렇게 오래된 인도 사상의 결정판 우파니샤드는 페르시아의 신비 사상인 수피즘(Sufism)에도 영향을 미쳤고, 신플라톤주의 사상인 신지학(神知學)적 로고스(theosophical logos) 사상에도 큰 영향을 주었다. 그뿐 아니라 알렉산드리아의 그리스도교 신비주의와 독일 그리스도교 신비주의 사상가인 에크하르트와 타울러, 그리고 19세기의 독일 신비주의 철학가인 쇼펜하우어에 이르기까지 동서 사상사에 지속적인 영향을 미쳐왔다(Winternitz, *A History of Indian Literature*, E.T.Vol.I, 1927; *Eastern Religion and Western Thought*, Second Edition, 1940).

쇼펜하우어

기록에 의하면 쇼펜하우어(A. Schopenhauer)는 그의 책상에 라틴어로 된 우파니샤드를 올려놓고 침상에 들기 전에 습관적으로 우파니샤드의 본문을 읽고 깊은 명상에 빠지곤 했다고 한다(Bloomfield, *Religion of the Veda*, 1908). 쇼펜하우어는 다음과 같이 그 감정을 표현했다.

"우파니샤드의 어떤 본문을 읽어도 깊은 근원에서 솟아나는 숭고한 생각이 떠올랐다. 전체 본문 속에는 지극히 높고 거룩한 순수한 정신이 스며 있었다.(……) 이 세계 어느 곳이나(……) 우파니샤드처럼 유익하고 정신을 고양시켜볼 만한 위대한 공부는 없다. 그것은 바로 지고한 지혜의 결과다. 그러한 정신세계는 곧장 사람들에게 신앙의 대상이 된다."

라다크리슈난

현대 인도의 철학자 가운데 가장 탁월한 사상가요 정치가 중 한 사람이었던 라다크리슈난(Radhakrishnan) 또한 우파니샤드의 지대한 영향을 지적했다. 우파니샤드는 그 자체가 지닌 영향력뿐만 아니라 불교 사상을 통해 인도와 티베트, 중국, 한국, 일본까지 영향을 미쳤고, 인도 남쪽의 실론과 말레이 반도, 그리고 태평양을 건너 서양까지 영향력을 행사해왔다고 주장한다. 라다크리슈난은 영국 유학을 다녀오고 인도의 대통령을 역임한 자로서 인도 철학사에 대한 연구 업적을 남기면서 동양과 서양의 정신사를 풍부하게 소개한 탁월한 사상가요 철학자였다.

특히 우파니샤드에 대한 그의 본문 해설서인 『가장 중요한 우파니샤드』(*The Principal Upanishad*, 1968)는, 서양의 철학은 물론 그리스도교의 성서를 포함하여 중국의 노장 사상에 이르기까지 풍부한 예문과 비교 사상을 동원하여 깊이를 더하고 있다. 그는 958쪽에 달하는 방대한 저술에서, 책 한 권 분량에 가까운 긴 서론을 통해 우파니샤드의 영향사와 기원, 저자 문제 그리고 베단타 철학, 『리그베다』와의 관련성, 브라흐마나, 아라냐카로 이어지는 해설을 싣고 있고, 우파니샤드와 그 중심 내용을 이루는 브라만과 아트만에 대한 설명으로 본서의 본령을 이루고 있다. 또한 세계 현상과 마야와 무지의 교리를 다루고 개별적 자아의 상태를 서술한 다음 지식과 무지의 관계, 윤리, 카르마와 환생, 영원한 삶을 주제로 방대한 양의 서술을 마감하면서 나름대로의 종교관을 결론짓는다. 저술의 본론에서는 『브리하드아라냐카 우파니샤드』로부터 시작하여 『바즈라수치카 우파니샤드』에 이르는 18개 우파니샤드의 산스크리트어 본문을 해석하면서 간간이 나름대로의 설명을 시도하고 있다.

도이센

라다크리슈난 이전에 그에 못지않은 탁월한 우파니샤드 해설가로 독일의 철학자 도이센(Paul Deussen)이 있다. 그는 인도 철학에 일생을 바친 학자로 산스크리트어로 된 108개의 우파니샤드 가운데 60개를 선별하여 독일어로 번역한 선구적 인물이다. 또한 독일어로 된 우파니샤드 해설집을 냈는데, 후에 게덴(A.S. Geden)에 의해 『우파니샤드의 철학』(*The Philosophy of The Upanishads*, 1906, 1966)이 영어로 번역 출간됨으로써 그의 저술이 세계적으로 고전적 가치를 지니게 되었다. 그의 책이 출간된 지 벌써 1세기가 지났지만 아직도 그의 작품을 능가할 만한 저술은 나오지 않고 있다. 『우파니샤드의 철학』은 원래 그의 저서인 『철학사』(*General History of Philosophy*) 후편으로 저술된 것이었다. 그러나 그 자신이 서문에서 밝혔듯이 인도의 우주관에 대한 결정적 진술인 우파니샤드의 철학 그 자체로도 독립적인 완결판이라고 말한다.

그는 이 저술 속에서 인도 사상 가운데 상키야 철학이나 불교 사상까지도 어느 정도 우파니샤드의 철학 정신에 빛을 지고 있다고 말한다. 예를 들어, 불교의 기본적 사상 가운데 하나인 열반(nirvāna)도 (무지로 인한) 탐욕(trishna, 갈애)을 제거함으로써 고통으로부터 벗어나는 것이라면, 우파니샤드도 이미 그러한 가르침을 주고 있었고, 다만 우파니샤드가 탐욕(kāma)의 제거를 통한 브라만과의 합일을 말하고 있다는 점만 다를 뿐이라는 것이다. 그리하여 우파니샤드의 기본적 가르침인 베단타 철학의 정신적 기류는 인도의 모든 브라만들에게는 오늘날까지 그리스도인들의 신약성서와 같은 역할을 하고 있다고 말한다. 베다가 구약성서라면 우파니샤드는 신약성서와 같다는 것이다.

도이센은 『우파니샤드의 철학』에서 '인도 철학의 후기 또는 브라흐마나 시대와의 연속선상에 있는' 것으로 우파니샤드의 사상사적 위치를 먼저 설정한다. 그리하여 서론 부분에서 베다 문헌과의 관계 속에서의 우파니샤드의 위치를 묻고 설명한다. 그리고 우파니샤드의 역사적 전개 과정을 간략히 설명하고 우파니샤드의 기본적 개념과 그 중요성을 논한다. 이 부분에서 그는 우파니샤드의 철학적 중요성과 종교적 중요성을 구분하여 설명하고 있다.

이 책의 본론에서는 우파니샤드의 체계를 논한다. 제1부에서는 열 개의 장(章)에 걸쳐 우파니샤드의 신학과 브라만을 본격적으로 다루고, 제2부에서는 세 장에 걸쳐 개별적 영혼, 영혼의 기원과 상태 등 심리학과 영혼의 교리를 다룬다. 제3부에서는 종말론과 윤회, 해탈과 요가의 실제적 문제를 다룬다. 최종 부분에서 그는 우파니샤드의 근본적 가르침을 관념론이라고 보면서, 브라만과 아트만의 교리를 신학으로 설명한다. 우주론 또한 심리학으로 연관지어 설명하면서 우파니샤드의 종말론을 윤회와 해탈의 방식으로 설명한다.

키스

우파니샤드 연구에 대한 또 한 사람의 탁월한 현대 학자로는 키스(A. B. Keith)가 있다. 그는 에든버러 대학교의 산스크리트어 교수이자 비교철학 교수로 활동하면서 우파니샤드와 베다의 종교와 철학에 대한 강의와 저술을 남겼다. 그의 우파니샤드에 대한 대표작으로는 『베다와 우파니샤드의 종교와 철학』(*The Religion and Philosophy of the Veda and Upanishads*, 1925)이 있는데 아주 방대한 분량의 저서다. 특히 그는 제3부에서 베다의 의례를 집중적으로 분석하면서 불의 효용성, 불의 신에 대한 봉헌, 달의 주기나 계절적 제의, 첫 열매와 동물제사, 소마와 우유제사, 왕의 제사, 말의 제사, 인간의 제사와 같은 공공의 제례와 가정에서의 제사에서 요구되는 다양한 제의를 포함하여 출생과 학업과 결혼 등에 대한 제의를 자세히 설명하고 있다.

그리고 의례에서의 주술에 대해서도 언급하고 있는데, 종교와 주술의 관계, 베다 주술의 성격, 주술을 통해 적대적 영향력을 감소시키는 방법이나 유익한 힘을 끌어들이는 방법 등에 대해 설명하고 있다. 제4부에서는 죽은 자의 영혼에 대해 언급하면서 죽은 자의 변형과 해체, 산 자와 죽은 자의 의미와 제의를 다룬다. 제5부에서는 베다의 철학을 다룬다. 그는 베다의 찬가에서 이미 '통일성'의 문제가 나오고 있음을 지적하고 있다. 그는 그리스 철학의 명확한 개념과 정의에 비해서 브라흐마나는 다소 모호한 신비주의적 입장의 신지학(神知學)적 철학을 전개하고 있다고 본다. 한마디로 그의 연구는 베다의 제의와 종교철학에 대한 백과사전적 연구라고 해도 과언이 아니다.

키스는 우주적 원리로서의 브라만의 창조 개념을 설명하면서 다른 연구자의 이론을 반박하기도 했다. 그는 인도학과 산스크리트 언어분석의 고전적 연구가로 명성을 떨친 독일의 인도철학자 막스 뮐러(Max Müller)의 언어학적 분석과 도이센의 연구를 비교하면서 자신은 입장을 달리하고 있음을 밝힌다. 예컨대 막스 뮐러는 언어학자답게 브라만(Brahman)의 어근인 '브리'(brh)에 주목했다. 그는 '브리'의 뜻이 비틀다, 잡아떼다, 찢겨져나가다의 의미를 갖고 있다고 보고, '브리'에서 '성장'(창조 발전)의 의미를 추출해낸다. 그러나 도이센은 브라만을 또 다른 관점, 즉 신학적 관점에서 이해하고 있었다. 예컨대 인간이 창조적 원리로서의 신적 존재인 브라만과 합일되는 것을 신적 존재가 되고자 하는 인간의 의지와 결부시켜 설명하는데, 개별 인간은 '기도' 속에서 신적 존재인 그 자신의 무시간적, 무공간적, 무아적 상태에 이른다는 것이다.

그러나 이러한 양자의 설명 방식에 대해 키스는 그 어느 쪽도 분명하지 않다고 보았다. 브라만이 과연 그러한 언어적 의미를 지녔던 것인가에 대해 회의적인 반응을 보이면서, 『리그베다』에 나타나는 어휘로 볼 때 막스 뮐러나 도이센 그 어느 쪽 주장에 대해서도 분명하게 가부를 단정할 수 없다는 입장이다. 그는 도이센이 언급하는 '기도'보다는 오히려 '주술'적 의미의 철자의 발음에 더 주목해야 한다고 보는데, 물론 그 주문은 거룩한 언어와 베다를 뜻하는 것이다.

키스 워드

우파니샤드에 관한 현대적 논의로 유명한 학자 가운데 한 사람으로는 키스 워드(Keith Ward)를 들 수 있다. 옥스퍼드 대학교의 신학 교수인 그는 『종교와 창조』(*Religion & Creation*, 1996)라는 책을 통해서, 세계사적으로 전승되고 있는 네 가지 영적 전통 가운데 우파니샤드를 한 장에서 비교적 길게 다루고 있다. 세계의 고전적 경전인 히브리 성서, 신약성서, 코란을 다루면서 우파니샤드를 함께 설명하고 있는 것이다. 그도 역시 이 책에서 우파니샤드의 핵심 주제인 브라만을 전면에서 다루면서, 브라만의 두 가지 형태와 아트만과 브라만의 불이론적 원리, 자아의 불멸성, 그리고 신적 통치 기능을 하는 활성적 브라만과 그렇지 않은 비활성적 브라만을 구분하여 설명한다. 이 두 가지 주제를 다루면서 우파니샤드를 대하는 키스 워드의 시각은 분명해진다. 이를 좀더 자세히 언급해보면 다음과 같다.

우파니샤드 내부에는 해결되지 않은 긴장이 남아 있다. 예컨대 지고의 자아(Supreme Self, 브라만/아트만)가 활성적이냐 아니면 비활성적이냐 하는 문제다. 그리고 해방된 영혼이 고통에서 벗어나 '자아'(아트만)와 하나가 될 때, 그 속으로 용해되어 들어가는 것인가, 아니면 개별적인 어떤 형태로 남아 있는 것인가.

이러한 의문은 의도적인 것일 수 있다. 이는 우파니샤드 전편 속에서 발견되는 것으로, 변증법적 사고 속에서 브라만의 무오류성을 주장하고 있기 때문이다. 『타이티리야 우파니샤드』(II.4)에서 말하는 것처럼, "브라만으로부터 마음과 함께 언어가 나오지만, 거기에 도달할 수 없는, 그것이 브라만의 기쁨(환희)이다"라는 역설적 표현이나, "누구든지 그 어느 곳에서도 그를 포착할 수 없고 그와 같은 자 또한 없으며, 〔……〕 그의 형태를 엿볼 수 없다"는 『스베타스바타라 우파니샤드』(4.19~20)의 표현과, '인과관계를 초월하고, 언어를 넘어서며, 누구도 설명할 수 없는' 존재로서의 브라만에 대한 이러한 역설들에 대하여, 키스 워드는 지고한 실재에 대한 인간 사고의 비적합성을 말한다.

인간의 사고로는 설명이 불가능한 브라만의 속성에 대하여 우파니샤드가 역설적인 표현 방식으로 말하고 있지만, 그럼에도 해결되지 않는 몇 가지 중요한 문제가 남는다고 말한다. 예컨대, 하나의 존재가 모든 것을 알면서 고통을 모를 수 있는가? 활동하지 않으면서 어떻게 모든 것을 창조할 수 있는가? 통치적 주권자로서 어떻게 단지 목격자로서만 존재할 수 있는가? 기술될 수 없는 존재로서 어떻게 반복적으로 설명되고 있는가? 개별적 자아의 종식(終息) 속에서 어떻게 기쁨과 자유를 누릴 수 있는가? 이런 문제들에 대한 의문이다. 모든 의문점들 가운데서도 한 가지 분명하게 남아 있는 중심 개념은 하나의 실재 속에 구현되는 의식과 기쁨과 영원한 무한성이라는 점이다. 이 하나의 실재가 그 자신으로부터 인간의 영혼을 포함하여 모든 것을 방출하고 있다는 것이다. 이러한 개별적 영혼들이 자아 속에 있는 만물의 통일성을 발견하지 못할 때 유한성의 속박에서 벗어나지 못한다는 우파니샤드의 중심 개념을 말하고 있다.

이러한 논의의 결과로서 키스 워드는 해방을 얻기 위한 이론적 연구는 반드시 필요한 것도 아니고, 아트만 속에 자신의 개별성마저 용해시켜야 할 것인가, 아니면 브라흐마의 세계 속에 자신을 성취시킬 것인가를 고민할 필요도 없이, 궁극적으로 인간이 자신의 이기적인 환각과 무지를 극복한다면 자신의 의식을 뛰어넘는 어떤 근원에 의하여 좀더 깊은 지혜와 기쁨의 세계로 들어갈 것이라고 말한다. 우파니샤드는 무엇보다 희생의 제의적 관점에서 기술되었고, 다양한 금욕적 수행의 지도자들의 가르침이 결집된 것이라는 점을 잊지 말아야 할 것이라고 강조한다.

이와 같이 키스 워드는 인간의 의식으로 이해하기 불가능한 브라만의 개념에 대하여 이중적 속성의 문제를 여전히 해결할 수 없는 하나의 숙제로 제시하면서, 동시에 무지의 극복을 통한 하나의 실재와의 연합으로 해탈을 얻는 실천적 방식에 대해서는 모순점을 발견하지 못한다고 말하는 것이다. 이는 그의 신학자로서 또는 종교학자로서의 우파니샤드에 대한 연구의 결론이기도 하다.

예컨대 그리스도교의 신은 절대 타자로서 이해 불가능한 존재이지만, 창조의 역할이 분명하고 지성적인 존재로서 인격신인 데 비해, 브라만은 활동적이면서 동시에 비활성적인 측면을 지닌다는 점에서 그것을 일종의 역설적 모순으로 보는 것이다. 그러나 그에 대해서는 그리스도교의 신도 어쩌면 침묵하지만 말하기도 하는 양면성이 있다고 볼 수도 있을 것이다. 그리스도교 안에서도 하느님을 이해하는 방식이 다양하듯이, 브라만에 대한 이해 방식도 다양할 수밖에 없는 것이다. 이를테면 궁극적 관점에서의 브라만이 속성이 없는 차원 높은 단계라면, 속성을 지닌 브라만은 무지한 인간을 이해시키기 위한 방편으로서의 브라만 정도로 생각할 수 있을 것이다. 마치 불교에서 보살 개념이 도출되었듯이 말이다.

클루니

우파니샤드에 대한 또 다른 주목할 만한 연구는 비교종교학 또는 종교 간의 대화적 관점에서의 연구다. 하버드 대학 교수인 클루니(F.X. Clooney, S.J.)는 그의 저서 『힌두 신, 그리스도교의 신』(*Hindu God, Christian God: How Reason Helps Break Down the Boundaries between Religions*, 2001)을 통해, 인간 이성이 종교 간의 벽을 어떻게 허물 수 있을 것인가를 논하고 있다. 그도 역시 베단타 철학에서의 궁극적 실재를 말하는 브라만에 대하여 인간의 이성과 인식으로 접근 불가능함을 말하면서, 비이원론적 베단타 철학의 특징을 말하고 있다.

예컨대 대부분의 베단타 철학은 유신론적이라고 전제하면서, 실제로 인격신과는 일정 정도의 거리를 두고 있는 비이원론적인 베단타 철학도 브라만을 존재의 충만함, 순수의식, 완전한 기쁨과 같은 여러 가지 신적 속성을 지닌 실질적인 궁극적 실재로 제시한다고 말한다. 그리하여 그는 그의 또 다른 저서인 『베단타 그 이후의 신학』(Theology After Vedānta: An Experiment in Comparative Theology, 1993)에서 샹카라의 사상적 체계를 인용하여 클루니 자신의 말대로 그리스도교 신학에 실험적, 비교적으로 대비시키고 있다. 그 대비적 연구 방법이 브라만과 하느님의 신명의 비교연구다. (여기에 대한 논문은 졸고, 「베단타 신학과 그리스도교 신학: 클루니의 비교신학을 중심으로」, 『한국 조직신학 논총』, 2009년 9월호, 제24집 참조.)

기타

우파니샤드에 대한 현대의 연구는 이 밖에도 다양하게 진행되고 있다. 이들 학자 외에도 올덴베르크(Hermann Oldenberg)는 베다에서 나타나는 '우주에 편만해 있는 초자연적인 힘' 같은 단어나 개념을 부인한다. 예컨대 말레이시아의 어느 부족에서 말하는 마나(mana)와 같은, 또는 그 밖의 여러 나라에서 볼 수 있는 것과 같은 초자연적인 힘을 가지고 있지 않다고 보는 것이다.

헤르텔(Hertel) 같은 이는 베다의 학자는 물론 서양 학자들이 브라만에 대한 용어를 많은 경우 잘못 해석하고 있다고 주장한다. 우파니샤드 시기의 인도 철학자들의 주요 업무는 베다에 등장하는 고대의 신들에 대한 비인격화 작업이었다는 것이다. 그리하여 거시적 또는 미시적 관점에서 자연의 힘과 과정 그 자체 외에는 어떠한 신성도 가정할 필요가 없게 되었다는 것을 강조한다. 우파니샤드에서 인격신 개념을 추방하기 시작한 이들이 크샤트리아 계급의 사람들이었다고 주장하면서, 본질적으로 무신론적 입장에서 물질적이고 자연의 법칙적 관점을 중시하게 되었다는 것이다. 이러한 주장은 계몽주의적인 영향을 입은 이성주의의 관점에 입각한 주장이라고 볼 수 있다.

물리학적 관점에서는 카프라(F. Capra)가 그의 저서 『현대 물리학과 동양사상』(The Tao of Physics)에서 우파니샤드의 정신적 가치를 논하고 있다. 물리학적 관점에서 물질의 최종적 단위를 찾아가다 보면 정신세계의 궁극적 단계에 이를 수 있다고 보는 것이다. 정신과 물질, 또는 정신과 물리의 세계를 우파니샤드의 아트만과 연결해서 비교하고 있는 것이다.

우파니샤드 연구는 이와 같이 브라만/아트만을 중심으로 전개되어왔고, 앞으로도 계속해서 심리학적 방식 또는 비교종교학적 관점 등에서 활발하게 논의가 진행될 수 있을 것이다. 이러한 비교종교학적 대화의 연구는 유럽뿐만 아니라 이제 한국 등 아시아 각지에서도 더욱 활발해질 전망이다. 이미 힌두교와 그리스도교의 신학적 대화는 카워드(Harold Coward)가 편집한 저술 『힌두-그리스도인의 대화』(Hindu-Christian Dialogue, 1993)에 잘 나타나 있듯이 비교 연구에 선구적인 역할을 하고 있는 학자들이 많이 있다.

이러한 대화적 관점의 연구 외에도 우파니샤드 그 자체의 본문을 현대적 관점에서 재해석하여 인간의 정신생활을 더욱 풍요롭게 해주기 위한 저술들도 더러 나타나고 있다. 그러한 저술 가운데는 필라이(G.K. Pillai)의 『현대인을 위한 우파니샤드』(Upanishads For The Modern World, 2004)가 있다. 그러나 이 책은 우파니샤드를 학문적으로 다룬다기보다는 현실 생활에 관한 우파니샤드적 교훈을 주려는 데 그 목적을 두고 있다. 저자는 특히 과학과 우파니샤드 사이에 큰 갈등이 없음을 말하고 있고, 최근의 과학적 발견과 연결시켜 영성적 차원에서 '인생의 교훈'을 주고자 하고 있다.

이 밖에도 우파니샤드는 영감을 지닌 시인들에게도 무한한 상상력의 보고가 되고 있다. 일찍이 미국 시인 에머슨(R.W. Emerson)이 "우파니샤드는 무더운 여름밤의 바닷바람과 같다"고 하면서 "인간의 영혼에 시적 영감을 끝없이 불어넣어준다"고 했던 것처럼, 시적 영감을 지닌 모든 인간에게 삶의 근원적 통찰력을 제공해주기도 할 것이다. 이처럼 인도에서 씨앗을 뿌리고 꽃을 피운 우파니샤드는 수천 년의 역사 속에서 다양한 방식으로 연구되고 해석되면서 오늘날 유럽 각국은 물론 지구촌의 모든 인류에게 줄기찬 영적 생명력을 가지고 인생의 근원적 문제에 대한 깊은 통찰을 제시해주고 있다.

우파니샤드를 알기 위해 더 읽어야 할 책 · 참고문헌

인도의 역사와 힌두 개괄서

인도의 역사에 관한 개론서들 가운데 1995년 이전에 발간된 책 중에는 상당히 혼란스러운 이야기들이 많다. 그 이유는 20세기 말 고고학적 발굴들로 인해 특히 초기 인도의 역사에 관한 기존의 사료들이 상당수 수정되어야 했기 때문이다. 인도의 역사와 힌두교 전반에 대한 내용이 개괄된 것으로 추천할 만한 최상의 책들을 뽑아보면 다음과 같다.

**Basham, A.L., *The Wonder That Was India*,
Sigwick & Jackson, 1985.**

인도 문화와 문명에 대한 폭넓은 지식을 바탕으로 한 저작으로 힌두교에 관한 저술 가운데 가장 일반적인 인문서라 할 수 있다. 저자 바샴은 특히 고대 인도의 문명 발전 과정에 대해 상세히 진술하고 있는데, 풍부한 백과사전적 지식으로 이슬람이 인도를 지배하기 이전의 인도 문화사 전반에 관해 일반인들도 잘 이해할 수 있도록 기술하고 있다. 바샴은 처음 이 책을 출판했던 1954년 당시에는 런던 대학교 동방·아프리카 학과의 교수로 있었고, 그 후 캔버라에 있는 오스트레일리아 국립대학교에서 아시아 문명에 관한 강의도 했다. 얼핏 서양의 독자를 겨냥하여 쓴 것 같은 인상을 주지만 고대 인도사의 정확한 정보를 얻고자 하는 독자들에게 좋은 자료가 될 것이다.

Chaudhuri, Nirad C.(with Madeleine Biardeau, D.F. Pocock,
T.N. Madan), *The Hinduism Omnibus*, New Delhi: Oxford, 2003.

네 명의 저명한 학자가 각기 힌두교에 대해 쓴 저술을 한데 모은 책으로, 힌두교에 대한 역사적 관점과 문화 인류학적 관점의 서술, 힌두교의 제의(祭儀)에 대한 서술이 참고할 만하다. 인도의 마을에서 체험하면서 연구한 신앙 행위에 대한 보고서 또한 역사적 가치가 있다. 힌두 문화의 주제와 그 해석학적 기술이 돋보이는 책이다. 인도 종교학 교수인 마단이 방대한 서문을 쓰고, 각 분야 전문가들이 힌두교의 다양한 주제를 선정하여 여러 관점에서 힌두교를 이해하게 한 것이 이 책의 최대 장점이다.

Dubois, Abbe, *Hindu Manners, Customs and Ceremonies: The Classic First-Hand Account of India in the Early Nineteenth Century*, Oxford University Press, 2002.

현대 힌두교와 결정적인 관계를 맺고 있는 19세기의 남인도에서 프랑스 예수회의 한 선교사가 바라본 힌두교에 관한 증언적 기록물이다. 1806년에 처음 발행된 이 책은 카스트 제도, 축제의 과정, 사회적 규범과 예절, 결혼 풍속도, 단식, 과부의 삶, 장례식, 문학과 종교 등 이방인의 시각으로 바라본 19세기 인도인의 독특한 생활양식을 775쪽에 걸쳐 세세하게 기록하고 있다.

Flood, Gavin, *An Introduction to Hinduism*, Cambridge University Press, 1996.

웨일스 대학교 종교 신학부의 종교학 교수인 가빈 플러드가 고대 힌두교의 기원에서 출발하여 '다르마' 개념, 요가와 '비움'(renunciation)의 문제, 초기 비슈누 교파의 전승, 비슈누의 사랑, 시바파와 탄트라 종교, 여신과 삭티 전통, 힌두교의 의례, 힌두 신학과 철학, 힌두교와 현대 세계의 문제 등을 종합적으로 검토하여 저술했다. 특히 힌두 사상의 특징에 초점을 맞추어 설명하고 있는데, 편집이 잘 되어 있어 일반 독자들을 위한 교양서로는 물론 힌두교에 대한 이해를 높이고자 하는 학부생들의 교재로도 부족함이 없다. 하버드 대학의 비교종교학 교수인 프란시스 클루니도 이해하기 쉽게 잘 서술한 책으로 높이 평가하고 있다. 힌두교에 대한 개괄적 이해가 필요한 인도 종교학 전공자나 비교종교학자도 한번쯤 읽어볼 만하다.

Hopkins, Thomas J., *The Hindu Religious Tradition*,
Dickenson Publishing Company, 1971.

인더스 문명의 발상에서부터 현대 힌두교가 전개되기까지 각 시대별 배경과 사상적 변천 과정을 조밀하고 군더더기 없는 명쾌한 필치로 상세하게 설명하고 있다. 힌두 전통 사상의 전개 과정을 철학적 방식으로 더듬어가고자 하는 독자들에게는 좋은 입문서가 될 것이며, 종교를 심리학적 관점에서 연구하는 이들에게는 더 깊은 단계의 연구 과제를 제시해주는 훌륭한 안내서가 될 것이다.

Johnsen, Linda, *The Complete Idiot's Guide to Hinduism*,
Alpha Books, 2002.

힌두교에 대한 전반적인 개괄서로, 질의와 응답을 통해 재미있게 핵심 내용을 끌어내어 독자에게 전달해준다. 힌두교가 처음 어떤 관점에서 출발하여 발전해왔는가 하는 점을 설명하면서, 힌두교의 기본적인 신앙과 다양한 힌두 신들, 윤리, 제의, 일상의 습관, 카스트 제도 등을 포함한 여러 사회적 배경을 조목조목 짚어주고 있다. 도표와 그림을 동원한 해설 등 학문적인 시각보다는 대중 교양서로 흥미롭게 읽을 수 있는 책이다.

Klostermaier, Klaus K., *A Survey of Hinduism*,
Albany: State University of New York Press, 1989.

힌두 전통에 대해 대단히 뛰어난 포괄적 시야를 제공하면서 오늘날의 힌두교의 사상적 발전 과정도 상세히 설명해주고 있다. 제1부에서는 힌두교의 출발점인 동시에 정통성과 이단성을 가르는 규범이 되는 다르마(Dharma)를 논하고 있다. 베다와 이티하사, 푸라나를 힌두교의 핵심으로 설명하고 있고, 『바가바드 기타』와 힌두의 세계, 힌두교의 여러 신과 유일신에 대해서도 상세히 기술하고 있다. 제2부에서는 해탈의 세 가지 길로 카르마의 길, 지혜의 길, 사랑과 헌신의 박티의 길을 다룬다. 또한 아트만과 브라만에 대해 상세히 설명하면서 비슈누 신과 그에게 봉헌하는 자들, 은총과 공포의 신 시바를 비롯한 다양한 신들과 여신들도 소개한다. 제3부에서는 힌두교를 지탱하는 인도의 육파철학(六派哲學)과 다양한 이론들을 소개한다. 제4부에서는 불교와 그리스도교, 이슬람교 등 이웃한 종교와의 비교를 통해 힌두교의 철학과 사상을 제시하면서 힌두교의 정체성이 무엇인가를 다시 묻고 있다. 20세기의 위대한 카르가 요가 실천가인 간디에 대해서도 한 장을 할애하여 설명하며, 인도와 서구, 힌두교와 과학, 힌두교와 생태학, 힌두의 시간 개념에 대해 서술한다. 힌두교에 대한 현대적 논의가 모두 포함된 훌륭한 안내서다.

Radhakrishnan, S., *The Hindu View of Life*, Macmillan, 1927.

이 책에서 다루고 있는 내용은 1926년 맨체스터 대학에서 행해진 일련의 강좌에서 강의 자료로 사용되었던 것들이다. 놀랍게도 그것이 오늘날까지 남아 있어서 서양의 독자들에게는 힌두교에 대한 아주 유익한 입문서가 되고 있다. 라다크리슈난은 인도의 대통령을 지낸 바 있는 탁월한 사상가이자 철학자로, 힌두의 생활과 문화, 신화와 신들, 이에 얽힌 다양한 삶의 양식을 철학적 통찰력을 가지고 종합적으로 서술하고 있다.

Sachau, Eduard C., *Alberuni's India: An account of the religion, philosophy, literature, geography, chronology, astronomy, customs, laws and astrology of India about A.D.1030*, Trübner & Co., 2005.

인도와 힌두교에 관한 알비루니(Al-Biruni)의 저술을 자카우가 영어로 번역하고 해설한 책이다. 원래 아라비아어로 기록되고 산스크리트어 인덱스가 첨부되었던 이 책의 본문은 1888년에 영역본이 처음 나왔는데, 이것이 트뤼

브너 출판사의 동방학술지 시리즈 가운데 한 편으로 기획되면서, 베를린 대학 교수로 동양언어대학 학장을 지낸 에두아르트 자카우가의 해설을 덧붙여 넣게 된 것이다. 본문은 10세기의 저명한 이슬람 학자 알비루니가 힌두교에 대해 서술한 것으로, 비교종교학적 시각의 저술로는 최초의 중요한 저작물로 꼽을 수 있을 것이다. 이슬람 학자가 인도와 힌두교, 바라문의 전통 등에 대해 연구한 것은 그가 처음이다. 학문적 깊이와 넓이, 객관성 등에서 이미 이름이 높던 알비루니의 종교철학, 문학, 지리, 천문학, 당시의 풍속 등에 대한 광범위한 기록은 사료로서도 그 가치가 매우 높다.

Masih, Yakub, *The Hindu Religious Thought*
***(3000 B.C.~200 A.D.)*, Motital Banarsidas, 1983.**

힌두 종교 사상에 관한 방대한 저술로, 기원전 3000년부터 서기 200년 무렵까지의 힌두 전통을 다루고 있다. 인더스 문명의 발상으로부터 힌두 문명의 기원을 밝히고, 『리그베다』의 종교와 우파니샤드 사상, 상키야 철학과 요가 사상 및 『바가바드 기타』, 수행 체계 등에 대해서 서술하고 있다. 또한 역사적 관점에서 자이나교와 불교를 다루고, 힌두교의 근본적인 원리에 대해 비평적으로 기술하고 있다. 야쿠브 마시는 고전적 힌두 철학 외에도 종교철학, 샹카라 철학, 기독교 신앙과 철학, 베이컨과 데카르트 같은 근대 서양의 경험주의자와 합리주의자 들에 대한 비평적 철학서 등 다수의 철학서를 저술했다.

힌두 경전에 대한 주요 저술들

『리그베다』를 비롯한 힌두교의 경전은 그 역사가 오래되었을 뿐만 아니라 분량 또한 헤아리기 힘들 정도로 방대하기 때문에 평생을 두고도 다 읽기 어렵다. 그러나 그 많은 경전 가운데서도 가장 핵심적인 경전들에 대한 탁월한 해설서들을 소개하면 다음과 같다.

Dimmitt, Cornelia and van Buitenen, J.A.B., *Classical Hindu Mythology: A Reader in the Sanskrit Puranas*, Temple University Press, 1978.

산스크리트어로 된 전승 문헌집 푸라나의 대본을 기초로 하여 인도의 유명한 신들에 관한 신화적 이야기를 체계적으로 서술하고 있는 중요한 책이다. 브라흐마와 비슈누 신의 기원에서부터 시작하여 우주의 발생 과정에 대한 진술, 크리슈나와 시바, 그 밖의 여신들과 현자들, 왕들, 초자연적 존재들에 대한 신화적 이야기들을 자세하게 다루고 있다. 힌두의 다양한 신들과 현자들에 대해 좀더 깊은 학문적 연구를 진행하고 싶은 독자들에게 좋은 참고자료가 될 것이다.

Doniger, Wendy(with Brian K. Smith), tr.,
The Rig Veda: An Anthology, Delhi: Penguin Books, 2000.

네 개의 힌두 경전 가운데 가장 오래된 베다인 『리그베다』의 주요 부분을 영어로 번역한 것으로 가장 손쉽게 읽을 수 있는 대중적인 책이다. 『리그베다』는 오늘날까지 전해지고 있는 인도-유럽어의 문헌 가운데 가장 오랜 역사를 지닌 고전 경전으로, 산스크리트어로 된 1000여 편의 시를 수록하고 있다. 이 책에서는 이런 고대 경전의 시문들 가운데 108편을 가려 뽑아서 인도의 초기 신화와 문화를 생생하게 보여주고 있다.

Nikhilananda, Swami, tr., and ed., *The Principal Upanishads*, Dover Pub., 2003.

주요 우파니샤드의 본문을 영역하여 베단타 철학의 기본적인 가르침을 전하고 있다. 우파니샤드에 대한 사전적 해설을 위해 산스크리트어로 된 베단타 철학의 관련 용어 해설을 싣고 있는데, 우파니샤드를 연구하는 이들에게 특히 유용하다. 각 단어가 지니고 있는 다양한 의미에 대한 해설도 상당히 유익하다. 비교적 간편하게 편집되어 비교종교학이나 세계 종교 연구에 관심이 있는 독자들에게는 훌륭한 지침서가 될 것이다.

Prabhavananda, Swami, & Manchester, Frederick, tr., *The Upanishads: Breath of the Eternal*, Penguin Putnam Inc., 2002.

우파니샤드의 여러 영역본 가운데 대중적으로 많이 읽히는 책이다. 1948년에 남 캘리포니아의 베단타 학회에서 번역·출간한 것인데, 아직까지도 우파니샤드 본문에 대한 훌륭한 번역서 가운데 하나로 손꼽히고 있다. 라다크리슈난의 방대한 책에 비하면 작은 책에 지나지 않지만, 간략하면서도 명쾌한 해설로 다른 번역본들에 비해 쉽게 읽힌다는 장점이 있다. 그러나 우파니샤드 본문에 대한 해설이 없다는 점은 아쉽다. 영문으로 된 우파니샤드 본문을 읽기 원하는 독자들에게는 선별된 본문을 간략하게 수록해놓은 이 책이 도움이 될 것이다. 열두 가지의 우파니샤드를 선정해놓은 앤솔러지 형식은 마치 수만 종의 약을 먹기 쉽도록 간편하게 하나의 캡슐에 넣어놓은 것 같다.

Radhakrishnan, S., ed., *The Principal Upanisads*, George Allen & Unwin Ltd., 1968.

인도의 정치가이자 철학자인 라다크리슈난은 우파니샤드에 대한 인도 최고의 해설가 가운데 한 사람이다. 현재까지 인도에서 그의 우파니샤드 해설을 능가하는 저술은 찾아보기 힘들다. 서론 부분에서는 우파니샤드에 대해 소책자 분량의 긴 서술을 하고 있으며, 본문에서는 초기 우파니샤드를 비롯한 다양한 우파니샤드의 저술 가운데 가장 중요한 열여덟 가지 문헌을 싣고 상세히 해설하고 있다. 산스크리트어 원문도 별도로 수록하여 이해를 돕고 있다. 라다크리슈난의 산스크리트어 원문 영역은 우파니샤드의 시적 미학을 충분히 살린 최고의 번역으로 꼽힌다. 또한 서양의 철학 전통과 그리스도교의 헬라적 개념, 중국의 노자 사상 등을 우파니샤드와 비교 분석한 설명이 돋보인다. 샹카라 같은 고전적이면서 대표적인 인도의 우파니샤드 해설가를 소개하면서 우파니샤드 본문의 개념들을 어근적 배경과 함께 자세히 설명하고 있다. 영어로 기록된 우파니샤드 해설판 중에서는 단연 최고의 가치가 있는 책으로 평가할 수 있다.

**Torwesten, Hans, *Vedanta: Heart of Hinduism*,
Grove Press, 1985.**

힌두 사상에서 크리슈나는 우파니샤드의 정신으로, 또 전능한 신으로서 숭배되고 있다. 이 책에서는 그런 크리슈나를 통해 전해지는 『바가바드 기타』의 내용을 상세하게 설명하고 있다. 베단타 철학의 주요 사상인 아드바이타, 즉 불이일원론도 이 책에서 중요하게 다루고 있는 내용이다. 나아가 인격신에 대한 사랑과 신의 창조력, 베단타 철학과 그리스도교 전통 및 서양 철학과의 관련성에 대한 문제, 베단타 철학의 한계와 그 약점을 극복하기 위한 방법으로서의 철학적 모색에 대해서도 진지하게 언급하고 있다.

힌두의 전통과 인도 종교에 대한 저서

다음의 책들은 오늘날 살아 있는 힌두교 신앙의 신비적 전통 속으로 안내해줄 수 있는 책으로 힌두의 사상과 함께 그 신앙 현장까지 소개해준다. 특히 윤회와 관련된 책들이 흥미롭지만 훌륭한 요가 안내서 또한 빼놓을 수 없다.

**Clothey, Fred W., *Religion in India: A Historical Introduction*,
Routledge, 2006.**

인도 종교에 대한 백과사전적 지식으로 장구한 역사 속에서 점차 변해가는 인도와 인도 종교의 모습을 세밀하게 들여다볼 수 있게 서술해놓았다. 인도 종교 연구가에게는 더없이 좋은 자료가 될 것이다. 비교적 최근에 발행된 이 책의 내용은 제1장에서 인도 종교의 근원을 더듬어 탐구하는 데서부터 출발하고 있다. 제2장에서는 수렵 시대에서 농업과 목축 시대로 이어지는 시기에 인도-유럽 계열의 종교와 사상이 지리적 문화적으로 영향을 주고받던 과정을 설명하고, 베다 시대의 의례와 찬양, 그 주석들과 관련 문헌들을 설명하고 있다. 제3장에서는 도시의 형태를 갖추어가던 초기 촌락 공동체에서의 우파니샤드와 당시 정통 힌두교에 비해 이단적 가르침으로 평가되던 자이나교와 초기 불교의 관점을 서술한다. 제4장에서는 본격적인 도시국가 형태에서의 왕권과 부의 문제, 그리고 신앙과 헌신, 도시 생활의 윤리, 가정과 여성의 역할, 자티(jāti)와 카스트 문제 등을 다룬다. 제5장에서는 남인도의 박티 신앙과 북인도의 사원 및 탄트라에 대해 설명하고 있다. 제6장에서는 이슬람에 대해 방대하게 서술하고 있고, 제7장에서는 중세 후기에 발달한 힌두 정치와 경건주의, 개종, 혼합주의, 시크교 등에 대해 다루고 있다. 제8장에서는 서양 종교와의 만남과 융합을 다루면서 유대 공동체와 그리스도교 및 조로아스터교를 설명한다. 포르투갈과 영국 같은 제국주의의 충격에 반응하고 저항하면서 새로운 박티 운동이 전개되고 종교 상호간의 관계를 새로이 정립하게 되는 과정을 서술한다. 제9장에서는 현대 인도의 다양한 종교운동을 다루고, 제10장에서는 아시아의 대국으로서 점차 세계화되어가는 인도의 모습을 그려놓았다.

Knipe, David M., *Hinduism: Experiments in the Sacred*, HarperSanFrancisco, 1991.

명쾌하고 간결하면서도 잘 압축된 해설로 힌두 전통을 소개하면서 현대적 차원의 문제들도 외면하지 않고 고루 다루고 있다. 고대 인더스 문명에서부터 현대 힌두교에 이르는 긴 역사의 연대기를 상술하면서 남인도와 스리랑카에 이르는 광범위한 지역에서의 힌두 역사를 설명하고 있다. 힌두교의 역동성과 여인들의 헌신적인 신앙에 대한 묘사가 인상적이다. 또 중세 이후와 근대의 남아시아 힌두교 상황을 언급하면서 남아시아의 힌두교도 연대기적으로 설명하고 있다. 힌두교의 세계관으로 우주를 경청하고, 우주에 신화를 입히고, 우주를 분석 · 재해석하는 이론적 시도도 보여준다.

Kumar, Muni Shiv, *The Doctrine of Liberation in Indian Religion: with Special reference to Jainism*, Munshiram Manoharlal Publishers, 2000.

인도 종교서적 가운데 '해탈'에 대한 이론을 담은 전문적인 해설서다. 특히 자이나교에서 말하는 해탈론을 불교와 시크교 및 브라만의 해탈론과 비교하면서 논의하고 있다. 업(業)과 윤회, 해탈에 대한 다각적인 이해에 도움이 된다.

Renou, Louis, *The Nature of Hinduism*, Walker and Company, 1951.

힌두 전통에 대한 전반적이고도 포괄적인 설명이 뛰어난 힌두 문화 해설서이다. 이 책의 저자 르노는 프랑스의 인도종교학자로, 20세기의 서구 학자로는 드물게 힌두교에 관한 전문서적을 다수 출간한 인물이다. 이 밖에도 다양한 저술을 남겼지만 다음에 소개되는 『힌두이즘』은 특히 주목할 만하다.

Renou, Louis, *Hinduism*, George Braziller, 1962.

르노의 저작 가운데 가장 고전적 작품으로 꼽히는 중요한 저술이다. 명쾌한 문장으로 힌두 전통을 소개하고 있는데, 텍스트 자료 등 발췌한 자료들에 대한 소개의 글과 풍부한 예문들이 고전의 무게에 풍성함을 더해준다. 힌두교를 인도의 정신으로 표현하면서, 힌두 신화와 철학, 그리고 종교와 도덕적 관행 등의 문제를 포괄적으로 서술하고 있다. 특히 인도 사회에서 종교적 삶의 방식과 힌두교의 현재적 역할이 힌두교의 역사적 전개 과정과 어떠한 상관관계가 있는지에 대해서도 상세히 기술하고 있다. 이 밖에 르노의 초기 저술 가운데 『인도의 종교』(*The Religions of India*, Athlone Press, 1953)도 힌두교에 대한 뛰어난 통찰로 인도의 종교에 대한 전반적인 안내서 역할을 해줄 것이다.

참고문헌

김희성, 『인도철학사』, 민음사, 1990.
김동규, 『하이데거의 사이-예술론: 예술과 철학 사이』, 그린비, 2009.
새뮤얼 이녹 스텀프・제임스 피저, 『소크라테스에서 포스트모더니즘까지』, 이광래 옮김, 열린책들, 2004.
스가누마 아키라, 『힌두교 입문』, 문을식 옮김, 여래, 1993.
아르빈드 샤르마, 『세계의 종교들』, 이명권 외 옮김, 소나무, 근간.
이명권, 「베단타 신학과 그리스도교 신학」, 『한국 조직신학 논총』, 한들, 2009년 가을호.
『우파니샤드 I』, 이재숙 옮김, 한길사, 1997.
하야시마 쿄쇼 외, 『인도사상의 역사』, 정호영 옮김, 민족사, 1989.

Bakhle, S.W., *Hinduism: Nature and Development*, New Delhi: Sterling Publishers, 1991.

Baldick, Robert & Radice, Betty & Jones, C.A., ed., *Hindu Myths*, Middlesex: Penguin, 1975.

Carman, John Braisted, *Theology of Rāmānuja*, New Haven and London: Yale University Press, 1974.

Chaudhuri, Nirad C., *The Hinduism Omnibus*, New Delhi: Oxford University Press, 2003.

Clooney, Francis X., *Hindu God, Christian God*, New York: Oxford, 2001.

Deussen, P., *The Philosophy of the Upanishads*, New York: Dover Pub., 1966.

_____, tr., *Sechzig Upanishad's des Veda*, Leipzig: F.A. Brockhaus, 1897, English tr. by Bedekar, V.M. & Palsule, G.B., *Sixty Upanishads of the Veda*, 2vols, Delhi: Motilal Banarsidass, 1980.

Deutsch, Eliot, *Advaita Vedānta: A Philosophical Reconstruction*, Honolulu: The University Press of Hawaii, 1980.

Dimmitt, Cornelia & Buitenen, J.A.B. van, ed. and tr., *Classical Hindu Mythology: A Reader in the Sanskrit Purānas*, Philadelphia: Temple University Press, 1978.

Eliade, Mircea, *Yoga: Immorality and Freedom*, New York: Princeton University, 1969.

Flood, Gavin, *An Introduction to Hinduism*, Cambridge: The University of Cambridge, 1997.

Hawley, John Stratton & Juergensmeyer, Mark, *Songs of the Saints of India*, New York: Oxford University Press, 1988.

Hiriyana, M., *Outlines of Indian Philosophy*, Delhi: Motilal Baranasidass, 1993.

Hopkins, Thomas J., *Hindu Religious Tradition*, California: Wadsworth Publishing Company, 1971.

Hume, R.E., tr., *The Thirteen Principal Upanishads*, 2nd edn., Oxford: Oxford University Press, 1931.

Huyler, Stephen P., *Meeting God: Elements of Hindu Devotion*, New Haven, CT: Yale University Press, 1999.

Johnsen, Lindia, *The Complete Idiot's Guide To Hinduism*, Indianapolis: Alpha Books, 2002.

Kanitkar, V.P. & Cole, W. Owen, *Hinduism*, UK: Hodder Headline Plc., 1995.

Keith, Arthur Berriedale, *The Religion and Philosophy of Veda and Upanishads*, Delhi: Motilal Banarsidass Publishers, 1989.

Kumar, Muni Shiv, *The Doctrine of Liberation Indian Religion: with Special reference to Jainism*, New Delihi: Munshiram Manoharlal Pub., 2000.

Marriott, Mckim, *India through Hindu Categories*, Delhi: Sage Publication, 1990.

Masih, Yakub, *The Hindu Religious Thought(3000 B.C.~200 A.D.)*, Delhi: Motilal Banarsidass, 1983.

Müller, F. Max, ed., *The Upanishads*, 2 parts, SBE 1, 15; repr. 1981; Delhi: Motilal Ban arsidass, 1879~84.

Nikhilananda, Swami, tr., *The Upanishads*, New York: Bell Publishing Company, 1963.

O'Flaherty, Wendy Doniger, *The Rig Veda*, New Delhi: Penguin Group, 2000.

Olivelle, Patrick, *The Early Upanishads*, New York: Oxford University Press, 1998.

Panikkar, Raimundo, *The Vedic Experience, Mantramanjari: An Anthology of the Vedas for Modern Man and Contemporary Celebration*, Pondicherry, India: All India Books, 1977.

Puligandla, P., *Fundamentals of Indian Philosophy*, New York: Abingdon Press, 1975.

Radhakrishnan, Sarvepalli & Moore, Charles A., *A Sourcebook in Indian Philosophy*, Princeton: Princeton University Press, 1973.

Radhakrishnan, Sarvepalli, *Indian Philosophy*, New York: Humanities Press, 1971.

_____, ed., *The Principal Upanisads*, London: George Allen & Unwin LTD., 1968.

Ranade, R.D., *Mysticism in India: The Poet-Saints of Maharashtra*, Albany, NY: State University of New York Press, 1983.

Sarvarkar, V.D., *Hindutva: Who is a Hindu?*, New Delhi: Bharatiya Sahitya Sadan, 1989.

Schuhmacher, Stephan & Woerner, Gert, ed., *The Encylopedia of Eastern*

Philosophy and Religion, Boston: Shambhala, 1994.

Sharma, Arvind, *Our Religions*, New York: Harper Collins, 1993.

_____, *A Guide to Hindu Spirituality*, Delhi: Vision Books, 2006.

Singh, Dharam Vir, *Hinduism An Introduction*, Jaipur: Travel Wheels, 1991.

Smart, Ninian, *The World's Religions*, Trumpington Street: Cambridge, 1995.

Torwesten, Hans, *Vedanta: Heart of Hinduism*, New York: Grove Press, 1985.

Ward, Keith, *Religion & Creation*, New York: Oxford University Press, 1996.

Waterstone, Richard, *India*, London: Duncan Baird Publishers, 1995.

Zimmer, Heinrich, *Philosophies of India*, New York: Princeton University Press, 1989.

우파니샤드를 이해하기 위한 용어 해설

* 각 용어 해설 끝에 있는 숫자는 본문의 쪽수를 뜻한다.

니르구나 브라만과 사구나 브라만(Nirguna-Brahman & Saguna-Brahman) 브라만은 크게 니르구나 브라만과 사구나 브라만으로 분류되는데, 니르구나 브라만은 산스크리트어로 '속성이 없는 브라만'이라는 뜻이다. 베단타 철학에서는 속성이 있는 브라만과 비교하여 속성이 없다는 측면에서 '절대자', '둘도 없는 유일자'로 불린다. 사고를 넘어선 초월적 신이다. 이는 속성을 지닌 사구나 브라만보다 더 높은 단계의 영역에 속한다. 반면에 사구나 브라만은 산스크리트어로 '속성이 있는 브라만'이라는 뜻이다. 사구나 브라만은 여러 가지 속성을 지님으로써 숭배의 대상이 된다. 『라마타파니야 우파니샤드』(*Rāmatāpaānya Upanishad*)에서는 사구나 브라만에 대해 이렇게 설명하고 있다. "브라만은 순수의식으로, 나누어질 수 없고 형태도 없다. 브라만을 찾는 자를 위해 여러 가지 상징과 특성이 브라만에 부여되고 있다. 예컨대 경배와 존경의 대상으로서의 인격신 이슈바라 같은 것이 그것이다." **328**

다르마(Dharma) 산스크리트어의 문자적 의미로는 '나르다' '붙잡다'는 뜻을 가지고 있는데, 힌두교와 불교, 자이나교에서 각각 그 의미를 조금씩 다르게 해석하고 설명한다. 힌두교에서는 일반적으로 인간의 참된 본질을 정의하는 데 관계되는 용어로 의(義), 인간의 도덕과 윤리의 기초, 우주의 법칙, 그리고 모든 종교의 기초를 뜻한다. 그리하여 힌두교에서는 자신들의 전통을 '사나타나 다르마'(sanātana-dharma), 즉 '영원한 종교'라고 부른다. 다르마가 각 개인에게 적용되는 용어로 사용될 때는 카르마(karma), 즉 인간 행위의 '업'(業)이라는 뜻과 밀접한 관계를 갖는다. 왜냐하면 인간 행위의 규범으로서의 다르마는 '카르마'라는 인간 행위를 수반할 수밖에 없기 때문이다. 따라서 정의롭고 올바른 행위, 곧 선업(善業)을 행하는 것은 바른 다르마를 수행하는 길이 된다. 한편 불교에서의 다르마 개념은 여러 가지로 사용되고 있다. 우선 우주적 법칙으로서의 다르마가 있는데, 그것은 이 세계를 넘어서, 또는 이 세계의 배후에 존재하는 법칙으로서 인간 행위인 카르마의 결과에 따라 환생이 결정되는 법칙을 뜻한다. 또 한편으로 다르마는 이 '법칙으로서의 다르마'를 깨달은 붓다의 가르침을 뜻한다. 그리하여 불교에서 다르마는 우주적 진리를 뜻하게 되며, 붓다가 탄생하기 이전의 영원한 진리가 되고, 그 진리 속에 불자들은 안식을 취하게 된다. 또한 이 다르마는 불자들에게 행위의 규범이 되기도 한다. 그리고 사건의 일반 현상이나 사물의 실재가 드러나는 것을 뜻하기도 하며, 인간의 정신 작용으로 나타나는 사고의 대상을 뜻하기도 하는 등 감각적 정신적 모든 존재들의 요소를 뜻한다. **249**

마나스(Manas) 마나스는 산스크리트어로 '사고 능력'을 뜻하는 말이다. 다른 표현으로는 '안타카라나'(antahkarana)라고도 하는데, 이는 '내적 감각 기관(意根)을 뜻한다. 우리는 마나스를 통해 외부세계의 인상을 받아들이는데, 이것은 다시 '붓디'(buddhi)라는 마음의 '지성'으로 전달된다. 그러므로 흔히 마나스는 '마음'으로 표현되기도 하지만, 깨달음에 이르는 보다 높은 단계의 '지성'이기보다는 낮은 인식 기관인 셈이다. 이 마나스는 의심을 일으키게도 하고 결정을 내리게도 하며, 우리의 의지를 행동에 옮기도록 하는 의지작용의 역할도 한다. 팔리어(Pali)로는 '마노'(mano)라고 표기되는데, 대체로 '마음' 또는 '지능'의 의미로 쓰인다. 넓은 의미에서 마나스는 모든 정신적 감각 기관과 활동을 뜻한다. 말하자면 의식의 지성적 기능이다. 이것은 인간 이성의 차원을 뜻하며, 눈이 볼 수 있는 대상과 관계하듯이 마음은 합리적 생각을 가지게 하는 특별한 '감각적' 역할을 한다. 팔지(八支) 요가 수행에서 마나스는 일곱 번째 단계에 해당한다. **87**

마야(Māyā) 마야는 산스크리트어로 '환영(幻影), 속임수, 외관(外觀)'이라는 뜻이다. 힌두교와 불교, 자이나교에서 조금씩 다른 의미로 쓰이지만 대체로 '환영'의 뜻을 가지고 있다는 것은 일치한다. 그러나 힌두교적 관점에서 마야는 아주 독특한 의미를 지닌다. 힌두교적 관점에서 보면 마야는 마음과 물질의 기초를 이루는 우주적 원리다. 이른바 비이원론적 베단타 철학에서는 환영으로 생각되는 우주 그 자체다. 마야는 또한 브라만의 힘(shakti)이기도 하므로 영원성을 가지며 브라만과 불가분의 관계를 지닌다. 마치 불과 열기의 관계와 같다. 마야와 브라만은 인격신 이슈바라라고도 불리는데, 우주를 창조하고 유지할 뿐만 아니라 우주를 해체시키기도 한다. 무지 또는 우주적 환영으로서의 마야는 브라만을 감추는 베일을 씌우고 또 우리 인간의 통찰도 어둡게 함으로써 우주적 근원에 도사린 유일한 하나의 실재를 바라보지 못하게 하고 다양한 현상세계만을 바라보게 한다. 이러한 마야는 무지(avidyā)와 앎(vidyā)이라는 두 가지 측면을 지니고 있다. '무지'는 우리를 신으로부터 멀리 떠나보내 세속적 물질적 감옥에 가두면서 욕망과 탐욕에 빠지게 한다. 반면에 '앎'은 신적 실현(신의 깨달음)을 가능하게 하며, 영적인 미덕을 찾아 수행하게 한다. 이 두 가지 측면은 시간과 공간, 인과성에 따라 작용하기 때문에 상대적일 수밖에 없다. 인간은 절대적 존재인 브라만을 깨닫는 것으로만 상대적인 무지와 앎 모두를 초월할 수 있다.

만트라(Mantra) 만트라는 힌두교와 불교에서 사용되는 신비한 음절이다. 힌두교에서 사용되는 산스크리트어의 의미는 몇 가지로 구분되어 설명된다. 첫째, 신의 이름을 가리킨다. 특별히 여러 신들 가운데서 선택한 신(ishta-deva)의 화신(化身, avatāra)에 주어지는 명칭이다. 영적 삶의 수행을 시작하고자 하는 학습자는 스승을 찾아가기 전에 먼저 하나의 신을 택하고 그 신명(神名)을 암송하면서 스승의 지도 아래 수행을 하게 된다. 학습자는 만트라를 계속 암송함으로써 신과의 일치를 얻게 되며, 스승은 이 거룩한 비밀을 지키라고 요청한다. 만트라의 주기적인 암송은 사고(思考)를 분명하게 해주며, 꾸준한 훈련으로 신적 실현(신적 깨달음)을 가능하게 해준다.

둘째, '위대한 언설'(mahāvākya)을 의미한다. 이것은 베다의 최종적인 가르침으로서 우파니샤드의 결정적 진술인 '내가 브라만이다'(Aham Brahman asmi)라는 표현을 뜻한다. 『야주르베다』 계열에 속하는 『브리하드아라냐카 우파니샤드』에서의 이 같은 진술 외에도, 『사마베다』에 속하는 『찬도기야 우파니샤드』에서의 진술인 '그것이 너다'(Tat tvam asi)라는 표현도 '위대한 언설'로서의 만트라다. 이 외에도 『아타르바베다』 계열에 속하는 『만두키야 우파니샤드』에서 '이 자아(아트만)가 브라만이다'(Ayam ātman Brahma)라고 한 것이나, 『리그베다』 계열에 속하는 『아이타레야 우파니샤드』에서 '의식이 브라만이다'(Prejnānam Brahma)라고 한 표현들이 모두 위대하고 비밀스러운 언설로서의 만트라다. 셋째, 희생 제의와 관련하여 부르는 베다의 신성한 노래는 물론 산스크리트어로 기록된 베다의 거룩한 본문 자체를 뜻하기도 한다. 베다에 기록된 본문 그 자체를 낭송함으로써 베다는 신성한 만트라가 되는 것이다.

불교에서의 만트라는 어떤 우주적 힘을 드러나게 하는 기운이 실린 음절 또는 연속적인 음절을 지칭하는데, 가끔 붓다의 이름을 지칭하기도 한다. 불교 명상의 한 형태로서 만트라를 계속적으로 반복하여 낭송하는 이러한 형태의 수행법은 다양한 불교 종파들이 시행하고 있다. 이때의 만트라는 마음을 안정되게 지켜주고, '옴'과 같은 진동음을 통해 '신(身), 구(口), 의(意)' 삼업(三業)의 장애를 넘어 고양된 차원의 영적 수준을 체험하게 한다. 물론 만트라를 암송할 때는 그 효과를 높이기 위해 '무드라'(mudrā) 같은 일정한 신체의 자세를 취하게 된다. 이와 같이 만트라는 힌두교나 불교에서 공통적으로, 마음을 높은 의식의 상태로 고양시키는 거룩한 소리나 단어 또는 구절을 뜻한다. 29, 51, 104, 125, 127, 134, 186

목샤(Moksha) 목샤는 신과의 연합 또는 궁극적 실재에 대한 깨달음을 통하여 삶과 죽음의 순환이라는 윤회와 업으로부터 벗어나, 모든 세속적인 속박에서 자유로워지는 최종적 해방을 의미한다. 힌두교에서 해탈인 목샤를 얻지 못하고 윤회하는 까닭은 브라만에 대한 지식이 없기 때문이다. 다시 말해 아트만이 브라만이라는 사실을 깨닫지 못했기 때문이다. 목샤는 인생의 네 가지 목표 가운데 가장 높은 단계로, 나머지 세 가지 목표는 부요함(富, artha), 즐거움(kama), 의무(dharma)다. 영적 열망을 가진 자들에게 해탈의 실현이야말로 인생의 지고지순한 목표가 아닐 수 없다.

바이쉬바나라 아트만(Vaiśvānara Ātman) '바이쉬나바라'의 문자적 의미는 '모든 인간에 관하여'이다. 그러므로 바이쉬바바라 아트만은 '모든 인간이 지니고 있는 아트만'이라는 뜻이다. 베단타 철학에서는 대체로 깨어 있는 상태의 인간 의식을 말하는데, 개개인과 관련시켰을 때는 비쉬바(vishva)라 불린다. 또 인간 의식의 상태인 아바스타(avasthās)를 네 가지로 구분하여 설명하는데, 이때 첫 번째 자그라트(jāgrat: 깨어 있는 상태)를 베단타에서 '바이쉬바나라'라고 부른다. 두 번째는 스바프나(svapna: 잠자는 상태), 세 번째는 수슙티(sushupti: 깊은 숙면의 상태), 네 번째는 투리야(turīya: 더 깊은 '제4의 상태'로 주객을 넘어선 초월적 절대의식의 상태)라고 한다. 이러한 의식의 상태에 대해서는 『만두키야 우파니샤드』에서 자세히 설명하고 있다. 바이쉬바나라는 깨어 있는 상태의 개별 인간의 몸과 마음, 감각 기관을 통제한다. 그러므로 바이쉬바나라 아트만은 의식을 포함한 모든 감각 기관을 통제하는 아트만인 셈이며, 우주의식이면서 우주적 자아가 된다. 145, 146, 148, 149, 151~154

베다(Veda) 힌두교의 경전으로, 문자적 의미는 '지식' 또는 '거룩한 가르침'이다. 이 지식은 '아주 우수한' 계시의 지식이다. 베다는 인도 문헌 가운데 가장 오래된 경전으로, 흩어져 전승되어오던 여러 본문을 집단적으로 수집한 것이다. 인도 정통 힌두교에서는 이를 신적인 기원을 가진 신성한 본문으로 여긴다. 분량도 방대하여 성서의 약 여섯 배 규모에 이른다. 베다는 네 개의 문헌으로 나뉘는데, 시(詩)의 본문인 『리그베다』, 노래를 담은 『사마베다』, 제의의 본문인 『야주르베다』, 신비적인 불의 제사를 드리는 사제 아타르반(Atharvan)의 『아타르바베다』가 그것이다. 앞의 셋은 베다 제의의 찬가와 제사에 관련되지만, 마지막 『아타르바베다』는 열등한 주술적 내용들을 실은 것이 많다. 이 네 개의 베다는 그 내용이나 양식 또는 기원에 따라 다시 각각 세 부분으로 분류된다. 첫 번째는 베다의 몸집으로 본집(本集)을 뜻하는 상히타이고, 두 번째에는 의례적 설명을 담은 브라흐마나, 이 브라흐마나에 부록처럼 달린 더 깊은 숲속 은자들의 해설서 아라냐카, 그리고 베다의 최종적 가르침이라고 불리는 우파니샤드가 포함된다. 마지막 세 번째는 이 모든 베다의 내용들을 자세히 안내해주는 지침서인 다양한 경전적 텍스트(Sūtra)들이다. 이른바 『베단타 수트라』라고도 하는 『브라흐마 수트라』는 기원전 400년에서 기원전 200년 사이에 형성된 베다의 해설서들이다. 이 밖에도 요가를 전문적으로 다룬 『요가 수트라』(Yoga Sutras) 등 다양한 경전들이 있다. 그러나 각각의 베다는 실천적 수행을 중시하는 내용을 담은 '카르마 칸다'(Karma-Kāndha)와 지혜로서의 지식을 중시하는 내용을 담은 '즈나나 칸다'(Jnāna-Kāndha)로 크게 구분될 수도 있다. 14, 15, 27, 29, 32, 35, 37, 38, 40, 42, 58, 66, 67, 78, 83, 96, 97, 99~101, 104, 109, 113, 121, 122, 148, 162, 178, 187, 229, 266, 267, 313, 315, 323

베단타(Vedānta) 베단타는 '베다'(veda)와 '안타'(anta, end)의 합성어로 '베다의 끝' 또는 '베다의 결론'이라는 의미를 지닌다. 이는 베다의 최종적인 결론이자 결정판을 말하는 우파니샤드의 다른 이름이기도 하다. 우파니샤드 속에서 보이는 계시적 내용과 심오한 통찰력들은 무엇보다도 브라만과 아트만에 관련된다. 그리고 브라만과 아트만의 관계에 대한 내용들은 『베단타 수트라』에 잘 요약되어 있다. 『베단타 수트라』는 바다라야나가 저술한 것으로 베단타 철학의 기초가 되고 있다. 라다크리슈난은 그의 책 『인도 철학』(*Indian Philosophy*)에서 『베단타 수트라』에 대한 글의 서문을 통해 다음과 같이 베단타 철학을 설명하고 있다. "힌두의 모든 사상 체계 가운데서 베단타 철학은 인도 종교와 가장 밀접하게 연관되어 있으며, 오늘날의 모든 힌두 사상가들의 세계관에 여러 형태로 영향을 미치고 있다." 베단타 철학은 세 줄기의 주요한 흐름은 형성하며 다음과 같이 전개되었다. 첫 번째는 우주와 사물세계가 근원적으로 둘이 아닌 하나의 세계임을 주장하는 아드바이타 베단타 철학(不二論)이다. 이 학파의 대표적인 주창자는 가우다파다(Gaudapāda), 샹카라(Shankara), 파드마파다(Padmapāda), 슈레쉬바라(Sureshvara), 비드야란야(vidyāranya) 등이다. 두 번째는 우주와 사물세계가 근원적으로는 하나이지만 제한적인 의미에서 그렇다는 비쉬스타-아드바이타 베단타 철학(制限的 不二論)이다. 이 학파를 대표하는 사람은 라마누자다. 세 번째는 이원론적 세계관을 전개하는 드바이타 베단타 철학(二元論)이다. 이 학파의 대표적인 주창자는 마드흐바이다. **14, 30, 35, 41, 62, 63, 69, 82, 233, 297, 313**

베단타 수트라(Vedānta-Sūtra) 고전적 베단타 학파의 기본 텍스트로, 이 경전에 근거하여 베단타 학파의 학자들이 주석을 썼다. 이 경전은 『브라흐마 수트라』라고도 불리는데, 그 이유는 브라만이 가장 중심적 주제가 되고 있기 때문이다. 학자들은 이 경전의 기원을 대략 기원전 400년에서 기원전 200년 사이로 추정한다. 인도학자 막스 뮐러는 『바가바드 기타』보다 더 오래된 문헌으로 추정하고 있다. 저자도 다양하게 추측하는데, 대부분 비야사(Vyāsa)를 지목하지만 바다라야나를 지목하기도 한다. 그러나 어떤 학자들은 이들을 동일 인물로 보고 있기도 하다. 이 책은 베단타 철학의 기초를 제공하고 있을 뿐만 아니라 우파니샤드 곳곳에서 산발적으로 언급되고 있는 브라만과 아트만에 대한 훌륭한 통찰을 보여주고 있다. **33**

브라만(Brāhmana, 바라문) 사제 계층의 일원으로, 네 계층으로 구성된 카스트(Varna) 가운데 최상층에 속한다. 베다 시대에 바라문들은 현자들에게 계시되고 『리그베다』에 편집된 노래들을 부르던 사제였다. 그러나 이러한 노래들이 대중화되기 어려웠으므로 가정에서 아버지가 아들에게 구전으로 전승했던 것이다. 그러나 시간이 경과함에 따라 고대의 원형적 시가(詩歌)의 모습은 점차 퇴색해갔고, 시가의 텍스트 본문에 대한 이해도 일상인들에게서 멀어져갔다. 따라서 이러한 베다의 영적 진수를 지키고 보호하면서 안내자 역할을 해줄 사람들이 필요하게 되었는데, 그 역할을 떠맡았던 부류가 브라만 사제들이었다. 이들은 점차 자신들의 사제적 통치 기반을 강화하기 위해, 오직 고대의 시가들만이 권위를 지니는 것이며 자신들이 집행하는 제사의 규례를 통해 신들에게 접근할 수 있다는 교리를 공고히 하기 시작했다. 그리하여 브라만 계층의 사제 계급은 이제 인간의 지상 행복과 자손의 번영, 물질적 부요(富饒), 원수의 대적 등을 결정하는 존재로 자리매김하게 되었다. 이에 군사적 지위를 담당하던 왕과 무사 계급의 크샤트리아 계층에서는 브라만 계급의 우월성에 대해 반기를 들고 나섰고, 양자 간에 계급적 지위 다툼이 계속되었다. 대표적인 예가 두 현자 바시스타(Vasishtha)와 비스바미트라(Vishvāmitra)의 논쟁이다. 전자는 『리그베다』 7장을 기록한 브라만이고, 후자는 크샤트리아 출신의 현자로 꾸준한 영적 수행 끝에 브라만의 지위에 올랐다. 위대한 7인의 현자 가운데 한 사람으로 『리그베다』 3장의 주요 저자로 인정되고 있기도 하다. 석가모니도 브라만이 지배 계층으로 활약하던 시대에 태어나 사회적 억압 계층인 브라만 계급을 극복하고 자유를 얻게 하는 불교를 탄생시켰다. 그러나 불교는 약 천 년이 지나면서 인도에서 영향력을 잃게 되었고, 그 대신 샹카라가 등장하여 힌두교의 개혁을 단행했다. 그는 베다와 우파니샤드의 가르침을 통하여 수도원의 질서를 새롭게 확립하고, 주석을 집필하면서 새로운 인생의 길을 제시해주었다. **19~337**

브라흐마(Brahmā) 인도의 주요 세 신 가운데 첫 번째 신을 말한다. 힌두교에서는 브라흐마, 비슈누, 시바 세 신이 삼위일체를 이룬다. 브라흐마는 창조의 역할을 하고 비슈누는 세계의 유지와 보존, 시바는 파기와 재생의 기능을 하는 것으로 여겨진다. 원래는 세 신이 모두 같이 존경과 숭배를 받았지만 현대 인도에서는 브라흐마 숭배는 거의 사라지고 비슈누를 숭배하는 종파와 시바의 삭티(Shaktism: 생식력)를 숭배하는 종파로 크게 양분되어 있다. 브라흐마의 개념은 마야(또는 이슈바라)의 영역에 속한 것으로, 우주적 절대자요 궁극자인 브라만과 혼동되어서는 안 된다. 브라흐마의 조각상은 종종 네 개의 얼굴과 팔을 가지고 베다나 기도하는 묵주 같은 구슬을 쥐고 있는 모습으로 형상화된다. **30, 32, 54, 63, 149, 151, 152, 159, 266, 324**

브라흐마나(Brāhmanas) 네 개의 베다인 『리그베다』『사마베다』『야주르베다』『아타르바베다』에 각각 달린 제의 부분의 해설서다. 특히 베다의 본집인 샹히타의 내용을 철학적 관점에서 다양하게 설명하고 있다. 그 철학적 내용의 대부분이 브라흐마나의 후반부에 수록되어 있어서 '베다의 최종판'인 베단타 철학의 도입부가 되고 있다. 결국 베다의 본집인 상히타에서 제의적 해석서인 브라흐마나가 나오고, 그로부터 철학적으로 더 숙고한 작품인 '숲의 책' 아라냐카가 나와 브라흐마나의 뒤를 이으면서 발전을 거듭했던 것이다. 결국 우파니샤드는 이들 브라흐마나와 아라냐카를 계승, 발전시킨 작품이다. 32, 34, 35, 38, 39, 46, 66, 162, 313, 315

브리하드아라냐카 우파니샤드(Brihadāranyaka Upanishad) 산스크리트어로 '브리하드'(brihat)는 '위대한'이라는 뜻이고, '아라냐카'(āranyaka)는 '숲에서'라는 뜻이다. 이 말을 직역하면 '위대한 숲에서의 우파니샤드'라는 뜻이 되어 숲속에서 가르침을 전수했던 우파니샤드의 내용을 담은 것이라고 볼 수 있다. 또 '위대한', '훌륭한'이라는 뜻을 지닌 '브리하드'는 그 가르침의 분량과 심오한 깊이에서도 위대함과 훌륭함을 유감없이 보여주는데, 특히 자아(아트만)에 대한 탐구가 깊다. 현자 야즈나발키야가 그의 아내 마이트레이와 나눈 대화 가운데서는 진리를 찾아가는 부분이 유명하다. 『브리하드 우파니샤드』의 가르침 가운데 주된 내용은 자아로서의 아트만과 우주적 실재인 브라만이 동일한 존재임을 역설하는 데 있다. 『브리하드아라냐카 우파니샤드』는 백야주르베다 계열에 속한다. 『야주르베다』는 백(white) 야주르베다와 흑(black) 야주르베다로 분류되는데, '백'은 만트라만을 담고 있는 '정선된' 작품 선집을 말하고, '흑'은 정선되지 않고 이것저것 뒤섞여 있는 혼합 작품집을 말한다. 말하자면 만트라 외에도 신학적 해석물(Brāhmanas, 梵書)을 곁들인 산문 형식의 글이 다수 혼합되어 있는 것을 의미한다. 36, 41, 43, 46~48, 51~54, 69, 71, 77, 83~85, 88, 90, 95, 96, 99, 107, 108, 110, 112, 117, 135, 136, 139, 145, 173, 174, 176~179, 191, 192, 195, 196, 198, 199, 207, 212, 213, 216~220, 222~224, 227, 229, 234, 236, 244~247, 249, 253, 259, 269, 270, 276, 287, 288, 308, 316, 321~323, 325, 337

비슈누(Vishnu) 힌두교의 주요 세 신 가운데 하나다. 산스크리트어로 '비슈'(vish)는 '일하다'는 뜻으로, 『리그베다』에서 비슈누는 태양신으로서 '일하는 자'를 뜻하지만, 오직 그는 '세 번의 걸음으로' 우주를 건너는 영웅적인 모습으로 나타난다. 그 세 걸음은 태양의 떠오름과 정점, 그리고 지는 모습을 뜻한다. '비슈누의 최고의 걸음'인 정점은 축복이 머무는 것을 말한다. 『리그베다』에서 자주 등장하는 것은 아니지만, 점차 강력한 신으로 변한 하리(Hari)나 나라야나(Nārāyana) 같은 신들도 이 비슈누라는 별칭 안에 병합된다. 그리하여 마침내 영웅적인 신들이 창조주 브라흐마와 파괴와 재생의 신 시바와 함께 지고의 신으로 번갈아 등장한다. 시바 신의 숭배지가 히말라야를 중심으로 출발한 것이었다면, 비슈누는 갠지스 강 유역이 그 출발점이 된다. 브라흐마, 비슈누, 시바 신의 삼위일체적 균형은 푸라나(신들의 서사시)에서 처음으로 이루어지고 있는데, 이때 비슈누는 우주의 유지와 보존의 역할을 떠맡는다. 따라서 비슈누는 우주의 법칙이자 속성 들인 다르마를 유지하고 지탱하는 역할을 하게 된다. 세상은 언제나 파괴될 조짐을 가지고 있지만 그것을 든든히 지키는 보호자와 안내자의 역할을 하는 셈이다. 그러므로 그는 필요에 따라 많은 화신(avatāra)으로 등장하게 되는데, 크리슈나라든가 석가모니 또한 그의 화신 가운데 하나다. 힌두교에서 이 비슈누를 섬기는 사람들을 바이슈나바(Vaishnavas)라고 하며 그 종파를 바이슈나바파(Vaishnavism, 비슈누파)라고 한다. 비슈누는 오늘날 시바와 함께 인도의 박티 신앙에서 중요한 신이 되었으며, 원래 베다 제의와의 연관 속에 나타났기 때문에 계속해서 정통 힌두교와 가장 밀접한 관계를 맺고 있다. 62, 266

샹카라(Shankara) 인도의 위대한 성인이자 철학자로 샹카라차리야(Shankarāchārya)라고도 한다. 아드바이타 베단타(不二論) 철학의 대표자이자 힌두교 개혁의 중심인물이다. 샹카라의 사상은 불교의 '불이론'과 맥을 같이할 수 있는 것으로 힌두교와 불교의 대화를 가능하게 해준다. 그는 말라바(Malabar) 해변의 칼라디(Kāladi)에서 태어나 여덟 살에 세상을 등지고 인도 전역을 배회하다가 서른두 살에 히말라야의 케다르나트(Kedārnāth)에서 죽었다. 짧은 생을 살다 갔지만 다재다능한 제자 덕분에 더욱 유명해졌다. 『바가바드 기타』와 우파니샤드, 그리고 신들의 찬가들에 대한 여러 주석을 남긴 그는 뛰어난 지혜와 성스러움으로 인해 시바의 화신으로 여겨지기도 했다. 그리하여 그의 이름 또한 '축복을 가져오는 자'라는 뜻의 샹카라라 불린다는 것이다. 그는 수도원을 통해 자신의 가르침을 전하고자 여러 사원을 창설했다. 그 가운데 대표적인 것이 남인도의 스링게리(Shringeri) 사원이다. 그밖에 동부의 푸리(Puri)와 서부의 드와라카(Dvaraka), 히말라야의 바드리나트(Badrinath) 사원이 유명하다. 시인이자 철학자이며, 성자이자 학자요 개혁가인 스승을 기려 제자들이 그의 생애를 기록했는데, 그중에서 가장 유명한 것은 비디야란야(Vidyāranya)의 저술 『샹카라디그비자야』(*Shankaradigvijaya*)와 아난다기리(Ānandagiri)의 『샹카라비자야』(*Shankaravijaya*: 샹카라의 승리라는 뜻)이다. **33, 57, 59, 82, 90, 105, 114, 209, 264, 274, 316, 321**

시바(Śiva) '시바'는 산스크리트어로 '친절한 자'라는 뜻을 가지고 있다. 힌두의 세 신 가운데 세 번째 신에 해당하며 파괴와 재생의 역할을 담당한다. 파괴 가운데 특히 '무지'를 파괴하는 것으로 유명한데, 그것은 춤추는 시바인 나타라자(Natarāja)의 모습 속에 잘 나타나 있다. 시바는 무지를 상징하는 난쟁이를 짓밟고 어둠을 밝히는 횃불을 여러 손에 들고 춤을 추는 모습으로 그려지고 있다. 시바의 상징은 링가(linga: 남근)로 대표되는데, 종종 그의 아내 샥티(Shakti)와 결합된 모습으로 나타난다. 아내 샥티의 상징은 요니(yoni: 여성의 생식기)다. 시바라는 이름은 베다에서는 나타나지 않고 대신 루드라(Rudra)로 등장한다. 『리그베다』에서 루드라는 아그니로 표방되며, 불의 신 아그니의 아들들은 마루트(Maruts)라고 한다. 서사시 『라마야나』(*Rāmāyana*)에서 시바는 위대한 신이 되지만, '지고의 신성'이라기보다는 인격신으로 강조되고 있다. 『마하바라타』(*Mahābhārata*)에서 시바는 브라흐마와 비슈누의 창조자가 되어 모든 신들의 주(主)로 섬김을 받게 된다. 그러나 일부에서는 또 비슈누가 더 위대한 것으로 설명되기도 한다. 이는 『마하바라타』의 본문이 시바파와 비슈누파 작품들이 혼용되어 편집되었기 때문이라고 볼 수 있다. 분명한 것은 점차 후대로 갈수록 시바가 위대한 신 마하데바(Mahādeva)가 되고 있다는 것이며, 무지를 파괴하는 자로서 요가 수행자(yogi)들의 숭배의 대상이 되고, 축복을 주는 성스러운 존재

로 숭배를 받는다는 것이다. 266

아그니(Agni) 산스크리트어로 '불'을 뜻한다. 힌두교에서 가장 오래되고 거룩한 신성으로 존경받는 숭배 대상 가운데 하나다. 태양처럼 하늘에 나타나기도 하고, 번개처럼 공중에 나타나기도 하며, 불처럼 땅에 존재하기도 한다. 아그니는 베다의 수많은 신들 가운데서 인격신으로 등장한다. 아그니는 제사에서 숭배되는 신이기도 하면서 동시에 제사의 불이 되어 더 높은 차원의 광명의 신으로 이끌어주는 희생 제사의 매개적 불이 되기도 한다. 그를 찬양하는 수많은 찬가가 있다. 173

아트만(Ātman) 힌두교와 불교에서 폭넓게 사용되고 있는 용어다. 양쪽 모두에서 인간의 자아를 지칭하는 것은 일치하지만 그 해석은 다양하다. 힌두교의 전통에 따르면 아트만은 인간의 영원불멸하는 참된 실재다. 인간의 몸과 사고를 넘어서 작용하는 절대적 의식으로서의 브라만과 동일시된다. 따라서 아트만은 영원하고 절대적인 존재이며, 절대 의식이고 절대 환희다. 그러나 이러한 아트만은 불교에서는 부정된다. 공(空)과 무아(無我)의 논리를 주장하기 때문이다. 19~337

찬도기야 우파니샤드(Chandogya Upaniṣad) 찬도기야 학파의 '비밀스런 가르침'을 담은 이 우파니샤드는 『사마베다』에 속한 것으로 두 번째로 오래된 본문이다. 『브리하드아라냐카 우파니샤드』처럼 긴 대화를 싣고 있는 이 책은 베단타 철학의 기본적 원리를 제공해주고 있다. 그중에서도 특별히 참된 자아인 아트만의 본성에 대해 잘 언급해주고 있는데, 우파니샤드의 '위대한 언설'로 여겨지는 '타트 트밤 아시', 곧 '그것이 너다'라는 유명한 진술이 여기서 나온다. 우주적 자아와 인간의 내면의 자아가 둘이 아니라 곧 하나임을 말해주는 것이다. 웃달라카 아루니와 그의 아들 슈베타케투의 대화 속에서 우주적 일치를 말하고 있는데, 존재는 만물 속에 스며 있고 절대자는 만물 속에 편만해 있다고 말한다. 그것은 다시 말해 아트만과 브라만이 하나라는 가르침이다. 30, 37, 41, 48, 50, 52~54, 58, 72, 75, 91, 97, 99, 107, 108, 118, 120, 124, 128, 134, 140, 145, 146, 155, 161, 169, 171, 177, 184, 186, 190, 203, 204, 208, 211, 213, 220, 221, 230,

238, 256, 260, 263, 264, 285~287, 294, 295, 309, 314, 316, 323, 326, 328, 332, 335, 337

카르마(Karma) 카르마는 힌두교와 불교 모두에서 여러 가지 의미로 사용되고 있지만 대체로 '행위'의 뜻을 지닌다. 힌두교에서 쓰는 몇 가지 의미를 분석해보면 다음과 같다. 첫째, 정신적 육체적 행위를 뜻한다. 둘째, 정신적 육체적 행위의 결과를 뜻한다. 셋째, 현세의 삶과 전생의 삶을 포함한 인간 행위의 총체적 결과를 뜻한다. 넷째, 도덕적 세계에서의 원인과 결과의 연쇄적 사슬을 뜻한다. 모든 개인의 카르마는 그 자신의 행위의 결과에 따른 것으로, '윤회'를 낳는다. 이러한 잠재적 세력으로서의 카르마는 현재와 미래의 인간의 행동을 결정하는 사고에 큰 영향을 미친다. 그리하여 모든 카르마는 미래의 카르마의 씨앗이 되어 행위의 결과에 따른 그 열매로서의 결실은 기쁨과 슬픔의 형태로 나타난다. 그리하여 카르마는 도덕적 세계의 행위와 반작용의 법칙, 즉 '뿌린 대로 거두는' 업(業)의 법칙을 보여주고 있다. 모든 인간이 이 카르마의 법칙에서 벗어나지 못하지만, 인간은 이 카르마의 속박에서 벗어날 것인가 아닌가 하는 문제를 스스로 자기의 의식 속에서 선택할 수 있다. 인간이 스스로의 내면에 참 자아인 아트만을 지니고 있기 때문이다. 그리하여 신에게 복종하고 선한 카르마를 낳고 나쁜 카르마를 소멸시킴으로써 카르마의 속박에서 벗어나게 된다. 그렇게 하여 일단 깨달음의 해탈에 이르게 되면 새로운 카르마는 형성되지 않는다. 78, 319

푸루샤(Puruṣha) 문자적으로는 '인간'을 뜻한다. 원형적이고 영원한 인간, 지고한 존재를 의미한다. 상키야 철학 체계에서는 실재를 두 가지 형태로 구분하여 설명하는데, 그 가운데서 푸루샤는 참 자아로서의 절대자요 순수 의식이다. 푸루샤는 또한 물질적 실재인 프라크리티에게서 일어나는 모든 변화를 관찰하는 '증인'이다. 비록 우주가 푸루샤와 프라크리티의 연합에 의해서만 존재하게 되지만 푸루샤는 프라크리티의 움직임을 관찰하는 역할을 하는 정신적 실재이다. 베단타 철학에서 이 푸루샤는 아트만과 동일시된다. 따라서 푸루샤는 브라만과도 동일한 존재다. 상키야 철학에서의 순수의식의 실재가 베단타 철학에서 브라만/아트만과 동일시되는 것이다. 푸루샤는 그 다양한 형태 속에서 남성 신들이나 활동적인 신의 힘에 비견되고 있다. 대표적인 예로 불의 신 아그니 또한 신적인 푸루샤요, 푸루샤-나라야나(Purusha-Nārāyana: 신적 인간)는 창조신 브라흐마가 된다. **69~71, 159, 191, 192, 256, 261, 288, 290, 291, 302, 303, 309, 336**

프라나(Prāna) 프라나는 산스크리트어로 '숨, 생명의 호흡'을 뜻한다. 생명 있는 에너지의 호흡으로 '기'(氣)라고도 표현할 수 있을 것이다. 프라나는 인간의 몸을 지탱하고 관통하는 우주적 호흡이다. 파탄잘리(Patanjali)는 자신의 8단계 요가 체계에서 호흡을 네 번째 수행 단계로 말하고 있다. 특히 호흡은 신체의 요가 가운데 기술적 부분을 강조하는 하타요가(Hatha-Yoga)에서 중시된다. 『아타르바베다』에서는 프라나를 신격화하여 찬가를 지어 숭배하기도 한다. 우파니샤드를 포함한 힌두교에서 프라나(호흡)는 다섯 가지 종류로 구분된다. 첫째, 프라나는 호흡의 본질로, 순수 생명력이다. 둘째, 비야나(vyāna)는 순환을 돕는 호흡이다. 셋째, 사마나(samāna)는 들숨을 통제하는 호흡으로, 음식물을 사용하여 신진대사의 화학적 과정을 통해 몸의 균형을 유지하게 한다. 넷째, 아파나(apāna)는 몸의 아랫부분에서 신체에 불필요한 것을 내보내는 역할을 하는 날숨에 해당한다. 다섯째, 우다나(udāna)는 몸의 상부에서 기능하는 호흡으로, 인간의 정신과 육체적 활동 사이를 잇는 가교 기능을 하면서 보다 깊은 영적 차원으로 승화시키는 호흡이다. **189**

프라자파티(Prajāpati) '창조주'라는 뜻의 문자적 의미를 지니고 있다. 창조주 프라자파티는 베다에서 다양한 명칭으로 불리고 있는데, 예를 들면 천둥과 번개 등을 관장하는 최고신의 하나인 인드라(Indra), 태양신으로서의 '아버지' 사비트리(Savitri), 천지를 관장하고 만물에게 생명을 부여하는 『리그베다』의 신 '황금 달걀' 히란야가르브하(Hiranyagarbha) 등이다. 원형적 '인간'으로 묘사되는 마누(Manu) 또한 그 창조자로서의 역할로는 브라흐마에 견주어지며, 우주를 지탱하는 자로서의 역할로는 프라자파티에 견주어진다. **50, 90, 145, 156~158, 161, 172, 173, 177, 212, 229**

우파니샤드를 이해하기 위해 알아야 할 힌두교 주요 인물

수천 년에 걸친 힌두교의 역사 속에서 힌두교와 그 사상을 대표하는 인물은 헤아릴 수 없이 많다. 그중에서도 세상에 널리 알려진 유명한 성자와 현자, 현대의 주요 인물들을 포함한 전설적인 인물들을 선별해보면 다음과 같다. 서기 1000년 이전의 인물에 대해서는 기록이 분명하지 않아 연대를 추정해서 쓰는 경우가 많다.

간디, 모한다스(Gandhi, Mohandas, 1869~1948) 영국의 식민 통치 아래에서 인도 독립운동을 전개한 비폭력 운동의 창시자. 마하트마 간디로 불림.

나낙, 구루(Nanak, Guru, 1440~1538) 시크교의 창설자. 15세기 인도의 정치적 종교적 혼돈기에 태어나 힌두교와 이슬람교 사이의 극심한 긴장상황을 보면서 신은 하나라는 관점에서 시크교를 창설했다. 두 종교 사이의 긴장을 완화하고자 양자간의 혼합적 결합을 시도했으며, 진리와 통일성과 평등을 기초로 하여 카스트 없는 사회를 만들고자 했던 영적 스승이다.

다스, 툴시(Das, Tulsi, 1532~1623) 인도의 성자이자 종교시인. 힌두 언어로 「라마야나」를 다시 읊은 「람 차리트 마나스」(Rām Carit Mānas)는 힌두 문학의 가장 큰 업적으로 평가받으며 대중적 인기를 누리고 있다.

데비, 사라다(Devi, Sarada, 1853~1920) 라마크리슈나 파라마한사의 아내로 '벵골의 어머니'라 불린다.

라다(Radha, 기원전 16세기) 비슈누의 화신인 크리슈나의 연인. 비슈누 교파의 신애(信愛)운동에서 여성인 라다는 인간의 영혼을 상징하고 남성인 크리슈나는 신성(神性)을 상징했다.

라다크리슈난, 사르베팔리(Radhakrishnan, Sarvepalli, 1888~1975) 힌두 철학자이자 현대 인도의 초대 부통령과 제2대 대통령을 지낸 정치인. 우파니샤드와 『바가바드 기타』 등, 인도 고전의 탁월한 주석가이며 인도 철학사를 저술한 사상가다.

라마, 스와미(Rama, Swami, 1925~96) 요가 수행자로서 서양에 고급 요가 수행의 기술을 전파한 박애주의자. 인도의 브라만 집안에서 태어나 위대한 스승의 보살핌 아래 히말라야의 동굴과 티베트에서 수행하며 열정적인 배움의 길을 걸었다. 인도와 유럽에서 수학한 그는 1971년에 히말라야 연구소를 창설하기도 했다. 스와미는 권위 있는 명상 수행자에게 주어지는 호칭이다.

라마누자(Ramanuja, 1017~1137) 비슈누 숭배자로 '한정적 불이론 철학'(Visishtadvaita) 학파를 창설했다. 그의 가르침은 우리가 '거의' 완전히 신과 하나라는 것인데, 신인의 완전한 일치를 주장하는 샹카라의 일원론적 베단타 사상에 비해서는 정통성을 확보하지 못하고 있다.

라바나(Ravana, 기원전 21세기) 화신 라마와의 전쟁을 일으킨 랑카(Lanka)의 왕.

랄레슈바리(Lalleshvari, 1320~92) 시바파의 여성 성자이며 시인. 힌두교와 자이나교의 몇몇 남성 수행자들이 맨몸으로 다니던 것처럼 시골을 맨몸으로 배회한 것으로 유명하다.

레크라즈, 다다(Lekhraj, Dada, 1909~69) 여성의 영적 잠재력을 강조한 시바파의 개혁적 조직 브라마 쿠마리스(Brahma Kumaris)의 창설자.

로이, 람 모한(Roy, Ram Mohan, 1772~1833) 종교에 대한 합리적이고 인간적인 접근을 강조하는 힌두 개혁운동의 하나인 아디 브라모 사마즈의 창설자.

로케나트(Lokenath, 1730~1890) 걸어서 메카와 시베리아까지 갔던 벵골의 요가 수행자.

마, 아난다마이(Ma, Anandamayi, 1896~1982) '지복의 어머니'라 불린 힌두 성녀로 현대의 가장 위대한 성자 중 한 사람. 동부 벵골의 문맹 마을에서 태어났으며 태어나는 순간에 스스로 이미 각성했다고 믿었다.

마누(Manu, 태곳적) 인도 신화에 나오는 인류의 시조. 전 지구적 대홍수 이후 인류의 조상이 되었다. 산스크리트어로 '인간'(man) 또는 '생각한다'(to think)라는 의미가 있다.

마누(Manu, 5세기) 힌두의 법률적 관행을 제시한 『마누법전』의 저자.

마드흐바차리야(Madhvacharya, 1238~1317) 비슈누 경배자로, 베단타의 이원론 학파 창설자.

마하르시, 라마나(Maharshi, Ramana, 1879~1950) 남인도의 명상 지도자. 제자들에게 '나는 누구인가'라는 질문을 하여 스스로의 내적 자아를 발견하도록 지도했다. 그의 사상은 마하르시의 복음이라 일컬어질 정도로 세계에 널리 퍼져 있다. 가르침의 주된 내용은 일과 비움, 침묵과 고독, 마음의 통제, 박티와 즈나나, 자아와 개별성, 자아의 실현, 구루와 그의 은총, 평화와 행복, 자아에 대한 질문, 사다나(영적 수련)와 은총, 자아와 그 실현에 대한 탐구와 가르침으로 종합될 수 있다.

마하비르(Mahavir, 기원전 6세기) 북인도의 제후. 모든 것을 포기하고 방랑자가 되어 자이나교를 보급시켰다.

묵타난다, 스와미(Muktananda, Swami, 1908~82) 싯다 요가 담(Siddha Yoga Dham)을 창시한 카슈미르 시바파의 스승.

바수데바, 크리슈나(Vasudeva, Krishna 기원전 16세기) 비슈누의 화신으로, 가장 널리 숭배되는 인도의 신 가운데 하나다. 위대한 서사시 「마하바라타」에 크리슈나에 관한 신화가 등장하며, 『바가바드 기타』에 나타난 그의 가르침도 유명하다.

바스굽타(Vasgupta, 9세기) 카슈미르의 시바파를 다시 부흥시켜 오늘날 알려진 것과 같은 형태를 부여한 인물.

발미키(Valmiki, 기원전 10세기) 위대한 힌두 서사시 「라마야나」의 저자.

비베카난다, 스와미(Vivekananda, Swami, 1863~1902) 1893년 서양에 처

음으로 힌두교와 요가의 가르침을 전수한 인물.

비야사(Vyasa, 기원전 6세기) 네 개의 베다를 현재의 형태로 편집한 이로, 주요한 힌두 문헌인 푸라나와 「마하바라타」도 그의 편집으로 알려져 있다.

사라스바티, 다야난다(Sarasvati, Dayananda, 1824~83) 아리아 사마즈(Arya Samaj)의 창설자. 19세기 인도의 지성적 분위기 속에서 힌두교 개혁가로 베다의 가치를 호소하며 베다 중심의 인도 정통 사상으로의 복귀를 이끌었다. 종교 개혁을 통한 사회 개혁을 꿈꾼 운동가였다.

사트지타난다, 스와미(Satchidananda, Swami, 1914~) '통전적 요가'(Integral Yoga)의 지도자. 그의 '옴'은 1969년 우드스탁 뮤직 페스티벌의 서장을 열었다.

산딜리야(Shandilya, 2세기) 비슈누파 신비주의에 관한 중요한 텍스트의 저자로, 유명한 경건 신앙서적 『산딜리야 수트라』가 있다.

샹카라차리야(Shankaracharya, 8세기) 아드바이타 베단타 학파의 주창자로, 당대에 힌두교를 다시 부흥시킨 대중적 영향력이 있는 요가 수행자였다.

센, 케샵 찬드라(Sen, Keshab Chandra, 1838~84) 1928년 람 모한 로이가 조직한 인도의 개혁적 종교단체인 브라모 사마즈의 진보적 지도자.

순다라(Sundara, 7세기) 남인도의 성자로, 시바에 대한 100여 개의 유명한 찬가를 지었다.

시바난다, 스와미(Sivananda, Swami, 1887~1963) 신생회(神生會, Divine Life Society)를 창설하고 수행자들을 위한 공동체인 아쉬람을 운영했다. 왕성한 필력으로 힌두교에 대한 수많은 저술을 남겼다.

시바지(Shivaji, 1627~80) 마라타 제국의 창설자. 이슬람교도들로부터 북인도를 되찾은 전사이기도 하다.

시타(Sita, 기원전 21세기) 화신 라마의 아내. 랑카의 악한 왕 라바나에게 유괴를 당했을 때도 남편에 대한 정절을 지켜, 헌신적이고 순종적인 모습으로 이상적인 힌두 여성의 표상이 되었다.

아가스티야(Agastya, ?~?) 베다 시대의 현자로 베다 종교를 남인도에 전파한 인물.

아르주나(Arjuna, 기원전 16세기) 힌두의 서사시 「마하바라타」에 등장하는 영웅들 가운데 한 사람. 훌륭한 궁수로 전쟁에서 큰 공을 세운다.

아마이야르(Ammaiyar, 9세기) 남인도의 시바파 성자로, 그녀는 자신을 춤추는 신 시바의 종으로 생각했다.

안탈(Antal, 8세기) 남인도 비슈누파의 가장 유명한 여성 성자로 열여섯 살에 스리랑감 사원에서 비슈누 상에 몰입했다.

암마치(Ammachi, 1953~) 가장 탁월한 남인도의 현대 성자. 무조건적 사랑의 대표자로 아므리타난다마이 마(Amritanandamayi Ma)라고도 불린다.

오로빈도, 고세(Aurobindo, Ghose, 1872~1950) 영적 진화를 통한 보편적 구원의 철학을 창시한 현대 인도의 영향력 있는 철학자이자 시인, 신비가.

요가난다, 파라마한사(Yogananda, Paramahansa, 1893~1952) 미국에 힌두의 원리를 전파한 요가 명상수행자. 그가 쓴 『어느 요가 수행자의 자서전』(*Autobiography of a Yogi*)은 수많은 서양 사람들이 동양 종교에 대한 이해를 얻는 데 도움을 주었다.

조로아스터(Zoroaster, ?~?) 조로아스터교의 창시자로 『리그베다』에도 언급되었다. 죽은 자의 부활과 새로운 시대를 열어갈 구세주의 도래를 주장한 그의 가르침은 그리스도교에도 영향을 준 것으로 보인다.

즈냐나데바(Jnanadeva, 1275~96) 『바가바드 기타』에 대한 주석서 『즈냐네슈바리』(*Jnaneshvari*)의 저자로, 인도 마하라스트라의 어린 성자라 불린다.

차이탄야(Chaitanya, 1486~1533) 인도 전역을 걸어다니며 크리슈나의 이름을 노래하면서 거대한 신앙운동을 일으켰다. 권위적이고 보수적, 종교적 열정을 강조하는 '하레 크리쉬나'(Hare Krishna)운동의 창설자.

친모이, 스리(Chinmoy, Shri, 1931~2007) 수행의 한 방법으로 명상과 마라톤을 접목했던 인도의 철학자이자 명상가. '음악은 수행이다'는 말을 남기며 많은 뮤지션들에게 영향을 주기도 했다. 국제평화대사로 유엔에서 연설을 하기도 했다.

카비르(Kabir, 1440~1518) 철학자이자 대중적인 비평 시인으로, 원래 이슬람교도였으나 힌두교로 개종하여 두 사상을 절충한 카비르파를 창설했다.

크리슈나무르티, 지두(Krishnamurti, Jiddu, 1895~1986) '진리는 하나의 길 없는 영토다'라고 설파한 힌두 철학자. 서구에서는 그리스도나 부처의 재래(再來)라고 일컬어지기도 했다.

타고르, 라빈드라나트(Tagore, Rabindranath, 1861~1941) 힌두 시인으로, 1913년 노벨문학상을 수상했다.

투카람(Tukaram, 1608~49) 가장 사랑받는 힌두교 시성(詩聖) 가운데 한 사람으로 수드라 계층 출신이다. 비슈누의 한 형태인 비토바(Vithoba) 숭배를 대중화했다.

티루물라(Tirumular, 기원전 3세기) 시바 신앙을 집대성한 작품 『티루만티람』의 저자. 사이바 싯단타(Shaiva Siddhanta) 철학의 창설자이기도 하다.

파니니(Panini, 기원전 4세기) 인도의 천재 문법학자로 당시 지식계급의 언어를 기초로 한 문전(文典)을 저술하여 문법 체계를 완성시켰다. 이를 고전 산스크리트어라 하여 이전의 베다어와 구분한다.

파라마한사, 라마크리슈나(Paramahansa, Ramakrishna, 1836~86) 여신 칼리의 사제. 종교적 보편주의자로 모든 종교에 똑같은 진실성이 있음을 깨닫고 이를 가르쳤다.

파탄잘리(Patanjali, 기원전 3세기) 요가 학파의 경전이자 요가 수행의 요체를 집성한 중요한 저작 『요가 수트라』의 저자.

우파니샤드에 대해 묻고 답하기

1. '우파니샤드'의 뜻은 무엇인가?

우파니샤드(upanisad)는, '가깝다'는 뜻의 '우파'(upa)와 '아래'라는 뜻의 '니'(ni), '앉다'라는 뜻의 '사드'(sad)가 모두 결합된 단어다. 따라서 '가까이 아래로 앉다'라는 뜻이 되는데, 이는 제자들이 스승의 무릎 가까이에 앉아서 비밀스럽고 심오한 가르침을 듣는다는 의미를 지닌다. 스승은 제자들과 함께 숲속의 조용한 곳에 둘러앉아 세계와 인간에 관한 근본적인 진리의 문제들을 이야기하고 깨우침을 주었다. 그 내용은 주로 세속적인 것이기보다는 영적으로 깊고 신비한 진리들이었다. 그리하여 우파니샤드는 선택된 소수의 제자들에게 신비하고 오묘한 가르침을 전수하는 것과 관계가 있다. 우파니샤드의 스승들 가운데 가장 유명한 사람으로 야즈냐발키야를 꼽을 수 있다.

우파니샤드에 대한 또 하나의 유명한 해석은 샹카라의 해석인데, 그는 우파니샤드를 '풀다, 도달하다, 파괴하다'라는 뜻의 '사드'에서 파생된 것으로 보고, 거기에 접두사 '우파'와 '니'가 첨가된 형식으로 이해했다. 이렇게 되면 '우파니샤드'는 '무지가 파괴됨으로써 얻어지는 브라만의 지식'이라는 뜻이 된다. 그러니까 브라만을 아는 지식이 곧 우파니샤드라는 말이다. 이 두 가지 해석 가운데 일반적으로 전자의 해석을 따르고 있다.

2. 우파니샤드는 언제, 몇 권으로, 어떻게 구성되었으며, 저자는 누구인가?

우파니샤드는 베다의 후기 저작물로 대략 기원전 800년 무렵부터 기원전 300년 사이의 5세기에 걸쳐서 구성된 작품이다. 작품의 수는 200개가 넘는 것으로 알려져 있지만 인도 전승에 따르면 대개 108개로 제한하여 설명하고 있다. 그 가운데서 주된 우파니샤드 12개는 다음과 같이 분류된다. 『아이타레야 우파니샤드』와 『카우시타키 우파니샤드』는 『리그베다』에 속해 있고, 『찬도기야 우파니샤드』와 『케나 우파니샤드』는 『사마베다』에 속해 있으며, 『타이티리야 우파니샤드』『카타 우파니샤드』『슈베타슈바타라 우파니샤드』 『브리하드아라냐카 우파니샤드』『이샤 우파니샤드』는 『야주르베다』에, 『프라슈나 우파니샤드』『문다카 우파니샤드』『만두키야 우파니샤드』는 『아타르바베다』에 각각 속해 있다.

이상 12개의 우파니샤드는 4개의 베다에 속한 후기 철학적 작품인데, 앞서 언급한 순서대로 각 베다 학파의 교리적 교본이 되었다. 그러나 『야주르베다』나 특히 『아타르바베다』에 속한 우파니샤드는 이들 학파의 교리적 주장과는 전혀 무관한데, 예를 들면 『슈베타슈바타라 우파니샤드』는 출처가 불분명하고, 『아타르바베다』에 속한 우파니샤드들은 대부분 외경(外經, apocryphal)이다.

우파니샤드는 베다의 해설서인 브라흐마나(梵書)에 부록처럼 딸려 있는 아라냐카(森林書)에 철학적 해석을 더욱 심화시킨 것이다. 브라흐마나와 아라냐카는 브라만의 삶의 4단계인(학습기, 가정기, 은둔기, 방랑기) 아쉬라마의 문제를 논의하는데, 이러한 논의의 최종적 결말 부분인 우파니샤드에서는 인간과 우주의 근원적인 문제를 더욱 심도 있게 말하고 있다.

우파니샤드의 저작들은 인도의 고대 작품들이 대개 그러하듯 익명의 저자들에 의해 구성되었다. 따라서 우파니샤드의 저자들도 알 수 없다. 그러나 우파니샤드의 주된 가르침 가운데 일부는 우파니샤드 초기를 대표하는 유명한 현자 아루니, 야즈나발키야, 발라키, 슈베타케투, 산딜리야의 교훈으로 알려져 있다.

3. 우파니샤드와 베다는 어떤 관계를 가지고 있는가?

우파니샤드는 『리그베다』 사상의 최종적 결정판이라고 볼 수 있다. 신들을 노래한 『리그베다』의 찬가들과는 다소 다르긴 하지만 여전히 베다의 개념과 상징을 발전시켰던 것이다. 이러한 변화와 발전에는 물론 수세기의 세월이 걸렸다. 『리그베다』는 인도에서뿐만 아니라 인도-유럽 문헌 가운데 가장 오래된 기념비적 작품으로 그 자체로서 이미 큰 가치를 지니는 것이지만, 아직도 신들에 대한 제사와 찬가가 그 중심 내용을 차지하고 있었다. 반면 우파니샤드는 제사와 신들의 이야기를 넘어서 인간과 우주의 근본 문제에 관심을 돌렸다는 점에서 큰 차이를 보였다.

베다는 가장 오래된 신들의 찬가인 『리그베다』 이후로 찬가에 멜로디를 첨가한 『사마베다』, 제의의 공식 후렴구를 모은 『야주르베다』, 다양한 주술을 내포한 『아타르바베다』까지 네 개의 문헌이 형성되었다. 그 각각의 베다에 다시 네 가지의 해설서가 부록처럼 딸려 있는데, 베다의 본집을 구성하는 것으로 찬양과 기도와 축복, 제의의 공식과 연도(連禱)가 실려 있는 상히타, 제의의 중요성을 토론하는 산문체의 논설인 브라흐마나, 브라흐마나의 일부와 함께 독립적 형태의 사색을 담고 있는 '숲속의 책' 아라냐카, 마지막 사색의 결론인 철학서 우파니샤드가 그것이다. 따라서 우파니샤드는 베다의 최종적인 결론서와 같다고 하여 '베다의 끝'이라는 뜻인 '베단타'라고도 불린다. 베단타 철학은 우파니샤드의 철학적 결론을 일컫는 말이다.

4. 우파니샤드와 베단타 철학은 어떤 관계가 있는가?

'베단타'라는 말은 원래 우파니샤드를 지칭하는 것이었지만 점차 그 뜻이 변하여 이제는 우파니샤드에 근거한 철학의 체계로 간주된다. 문자적 의미로는 '베다의 끝' 또는 '베다의 결정판(목적)'이지만, 역사적 시간의 흐름으로 보아도 베다의 마지막 부분에 해당하고 베다의 최종적 논의의 결과라는 의미도 지닌다. 우파니샤드의 스승들이 제자들과 나누는 대화 속에서 심원하고 난해한 인간과 우주의 궁극적 문제를 베다의 결론으로 도출해내고 있기 때문이다. 우파니샤드가 베다의 끝(결론)이라고 불리는 주된 이유가 바로 여기에 있다. 그리하여 우파니샤드의 내용에 대해 '베단타 비즈냐남'(Vedānta vijnānam), 곧 '베단타의 지혜'라고 부르기도 한다.

5. 우파니샤드의 근본적 가르침과 주요 개념은 무엇인가?

우파니샤드는 해탈의 가르침이다. 독일의 철학자 쇼펜하우어는 우파니샤드를 공부한 뒤 이렇게 말했다. "우파니샤드를 공부함으로써 나는 내 삶의 위로를 얻었다. 또한 그것은 내 죽음의 위로도 될 것이다." 인간의 삶과 죽음에 대한 위로를 줄 수 있는 가르침이란 도대체 무엇인가? 그리스도교에서는 구원이라고 하고, 불교에서는 해탈이라고도 하는 근원적 해방으로서의 자유를 바로 우파니샤드에서 말하고 있는 것이다. 그 자유 또는 해탈은 윤회의 쳇바퀴에서 벗어나는 것인데, 윤회는 또 업(業)의 결과로 빚어진 것이다. 그렇다면 또 업은 어떻게 하여 생기는가? 그것은 무지(無知)의 소산이다. 윤회와 업, 무지의 상관관계를 말한다면 이것은 불교의 사상과도 밀접한 것으로, 우파니샤드의 사상이 불교에 영향을 주고 있는 것임이 틀림없다. 하여간 무지는 업을 만들고 업은 윤회를 이루니, 이 윤회의 사슬을 벗어날 수 있는 방정식이 있다면 그것이 무엇일까 하는 데 우파니샤드의 철학이 있는 것이다.

우파니샤드에 따르면 인간은 누구나 개체적 자아를 지니고 있는데, 이 개체적 자아로서의 '아트만'이 우주적 자아인 참 실재, 곧 브라만임을 깨달음으로써 근원적인 해방인 해탈을 얻게 된다고 한다. 그러나 아트만이 무지에 가려져, 세상이 '마야'의 환영으로 빚어진 가변적인 것임을 모른 채 욕망으로 비롯된 속박에서 벗어나지 못하고 고통스런 윤회를 거듭하고 있다는 것이다. 결국 인간은 주체적 자아인 아트만의 본질을 깨닫고 '내가 곧 브라만이다'는 사실을 알게 될 때 참 자유를 얻는다는 것이다. 그러한 상태가 될 때 비로소 브라만의 지복의 상태인 '사트(sat: 절대적 영원의 존재), 지트(cit: 절대적 의식), 아난다(ānanda: 절대적 환희)'의 차원에 머물게 된다는 것이다.

6. 우파니샤드에서 윤회와 해탈(비움)의 관계를 좀더 자세히 설명한다면?

초기 우파니샤드에 속하는 『브리하드아라냐카 우파니샤드』에서 현자 야즈나발키야가 윤회를 언급하고 있는데, 이는 개인적인 윤회뿐 아니라 영속적인 흐름으로서의 우주적 과정을 말하는 것이다. 이러한 우파니샤드의 순환적 세계관은 초기 베다 사상 가운데서 보여주는 자연적 순환, 곧 달의 주기와 낮과 밤, 계절의 순환을 보다 새로운 관점으로 투사시킨 것이다. 시작과 끝의 문제에 대한 대답으로 윤회의 개념이 나온 것이지만, 이는 또 다른 의문을 일으켰다. 바로 인간의 재생을 가능하게 하는 것은 무엇이며, 영원한 윤회 외에 또 다른 무엇이 있는가에 대한 문제다.

전자의 의문에 대하여 야즈나발키야는 '카르마'라는 베다의 개념을 들어 설명한다. 카르마는 넓은 의미로는 '행위'를 뜻하지만, 베다의 용어로는 주로 제의적 행위를 말한다. 베다의 제의에서 모든 행위는 그 후속적인 결과를 가져온다. 야즈나발키야는 이러한 인과(因果)의 사상을 받아들여서 도덕적 차원에까지 의미를 부여한다. 인간의 한 생애의 활동 여하에 따라 후생의 결과가 지어진다는 뜻이다. 야즈나발키야는 윤회라는 '존재의 연속'에 대한 대안으로 목샤, 곧 해탈의 개념을 설명한다. 그에 따르면 인간은 욕망을 벗어남으로써 해탈이 가능해진다. 그리하여 해탈이야말로 우파니샤드의 가장 중요한 결론이 된다.

베다의 제사에 개인적 목적과 집단적 목적이 동시에 있었다면, 우파니샤드의 해탈은 어디까지나 개인의 궁극적 목표라는 데 그 특징이 있다. 베다의 제사가 세계의 순환적 과정(윤회)을 지탱하는 역할을 했다면, 해탈의 추구는 그러한 순환 과정을 벗어나게 해준다. 우파니샤드의 비움의 모델, 곧 해탈의 원리는 결국 금욕과 지식(지혜)이라는 두 가지 원리를 통하여 가능한 것으로 설명되고 있다.

7. 우파니샤드의 고전적 해외 번역본들 가운데는 어떤 것들이 있는가?

이슬람이 인도를 통치하고 있던 17세기(1656~57년)에 무함마드 다라 수크(Muhammad Dārā Shukūh) 왕자가 힌두교와 이슬람교 사이의 상호 교류를 확립하기 위해 우파니샤드를 페르시아어로 번역하려 했던 놀라운 사실이 있었다. 이후 유럽은 현대에 와서 우파니샤드의 라틴어 번역을 통해 고대 힌두 사상을 처음으로 알게 되었다. 듀페론(Anquetil Duperron)이 『우프네카트』(*Oupnekhat*)라는 제목으로 우파니샤드 50권을 번역했던 것이다. 그 이전에는 콜브룩(Colebrooke)이 나라야나(Nārāyana)의 대본을 중심으로 52권으로 번역한 바 있다. 종교학자 막스 뮐러도 12권의 우파니샤드를 번역했는데, 해설서가 달린 그의 영역본은 문장이 유려하다는 평을 받는다. 독일의 인도학자 도이센은 108개의 우파니샤드 가운데 60권을 번역했다. 또한 에른스트 흄도 우파니샤드의 영역본 가운데 13권을 번역했다. 인도인의 영문 번역서로는 라다크리슈난과 니킬라난다의 작품이 대표적이며, 국내에서는 이재숙이 18편의 주요 우파니샤드를 번역한 『우파니샤드』(전2권)가 한길사에서 출간되었다.

우파니샤드에 대한 증언록

"전 세계에서 우파니샤드만큼 유익하고 숭고한 학문은 없다. 우파니샤드는 내 인생의 위안이었고, 또 내 죽음의 위안이 될 것이다."

"아트만의 해방적 지식보다 더 결정적이고 충격적인 영원한 철학적 진리는 찾아보기 어렵다."
- 쇼펜하우어(A. Schopenhauer)

"우파니샤드는 우리에게서 시간적으로는 먼 것이지만 사상적으로는 멀지 않다. 우파니샤드는 인종과 지리적 차이를 넘어선 인간 정신의 원초적 충격을 던져준다. 모든 역사적 종교의 중심에는 정도의 차이는 있어도 영적 경험의 근본적인 유형이 존재한다. 우파니샤드는 이러한 원초적 경험을 조명해준다."

"우파니샤드를 산스크리트어로 읽게 되는 독자들은 매혹적인 시적 표현 속에 사로잡혀 인간 정신과 궁극적 실재에 대한 거룩한 관계를 실토하게 되고야 말 것이다. 우파니샤드를 읽을 때, 우리는 어쩔 수 없이 궁극적 질문에 마주하여 한바탕 씨름을 벌이고 있는 마음의 열정과 진지함, 그리고 원숙한 마음세계에 깊은 인상을 받게 될 것이다."

"우파니샤드는 우리들 자신보다 결코 열등하지 않은 수많은 인간들의 신앙적 기초가 된다. 인간에게 그 자신의 역사보다 더 거룩한 것은 아무것도 없다. 적어도 과거의 기억 속에서 우파니샤드는 충분히 우리의 주의를 끌 만한 가치가 있다."

"영적 경험을 중시하는 확고한 신념에 기초한 우파니샤드는 신앙의 지침으로서 우리에게 헤아릴 수 없는 교훈을 주고 있다. 우파니샤드에서 기적이나 예언 같은 것은 더 이상 중요시되지 않는다. 우리 시대의 불신앙은 대개 영적 생활을 간과한 종교적 기술을 우선시하는 데서 기인하는 현상이다. 우파니샤드에 대해 공부하게 되면, 참된 실재에 대한 이해 없이는 그 어느 것도 무의미하다는 종교의 근본적 가르침에 다시 접근하게 될 것이다."

"우파니샤드는 인간 정신사에서 위대한 부분을 차지하면서 수천 년간 인도의 철학과 종교, 삶을 지배해왔다. 인도에서 일어난 모든 종교운동들도 이 우파니샤드의 철학적 정신에 기초하여 파생된 것들이다. 우파니샤드는 수세기에 걸쳐 세속적 또는 종교적으로 수많은 변화를 겪으면서 인간의 삶과 실존에 대한 주요 문제들에 대해 답해주고 있다. 이와 같이 우파니샤드는 오랜 기간 동안 비교할 수 없을 만큼의 뛰어난 호소력을 지니고 각기 다른 인종, 다른 이유, 다른 시대에 걸쳐서 영향력을 행사해오고 있다."

"우파니샤드의 사상가들에게서 즐겨 찾아볼 수 있는 개념은 인간의 궁극적인 지복(至福), 완전한 지식, 실재에 대한 통찰로, 신적 통찰에 대한 신비한 종교적 열망과 진리에 대한 철학자의 끊임없는 탐구가 우파니샤드 속에서 모두 충족되어지고 있다. 해방(해탈)에 대한 열정적 갈망만큼이나 세계에 대한 이론적 설명을 요구하는 형이상학적 질문을 우파니샤드에서 찾아볼 수 있다. 우파니샤드가 전해주는 메시지는 우리의 마음을 깨우쳐줄 뿐 아니라 우리의 영혼을 확대시켜준다. 우파니샤드가 존경받는 이유는 단순히 계시된 거룩한 문헌으로서의 경전(Śruti)의 일부이기 때문이 아니라 무궁무진한 가치와 영적 힘으로 수세기에 걸쳐서 인도인들에게 영감과 삶의 힘을 불어넣어주었기 때문이다."

■ 라다크리슈난(Radhakrishnan)

"우파니샤드가 존재에 대한 본질적 물음을 던진 지혜의 책이라는 점에 대해 모두가 긍정하고 있다. 우파니샤드는 과학이 대답해줄 수 없는 수많은 수수께끼에 대해 답해주고 있다는 점에서 인도의 가장 위대한 유산이라고 말해야 할 것이다."

■ 알렉산더(P.C. Alexander)

"나는 이제 최종적으로 다음과 같은 결론에 이르게 되었다. 만일 모든 우파니샤드와 그 외의 다른 경전들이 갑자기 한 줌의 재로 변하고 나서도, 『이샤 우파니샤드』의 첫 구절만이라도 힌두교도의 기억에서 흐트러지지 않은 채 남겨진다면 힌두교는 영원히 살아남을 것이다."

■ 간디(Mohandas Gandhi)

"인간의 사상사에 관심이 있는 역사가들에게 우파니샤드는 아직도 커다란 중요성을 지니고 있다. 우파니샤드의 신비적인 가르침들로부터 사상의 한 줄기를 더듬어갈 수 있는데, 페르시아 수피즘의 신비주의와 신비가들, 신플라톤주의의 신지학적 로고스 개념, 그리고 알렉산드리아의 그리스도교 신비주의, 에크하르트와 타울러, 그리고 마침내 19세기의 위대한 독일 신비주의 철학자 쇼펜하우어에 이르기까지 사상적 줄기를 더듬어볼 수 있다."

■ 빈테르니츠(M. Winternitz)

"신비적 학파로서의 우파니샤드는 그 기원에 있어서 기독교 신비주의보다 우월하다. 기독교 신비주의는 플로티노스(Plotinos)에게 철저히 의존하고 있기 때문이다. 우파니샤드의 신비주의가 너무도 순수한 형이상학이기 때문에 기독교 신비주의의 사회 윤리적 내용을 결여하고 있다는 점을 염두에 둔다면 말이다."

■ 키스(A.B. Keith)

"자기정화의 결과로서 마음속에서 신을 발견하는 개인적 경험을 얻기 위한 시도나 아니면 신이 자기 내면에서 발견되도록 하기 위한 끊임없는 자기정화의 신비적 과정을 보여주고 있다는 점에서 우파니샤드의 가치는 크다 하지 않을 수 없다."

■ 헤커(M.F. Hecker)

"논쟁에 관한 그 어느 것도 우파니샤드의 비평적 경고에서 벗어날 수 없다."

■ 예이츠(W.B. Yeats)

"힌두교는 철학적이고 영적이며 경험적이다. 그것은 우파니샤드라고 불리는 교본, 즉 베다 문헌의 마지막 부분에 근거하고 있다."

■ 아르빈드 샤르마(Arvind Sharma)

"우파니샤드는 인도뿐만 아니라 전 세계 어느 곳에서도 견줄 수 없는 철학적 개념을 담고 있다. 우파니샤드는 우주적 진리에 관한 인도의 가르침의 정수다. 그것은 이미 불교 시대 이전의 베다에서 싹트고 있었던 사상이다. 그리고 그 철학적 중요성은 오늘날까지 그 어떤 사상적 발전보다 뛰어난 것이다. 상키야 철학도 우파니샤드 사상의 계보를 잇는 것이고, 불교 또한 전적으로 독립적이긴 하지만 우파니샤드의 본질적 사상의 영향을 받은 것이다."

■ 도이센(P. Deussen)

"이 세상의 위대한 영적 언어인 산스크리트어 가운데 초월의 바다로 뛰어드는 출발점을 나타내는 우파니샤드의 세 가지 용어, 즉 사트, 지트, 아난다가 있기에 나는 이러한 축복의 이상(理想)에 도달하였다. '사트'라는 말은 존재를 의미하며, '지트'는 의식(意識)을 의미하고, '아난다'는 축복과 환희를 의미한다. 나는 나의 의식이 나의 본연의 의식인지 아닌지 모르겠다. 나는 내가 알고 있는 나의 존재가 본질적인 나의 존재인지 아닌지 모르겠다. 그러나 나의 환희가 어디에 있는지 분명히 알고 있다. 그리하여 나는 그 환희에 의지하겠다. 그것은 내 의식과 존재를 이끌어줄 것이다. 나는 환희에 이끌린 것 같다."

■ 조지프 캠벨(J. Campbell)

지은이 **이명권** 李命權

연세대학교에서 신학을 전공하고, 감리교신학대학원에서 신학으로 석사학위를, 동국대학교 대학원에서 인도철학으로 석사학위를 받았다. 중국 길림사범대학교 대학원에서 중문학 석사학위를 받았고, 중국 길림대학교 대학원에서 「노자와 세계 성현들의 대화」로 중국철학 박사학위를 받았다. 서강대학교 대학원 종교학과에서 「암베드카르와 현대 인도불교」에 대한 연구로 박사학위를 받았다. 미국 『크리스천헤럴드』 편집장을 지냈으며, 관동대학교에서 '종교간의 대화'를 강의했다. 서울신학대학교 초빙교수를 역임한 이후 현재는 동 대학에서 '동양사상의 이해'를 강의하고 있으며, 코리안아쉬람 대표로서, '코리안아쉬람 TV'(유튜브)를 통해 '동양철학'을 강의하고 있다.

저서로는 한길사에서 펴낸 『우파니샤드-궁극적 진리에 이르는 길』, 『베다-인류 최초의 거룩한 가르침』을 비롯하여 『비움과 나눔의 영성』 『예수 노자를 만나다』 『예수 석가를 만나다』 『암베드카르와 현대 인도불교』 『무함마드와 예수 그리고 이슬람』 『공자와 예수에게 길을 묻다』 『오늘날 우리에게 해탈은 무엇인가』(공저), 『사람의 종교 종교의 사람』(공저), 『종말론』(공저) 등이 있다. 역서로는 마하트마 간디의 『간디 명상록』, 마틴 루터 킹의 『마틴 루터 킹』, 디완 챤드 아히르의 『암베드카르』, 셰사기리 라오의 『간디와 비교종교』, 한스 큉의 『위대한 그리스도교 사상가들』(공역) 등이 있다. 인도에 대한 주요 논문으로는 「아드바이타 베단타 신학과 그리스도교 신학의 만남」 「해탈의 길, 즈나나 요가에 대한 연구-『바가바드 기타』를 중심으로」 「베단타 신학과 그리스도교 신학-클루니의 비교 신학을 중심으로」 등이 있다.

저자 이메일 imkkorea@hanmail.net
코리안아쉬람 www.koreanashram.com